Etiemble

Parlez-vous franglais ?

FOL EN FRANCE
MAD IN FRANCE

LA BELLE FRANCE
LABEL FRANCE

Gallimard

« Une langue ne peut être dominante sans que les idées qu'elle transmet ne prennent un grand ascendant sur les esprits, et une nation qui parle une autre langue que la sienne perd insensiblement son caractère. »

SENAC DE MEILHAN,
L'Émigré.

« Henri Estienne nous a montré les périls qu'il s'agissait de conjurer. Grâce à lui, l'italien, au lieu d'entrer dans notre idiome en vainqueur insolent qui le bouleverse, n'a plus été qu'un auxiliaire propre à en reculer l'étendue et à en accroître la richesse. »

LÉON FEUGÈRE,
Avant-propos à *La Précellence du langage françois*, Paris, Delalain, 1850, p. VI-VII.

A tous ceux — étudiants, amis, auditeurs de radio, correspondants bénévoles — qui, d'une fiche, d'un dossier, d'un diplôme d'études supérieures ou d'un mémoire de maîtrise ont secondé mon propos et contribué à enrichir le trésor du sabir atlantique, j'offre ce résumé de nos communs travaux.

Un quart de siècle plus tard

A l'occasion de cette je ne sais la quantième édition de Parlez-vous franglais ? *(imbécile pédant, tu ne sais pas encore qu'on doit dire le* combienième ?)... *si, je le sais maintenant ; à l'occasion de cette dixième édition de* Parlez-vous franglais ?*, je voulus commencer par embellir-enlaidir la couverture (imbécile ignorant, tu ne sais pas qu'on proclame désormais aux « média » ou « médias » qu'on va commencer* avec, *sur l'anglais* to begin with *; et je parie que tu ignores qu'à la « télé », on* continue avec *pour* finir avec *(Antenne 2, le 25 novembre 1990) au lieu des périmés* continuer à *ou* de *et* finir par *ou* sur, *selon la nuance qu'efface par bonheur-malheur le franglais* continuer avec*). C'est à devenir* Mad in France, *heureuse abréviation, et si expressive, de* Made in France *qui ornera la couverture de cette nouvelle édition* FOL EN FRANCE, *avec le vrai* label, *prononcé chez ceux qui furent nous* labelle *accentué sur* -belle, *alors*

que l'anglais monosyllabise en prononçant
« leibl » ; et fi de nos étiquettes ! et foin de nos
marques ! et deux fois fin de nos griffes qui seraient
capables, ces salopes, d'effacer les saletés franglaisantes du genre : « le laid labelle » !

   La couverture exprimera donc ainsi l'état présent
de notre langue :

FOL EN FRANCE
LA BELLE FRANCE

Après quoi, j'ouvrirai la préface en « commençant avec » un aveu qui fournit une solide expressive allitération, alors que l'ex-français commence-
rait platement par en avoir marre de ce charabia
dévastateur.

   A sa rubrique « Initiatives CAMPUS », alors
qu'aux Etats-Unis le mot désigne tout bêtement les
terrains sur lesquels sont construits les divers
bâtiments de chaque université, Le Monde du
mercredi 21 novembre 1990 consacrait un article
JEU aux perfides « prépositions » de « l'American
English » : TEST YOUR AMERICAN ! Je comprends d'autant mieux cette rubrique, à tous égards
indispensable aux sujets français, que j'avais
découpé dans ledit Monde des 18-19 novembre un
des chefs-d'œuvre de mes documents sur le franglais : « sit-in debout au Champ-de-Mars ». Mon
édition du Harrap's Standard French and English
dictionary date, il est vrai, de 1943 (c'est la
deuxième, la première remonte à février 1939), mais
ne m'offre pas de sit-in debout ; pas même de sit-in,
se tenir assis dehors (in signifiant dedans). Décidément, cet obsédant sujet me tourneboule la
caboche. Que mon Harrap's doive être mis au

rancart, c'est évident ; je vais risquer le tout pour le
tout, acquérir la toute dernière édition, laquelle, je
n'en doute pas, daignera me commenter l'acrobatie
« être assis debout » qu'on pourrait compléter de la
sorte : « être assis debout couché sur un divan de
psychanalyste, anéanti par quelques minutes de ce
« sit-in » debout ». Au lieu de « tester » mon améri-
cain (je vécus des années à Chicago et à New York),
je ferais mieux de contrôler *tous les équivalents*
français de ce sublime « sit-in debout »... A vous de
jouer ! Quant à moi, je l'avouerai honteusement,
j'en suis incapable. Je ne fais point partie inté-
grante-désintégrée du « lobby » franglaisant, car je
me rappelle à point nommé que le lobby *en bon*
british English *signifie notamment la salle des pas*
perdus au Parlement de sa gracieuse majesté. Oui,
décidément, filons à pas perdus vers la fin du
français ! Quand je vous dis que cette histoire me
rend dingue : je me proposais de consulter mes
fichiers de franglais... et j'avais oublié que les
organisations françaises insensément censées
défendre, voire promouvoir (voire, voir, ça c'est
chouette, impossible de transposer en franglais !)
notre feue langue « universelle », très bien (depuis
beau-laid temps) remplacée par l'anglo-américain,
n'en ont cure.

Preuve exemplaire, irréfutable : l'existence d'un
P.E.N. Club français *dont le sigle initial (pour*
P[oètes] E[ssayistes] N[ouvellistes]) compose mira-
culeusement un mot anglais ; et combien pertinent !
PEN = plume pour écrire. Les écrivains de langue
française ont donc réussi à s'affirmer, à s'imposer
en qualité (ou défaut ?) de franglaisants ; mais
« nouvellistes » est calqué sur novel *au sens de*

roman ; *par malheur, P.E.R. ne constitue pas un joli mot anglais relatif à l'art d'écrire.*

Quel fouillis, ce jargon, quels cafouillages ! Quelques exemples : le 3 novembre, Antenne 2 célébrait un incertain aupène *accentué sur* pène *avec un è très ouvert, où j'eus* peine *à reconnaître l'*open *accentué sur* o *! Voulez-vous annoncer à vos clients une* remise, *un* rabais *? De grâce, éliminez ces vocables périmés et que tout soit désormais libellé en « prix discount » ou « prix cassés » (broken prices). La veille, le 2 novembre par conséquent, Antenne 2 me favorisait à 13 heures d'un* sponsor *(et finis à jamais les mécènes : plus de mécénat, du* sponsorship *s.v.p., et même s'il ne vous plaît pas !). Une organisation pompeusement chargée de défendre notre langue m'avait éconduit lorsque je leur suggérai, humblement, de m'aider à publier les milliers de termes ou d'expressions franglaises que j'avais fichés avec un soin tatillon ; on m'envoya au diable. De l'argent ? un soutien ? pour cette babiole, notre langue ? Force me fut de m'adresser au Québec. Grâces ici, et quelles !, soient rendues à Jeannine Bélanger, domiciliée sur ces « quelques arpents de neige », laquelle, pour la première fois de sa vie et non sans inquiétude, prit l'avion afin de venir chercher les documents dont je lui avais parlé. En même temps qu'elle, partirent et arrivèrent au Québec trois cents kilos de fiches identifiées, datées, enrichies d'une citation éclairante. Une Fondation* FEAL *fonds Étiemble etc.) y fut organisée qui a pour objet d'en faire le meilleur usage possible.*

Alors, qu'on me foute la paix avec ce « patriotisme » qui ne comprend pas qu'une communauté humaine se définit avant tout sinon exclusivement par sa langue *bien plus que par la couleur de sa peau, de ses yeux, de ses cheveux.*

J'ouvre maintenant Dreux annonce. *Qu'est-ce que cet « annonce », la 3ᵉ personne du singulier du présent de l'indicatif du verbe* annoncer, *ou bien le substantif ? Ce qui, étant donné l'abondance du franglais dans ce torchon, me paraît le plus probable ; moi, j'aurais dit* annonces drouaises. *En revanche, la première page me prodigue les franglais :* « DREUX MUSIC », « DREUX AUTOMOBILES », « FEELING » *boutique prêt-à-porter ; ailleurs, il y a de la* « maintenance en plus » *pour* l'entretien *(la révision) d'un objet vendu, premier des sens que fournit le* Harrap's... *et le* management, *et le* manager *pour directeur, gérant, exploitant, organisateur, qui efface les nuances des équivalents français, et les* « petits prix » *calqués sur* « small prices », *alors que nous disons* « à bas prix » *ou* « bon marché ». *Dire qu'il y eut à Paris le fameux* « Bon Marché » ! *Il aurait dû choisir d'être le* « Petit Prix »... *Et voici* new baby *en liquidation, par chance, avant travaux ; ces crétins ne savent pas que* « baby » *est la transposition anglo-française de notre* « bébé » ! *Mais nous pourrons* « vivre notre week-end avec Récréaction » *et foin des fins de semaine ! Ouiquinde, ou vuiquende, ou viquinde..., peu importe ! L'important est de bannir* toute *fin de semaine. Et quelle* opportunité *ce serait d'en finir avec le* viquinde, *quelle belle* occasion ! *mais de même que les* petits prix *ont chassé notre* « à bas prix », *nos* soldes, *nos* rabais ; *et d'en finir aussi avec* « dans les prochains jours » (in the next few days), *beaucoup plus long que* « ces jours-ci », *expression désormais inconnue de* *nos radioteurs et télécons, ou « télécoms ». Tous les jours, toujours ce « dans les prochains jours » à mon jamais m'agacera, m'obsédera, qui sait abrégera ce qui me reste « d'espérance de vie »; en l'espèce, de vie à ce sujet désespérante. Le shampooing que nous prononçons « champoin », vous ne voudriez tout de même pas le franciser de la sorte ? Que dirait M*^{me}* Thatcher ? (bigre, j'étais en train d'écrire cette phrase quand Jeannine arrive dans mon bureau pour m'annoncer la démission de la dame de fer-blanc après plus de dix ans de haine contre l'Europe. Cette idée, dont mes ondes électrocervicales ont dû heurter les siennes, serait-elle capable de ce changement de ministère ?) Mais quand ce* champoin, *ou* champoint, *se qualifie dans un torchon drouais de* Vidal Sassoon Wash and Go, *c'en est trop. Allez plutôt écouter* Dreux Music, *acheter une bagnole au* Centre auto STARTER *de Vernouillet, ou peut-être — plus joli encore — au* Shop' auto *(chacun sait, ou doit savoir, qu'en franglais l'apostrophe est d'autant plus belle qu'inutile ou absurde, ainsi qu'en cette sinistre espèce), ou encore oublier toutes ces sornettes en donnant une soirée privée à laquelle vous inviterez vos plus chers amis que comblera le « Digital Sound Disco-Mobile » particulièrement idoine pour baptêmes, communions et mariages. Sitôt reçue l'invitation, vos amis de l'étranger prendront* International Air Transport *et les voici bientôt chez vous, au doigt et à l'oreille, bref : selon* Digital Sound.*

Plutôt que de continuer sur ce ton cinquante belles et bonnes pages durant, finissons-en illico-presto-subito et en beauté, en glamour — et ce me sera l'opportunité *(l'occasion, à la trappe !) de citer le titre d'un article publié dans le numéro 28 de* GLAMOUR, *en novembre 90 :* « *Les show-show girls à Las Vegas* ». *Et dire que je ne connaissais, moi l'ignare universel, que* « *chauds les marrons chauds !* » *dont, tout heureux, je goûtais en hiver la saveur chaleureuse... mais voilà, dans* GLAMOUR, *ya d'l'*AMOUR. *Et vous accepteriez un autre titre que celui dont je fais état, ambivalent, polyvalent ? Bigre ! j'allais oublier de procéder à la* maintenance *de ces quelques pages. Vous ne voudriez pas que je m'abaissasse à parler de* révision, *ou d'*entretien. *Non ! tout Français qui se respecte ne s'abaisserait pas, en l'espèce, à souiller sa langue de mots du cru (il serait cuit !) quand l'anglais m'en impose une traduction très* british *qui fait fureur désormais. D'autant que la* maintenance, *c'est très* « *fair-play* » *(Dreux annonce, 15 novembre 1990), et foin du* franc jeu, *ou du* traitement juste ! *Ce ne serait pas* fair-play, *c'est-à-dire (non, ce n'est surtout pas à dire)* loyal *ni non plus ce n'est pas de jeu. Non, mais alors, pour qui prenez-vous vos cons-patriotes ? eux, ils ont* unfair play, *ou, si pour une fois vous condescendez au français : ils sont* félons, *ou* déloyaux.

Et moi aussi d'ailleurs, qui gribouille ces pages avec un universel pen *qu'hier je reçus en cadeau orné de mon nom et enrichi de mon adresse. J'avoue sans scrupule que, de toutes ces pointes plus ou moins* « *bic* » *qui ont remplacé nos bonnes vieilles plumes à bec permettant pleins et déliés, bref la calligraphie, c'est la meilleure que je connaisse !*

A l'heure des ordinateurs qui nous expédient (à deux sens au moins du mot) des lettres sans

*accents, il faut être aussi bête que moi pour affirmer
que la langue française signale fréquemment par un
accent des mots qui, dépourvus de cet indice,
feraient doublon avec d'autres. Nos savants ordinateurs les évacuent très souvent. Trop, bien trop
souvent. De même qu'ils me déguisent en
ÉTIEMBL, ÉTIEMB, ÉTIEM, etc. et que les pos-
tiers, s'ils en sont capables, se dégagent de ce
merdier ! Mais que d'erreurs judiciaires en perspective !*

*N'étant pas intégriste (antonyme d'intègre), je ne
saurais omettre de citer l'un de ceux qui ont daigné,
qui ont osé en avoir marre du franglais et l'ont
manifesté dans la presse : ainsi Bertrand Poirot-
Delpech, qui, le 24 octobre 1990, publiait dans* Le
Monde *un article intitulé « La Sorbonne réoccu-
pée » où il daubait agréablement la manie franglai-
sante. Et que je te dise comment la Sorbonne un
beau-laid jour « hébergeait, pour le week-end, le
« non-stop des winners », une rencontre d'étudiants avec cinquante stars des affaires », « façon
de donner un label intellectuel au néant de leurs
slogans publicitaires », rencontre au cours de
laquelle une étudiante traita de « Foi et business »
(on le savait, certes, que la foi et le fric ne sont pas
en mauvais termes ; inutile de le manifester en
« business-man » ou « businesswoman ») ; on y
raille ceux qui découvrent, avec un demi-siècle de
retard, la « success story » américaine, et cette
troisième épouse d'un certain Hussonnet, laquelle,
du très haut de sa mini-jupe, demande : « Qui est ce
looser ? » Elle ne sait évidemment pas jouer à qui
perd gagne, et que* looser *c'est le perdant ! Comme,
en l'espèce, tous les Français. Je déconne ? Puisque*

Le Nouvel Observateur *des 22-28 novembre se demande si l'abus du petit écran nous enconnasse (il se répond avec une pudique mais excessive prudence : « cela reste à démontrer »), c'est d'un oui navré qu'il faut qu'honnêtement je réponde. Mais* Elle *n'y est pas pour rien ; ce magasin pittoresque (à bas les magazines, calque anglo-saxon de notre « magasin » !) du 26 novembre nous prodiguait le blanc* star, *le* blazer, *le pantalon* stretch, *les chaussettes en* lambswool, *le style* college-girl, *le* clean *des mélanges, le* mini-kelly *blanc en autruche, etc. Suffit, non ? Pour finir en beauté, je terminerai avec* Le Cat Club de France *(25 novembre, Antenne 2, émission de 13 heures). Désormais, notre Jason, notre Orphée sont en catimini encatés. Eh bien,* merde à tous ces chiens-là !

Étiemble, hiver 1990

Moins de dix ans après la première édition de Parlez-vous franglais ?, *le gouvernement a pris plusieurs des mesures que je préconisais pour lutter contre un fléau qui nous livre à l'impérialisme yanqui. Voici enfin que le* Journal Officiel *du 18 janvier 1973 publie une liste de plusieurs centaines de mots et tours franglais qui sont déconseillés ou bannis de nos vocabulaires techniques. Certes il se trouve encore des vendeuses pour vous proposer des* boutes *(c'est-à-dire des* boots *et qui pour rien au monde n'accepteraient de vous vendre des* bottillons. *Certes, tel grand patron, avec qui déjà je m'étais chamaillé dans un congrès médical, continue à me traiter de Déroulède parce que ma double condition d'écrivain et d'enseignant me fait un devoir de travailler à sauver ce qui subsiste en France de défendable. Ce qui ne l'empêche pas de professer qu'on « n'exprime jamais sa pensée de façon plus précise que dans la langue maternelle » ! Si je me permettais de lui donner des conseils pour son métier, il m'enverrait à juste titre au cabanon. Je lui rappellerai donc que les maniaques du franglais confondent toujours le* signe *et la défini-*

tion, *et que, du point de vue langagier, comme du
point de vue linguistique, cela les disqualifie.*

*Puisque les Américains viennent d'*imposer *à la
France le mot* design *(au demeurant imprononçable) pour tuer exprès notre esthétique industrielle et,
ce faisant, une part de notre industrie, il nous faut
lutter encore. Du moins le mal est-il enrayé, ce que
je prouve sans peine dans le chapitre final qui
enrichit cette édition nouvelle. Alain Guillermou se
demandait il n'y a guère où en serait aujourd'hui
notre langue si je n'avais pas donné cinq ans de ma
vie à préparer mon coup d'arrêt. Qu'on doive
aujourd'hui se poser la question, c'est mon récon-
fort et c'est ma récompense.*

Étiemble.

PREMIÈRE PARTIE

Histoire
de moins en moins drôle

> « *Appelons-les* slacks *de son* [sic] *nom américain et personne n'y trouvera rien à redire.* »
>
> Elle.

CHAPITRE I

Histoire pas drôle

Je vais d'abord vous conter une manière de short story. Elle advint à l'un de mes pals, un de mes potes, quoi, tantôt chargé d'enquêtes full-time, tantôt chargé de recherches part-time dans une institution mondialement connue, le C.N.R.S. Comme ce n'est ni un businessman, ni le fils naturel d'un boss de la City et de la plus glamorous ballet-dancer in the world, il n'a point pâti du krach qui naguère inquiétait Wall Street ; mais il n'a non plus aucune chance de bénéficier du boom dont le Stock Exchange espère qu'il fera bientôt monter en flèche la cote des valeurs. Vous réalisez que ce n'est pas un crack, mon copain. J'ajouterai qu'il n'a rien moralement du play-boy, ni physiquement du pin-up boy. Comme il se spécialise dans l'étude des orbitoïdés de l'Éocène et du Crétacé, vous ne serez pas surpris d'apprendre que nul de ses ouvrages ne fut un best-seller et que ses royalties, quand il veut faire la fête (ce

qui lui arrive à lui aussi, parbleu!), ne lui
permettent jamais de s'offrir une deb de la High
Society. J'ajouterai que, bird-watcher passionné
(seul trait de caractère qui le rapproche de
l'ancien chef du State Department, feu Foster
Dulles), il s'intéresse de préférence à certains
oiseaux en très particulier; plutôt qu'aux poulets, aux cocottes. Mais comme c'est un homme
de goût, qu'il déteste le petting autant que le ou
la romance, mais ne saurait condescendre aux
call-girls, force lui est souvent d'aller traîner
dans les endroits où, plutôt que des girl-scouts, il
a quelque chance de rencontrer des starlettes, des
cover-girls, des bobby-soxers, bref des demoi-
selles avec qui on peut causer entre deux drinks.
Récemment, dans un de ces lieux souterrains où
fréquentaient un set de misses quelque chose,
l'une grecque, l'autre turque, la troisième finlan-
daise, il avait entrepris une assez jolie steward-
dess. Dans un jet-clipper de la Pan American, elle
venait de faire un tour jusqu'au Far South saharien. Avec enthousiasme elle célébra son métier,
ce service non-stop qu'on assure maintenant sur
des 8 000 km, le rush de la clientèle sur les jets-
clippers, les forêts de derricks, les bulldozers, les
pipe-lines, les baby-pipes et les motels qui trans-
formeront bientôt le Sahara. Mon ami, je vous
l'ai dit, n'était pas trop argenté; plutôt que de
s'attarder dans cette boîte pour lui dispendieuse,
il entraîna sa pin-up vers les Champs-Élysées et
jusqu'au drugstore qu'on vient d'y organiser. Il
lui proposa un hamburger ou un hot dog assai-
sonné de ketchup et arrosé d'un soft drink; il faut
ce qu'il faut. La poupée déclara qu'elle n'avait

besoin de rien, sinon, pour son maquillage, de cold cream, et, pour son démaquillage, de cleansing cream, de kleenex, avec à la rigueur quelques paquets de quickies ; peut-être aussi, à cause de la grippe et de cette vague de froid, en profiterait-elle pour acheter du vaccin-cocktail et un peu de sulfa-long-acting. Pierre (appelons ainsi notre ami) paya galamment ces babioles, mais, quand sa nouvelle compagne marqua un intérêt soutenu pour le makeur qui ne se vendait que 99 francs « à cause de son succès mondial », il jugea les Champs-Élysées décidément fort dangereux pour un chargé de recherches part-time et même pour un chargé d'enquêtes full-time. Il avait lu jadis quelque part que le difficile n'est pas de séduire une femme, mais de l'emmener dans un endroit clos. Stimulé par ce défi, Pierre se hasarda jusqu'à inviter chez lui la beauté. Premier obstacle : elle faillit mépriser un ou une escorte qui ne pouvait même pas l'installer dans un roadster, un spider ou un hard-top, et qui, en guise de carrosse, lui proposait mesquinement le tan-sad de son scooter. Quand il vit qu'elle hésitait à le suivre, il en fut réduit à commencer par où continuent la plupart des amants : il mentit. Il assura que la difficulté toujours plus obsédante de trouver un parking lui avait conseillé de vendre sa dernière voiture, et il ajouta même, par joke, que l'avenir était aux auto-stopistes. « Du reste, conclut-il, un bon duffle-coat vaut bien un auto-coat. Vous vous serrerez tout contre moi sur le scooter et vous ne regretterez pas, je crois, la petite party intime à laquelle je vous convie. » Après avoir fait le plein chez un motoriste-stockiste, le spécialiste des orbitoïdés de l'Éocène appuya sur son starter et, pétaradant à travers les rues déjà endormies, il réveilla sans scrupule de trente à cent mille dormeurs. Quand il s'arrêta aux Buttes-Chaumont, devant un building dont le black out à peu près complet du quartier ne parvenait pas à dissimuler le délabrement, la jeune fille eut un geste de recul : « Vous croyez que je veux vous kidnapper ? Me prendriez-vous pour un gangster ? un gun-man ? un gentleman-cambrioleur ? Non, je ne cache aucun 22 long rifle dans rien qui ressemble à un holster. Rassurez-vous, je ne suis pas non plus un squatter : assurément, je n'habite pas un building de grand standing ; mon home est modeste ; ce n'est pas un ou une penthouse ; je ne vous y montrerai pas de game-room ; je ne dispose ni de liftier, ni de lift-boy, ni même de lift, mais je n'en suis pas réduit au closet chimique. Ce qui ne m'empêche pas d'utiliser l'Air-Wick, de préférence à " Brise ". »

Les six étages faillirent décourager la stewardess ; mais quand elle arriva, quelle récompense ! Un roof et un garden privés ; outre le chauffage au fuel, une vraie cheminée, à côté de laquelle un bûcher bien fourni offrait des packs de bois dur, chêne et fayard bien secs, une corbeille bourrée de grape-fruits et de goldens qui portaient encore le label d'un grand épicier, un pick-up avec beaucoup de jazz-records et de musique classique, contrastaient avec l'apparence miteuse de la façade. Cet appartement, qu'il avait hérité d'une tante, était le seul, le vrai luxe de mon ami. Cependant qu'il écrasait des fruits dans son mixer pour en verser le jus dans le shaker et préparer son cocktail favori, il pria son invitée de prendre au bar les party-picks et de picorer en attendant quelques olives farcies qu'elle trouverait dans l'ice-box. Elle se récria sur la qualité du shopping qu'on pouvait faire dans un quartier pourtant assez populaire : « Vous avez un super-market ? — Non, mais un shopping-libre. J'y trouve toutes sortes de cans, ce qui me permet d'éviter le quick lunch, le snack-bar, le milk-bar, voire le quick-lait qui autrement seraient mon lot quotidien, car je ne peux pas prétendre, je vous l'avoue, déjeuner toujours dans un grill-room à la mode, ni même dans un plus modeste grill-shop. Œufs au bacon, sandwiches ou toasts, en manière de souper fin ? » La stewardess eut la discrétion de préférer un peu de musique ; l'immeuble étant vieux, par chance, et les murailles épaisses, malgré l'heure avancée on joua du jazz, du scat, des slows, des foxes, des blues, des negro-spirituals, du rock and roll, du madison, du climb, des twists, du hully-gully, et un rythme de boogie-woogie qui constituait le leitmotiv aux moments les plus hot. Comment résister au départ pour Cythère ? Et bien plus agréablement qu'au cri nasillard des juke-boxes ! La musique aidant, la stewardess, qui avait du sex-appeal et même qui se révéla plutôt sexy, offrit à son hôte érudit un bien joli numéro, tout improvisé, de strip-tease. Et foin du dressing-room ! « Voilà du one woman show », dit-elle, assez drôlement. Quand il ne lui resta plus que son slip, mon ami en profita pour lui raconter une histoire qu'il venait de piller au *Canard enchaîné*, lequel l'avait découpée dans

Paris-Jour, à la rubrique « Ils savent tout » : *Si,
dans la rue, vous voyez une jeune fille perdant son
slip, ne le lui faites pas remarquer vous-même.
Prévenez une autre jeune fille qui le lui dira.* Ce
conseil d'une exquise délicatesse parut drôle à la
stewardess qui, malgré les mots d'anglais dont
elle corsait son français, était assez française
pour penser slip en français. Or, comme disait
fort bien *Le Canard enchaîné*, les gens de *Paris-
Jour*, qui savent tout, ignoraient que la traduction anglaise du mot slip, c'est chez nous combinaison, et que les raffinements de politesse à quoi
je me réfère concernaient tout simplement une
combinaison qui dépasse [1]...

Inutile de vous raconter la suite, ils n'eurent
besoin ni de doping, ni de forcing. Je dirai tout
juste que Jacqueline la stewardess fouilla son
sac, en sortit quelques gadgets dont un contraceptive éprouvé, éparpilla sur le divan deux ou
trois compacts ct un charmant utility. Quand elle
eut enfin extirpé son lipstick du fouillis où il se
perdait, elle se refit une beauté. Qu'ils paraissaient lointains, les orbitoïdés de l'Éocène et ceux
du Crétacé ! Le lendemain matin, Jacqueline
annonça qu'elle repartait dans deux jours en jet
pour Istanboul et qu'elle aimerait beaucoup rap-
porter quelques jouets au petit garçon d'une
amie, un vrai problem-child. Ce fut l'occasion de
décrire avec tendresse la nursery, la difficulté

---

1. Autre emploi de *slip* : « slip avec passerelle d'embarque-
ment » (*Feuille d'Avis Officiels* du canton de Vaud, 1er septembre 1959), citée au *Canard enchaîné*, qui enchaîne : « Il doit
s'agir d'une culotte petit-bateau. »

d'obtenir des nurses et même des baby-sitters. Les deux amants s'en furent dans un Prisunic, achetèrent un ou une jerry en plastique, ainsi que plusieurs dinky-toys. Pierre demanda, mais en vain, un bloc-men et un ice-men, ces deux accessoires de tout shaving up to date. Après quoi, on déjeuna. Pour traiter avec tact une jeune personne qu'il ne reverrait sans doute point, Pierre choisit un grill chic, exigea qu'elle ne se contentât pas d'un banal mutton-chop, mais commençât par quelques clams, continuât par un mixed-grill et terminât sur un ice-cream.

Avec une femme, comment éviter ensuite la séance de window-crash ? On lécha donc les carreaux : elle, s'émerveillant d'un tailleur en tweed, d'un overpull en mohair, d'un sweater en cashmere. Il fallut entrer. Avec quelle volupté les ongles mordorés éraillaient les doux lainages ! Tout la tentait dans ce grand magasin, les robes baby-doll, les twin-sets, du dernier new look, les homespuns, les pulls-chasubles. « Moi je n'achète plus que des pulls fully fashioned ! » Égoïstement, Pierre s'intéressait aux trench-coats et aux blue-jeans. Mais la jeune femme lui montrait de ravissants smokings bleutés, des spencers très Eaton[1], des raglans de loden ou de camel-hair, des pardessus fourrés de teddy-bear (voire, dérision ! des blazers, des polo-pulls ou des polo-shirts ; comme si un chargé d'enquêtes même full-time pouvait jamais prétendre appartenir à un team de polo !). « Et cet attaché-case en box, ce serait pratique pour les week-ends ! » Elle

1. J'ai vu *Eaton*, sur *eat*, pour *Eton* !

gagnait bien sa vie, elle, et pouvait penser aux
week-ends, Pierre, lui, pensait aux fins de mois.
Elle voulut payer cash quelques fanfreluches
dont elle s'enticha et dont elle n'avait pas besoin.
Quand elle ouvrit son sac, la vendeuse y remar-
qua un carnet de travellers et lui fit observer
qu'en France il n'y avait pas de purchase-tax, au
contraire, et qu'elle obtiendrait un discount de
10 % si elle payait en dollars. Comment donc !
Tout heureuse de son discount, Jacqueline voulut
prolonger sa promenade dans les stands. Elle y
admira des ballantyne lambswool pull-overs the
Rustic et suggéra gracieusement à son compa-
gnon qu'il devrait s'offrir le dual coat Burberry.
Tout à coup, devant un autre rayon, elle tomba
en arrêt sur des chemises de popeline traitées no
iron ; « Voilà ce qu'il te faut, lui dit-elle, pauvre
célibataire : ça sera aussi pratique que du nylon,
puisque ça ne se repasse pas ; et, quand même,
c'est de la popcline ! — La prochaine fois que
j'achèterai des chemises, if any, je tâcherai de
pouvoir m'offrir ces no iron. Ah ! que de choses il
me faudrait, et que je pourrais sans doute me
payer si j'étais steward, moi aussi. Par exemple,
j'en suis toujours à me raser avec un Gillette
adjustable ; je viens pourtant de lire de la publicité qui me donnait rudement envie de me mettre
au rasoir électrique, maintenant que je sais qu'il
existe ce fameux produit H pour Hommes after
shaving qui complète admirablement, paraît-il,
le pré-électric shave. Au fait, tu ne pourrais pas
demander à l'un des public-relations men de ta
Compagnie de m'accorder une interview ? J'aimerais trouver un nouveau job. » Le temps pas-

sait et l'heure vint du cinéma que Pierre lui avait
promis.

Non loin des bureaux de la T.W.A., sur les
Champs-Élysées, deux ou trois noms de stars,
dont la stewardess était une fan, mobilisèrent son
attention. C'était un spectacle de scope avec des
films U.S. « On entre ? O.K. Chic alors ! on va
peut-être voir un western » (elle était de ces
maniaques du cinéma qui n'entrent dans une
salle que parce qu'ils ont vu affiché le nom d'une
star favorite et qui ne se préoccupent jamais de la
programmation). « Je raffole de ces histoires de
convicts. Je suis toujours pour les outlaws et
contre les sherifs, moi ; et puis, j'aime beaucoup
l'ambiance des saloons et des ranches ; plein air
et tabagie... Tiens, à propos, vite une cigarette
avant qu'on ne rentre. Camel ou Lucky ? J'ai les
deux. — C'est tout ? une stewardess devrait avoir
aussi des Pall Mall et des Players. Enfin, je me
contenterai d'une Lucky. » Pendant qu'ils en
grillaient une et piétinaient pour se réchauffer,
Pierre contestait l'intérêt du scope ; qu'il s'agisse
de kinoscope ou de cinéscope, la technique lui
paraissait contraire à l'esthétique de l'écran. La
stewardess faillit tomber à la renverse, K.O. Mais
il s'obstinait. Tous ces remakes qu'on nous propose aujourd'hui de bons vieux films en noir et
blanc et à écran normal lui paraissaient autant
de sacrifices à la barbarie. (On voit que si, par son
langage et le choix de ses partenaires, c'était déjà
un assez valeureux babélien, il n'avait pas encore
assimilé toutes les finesses de cette culture, lui
qui se refusait au scope.) Aux actualités, on vit la
relève des guards à Buckingham Palace, les

marines américains dans un exercice de débar-
quement, le porte-parole du Labour qui faisait à
la presse une « importante » déclaration (il ne
s'agit pas, comme vous pourriez le croire, de ce
M. Philippe Lamour qui dirige une grande organisation de laboureurs français, mais d'un personnage du parti travailliste anglais), le baptême
du sister-ship de je ne sais plus quel pétrolier,
enfin un catcher de baleines au travail dans la
mer du Nord. Après les actualités sportives,
volley-ball, course de motocross-men, hand-ball,
skating artistique, hockey, match de welters,
jumping, etc., on vit un ingénieux montage de
vieux stock-shots. Le cameraman n'avait pas
toujours cadré avec habileté et l'on aurait aimé
que ceux qui avaient mis au point cette bande
profitassent de l'éliminateur de scratches. Sur un
Donald Duck, fort médiocre, la première partie
s'acheva. Après l'entracte, durant lequel les deux
complices se précipitèrent au Fouquet's pour y
avaler un long drink et griller encore des Luckies,
ce fut le grand film. Lorsque le générique lui
révéla le nom de la script-girl, la stewardess
poussa du coude son voisin : « Je la connais, cette
script-girl. Je l'ai rencontrée un jour que je
servais dans un avion chartered par le produc-
teur d'un film où elle n'était encore que script-
girl adjointe. Un peu vamp, elle était ; et toujours
à mâcher du chewing-gum. » Le long film était
un thriller avec tout le suspense auquel on
pouvait prétendre. Les travellings y étaient parfaitement au point et la photo, prise au zoom,
irréprochable. Pierre apprécia deux effets de voix
off particulièrement réussis et un sensationnel

travelling-matte. Non pas que le film fût destiné aux happy few! Un thriller à suspense avec happy end étant plutôt destiné, vous le concevez sans peine, au grand, très grand public.

A la sortie, Pierre, qui voyait filer ce qui lui restait de son traitement de chargé d'enquêtes full-time, suggéra de grignoter quelque chose dans un snack ou un self-service. « Ce sera, dit-il plaisamment, un habile moyen de nous mettre à la hauteur de la situation présente, où tout est self : le self-service, le self-control, la self-beauté, le self-gouvernement, et j'en passe. — Seriez-vous partisan du self-service ? demanda la stewardess avec un sourire ambigu. Si peu que je vous connaisse, je n'aurais pas cru ça de vous. » Innocent comme le sont les « chercheurs », notre savant ne comprit pas l'insinuation. Tandis qu'on déambulait sur les Champs-Élysées, Pierre tomba sur un de ses anciens camarades du Quartier latin, qui faisait dans le journalisme et rentrait de l'étranger avec un « grand reportage ». On s'attabla dans un snack. Profitant de l'éclipse du reporter descendu aux water-closets, la stewardess demanda qui était ce joli garçon. Outre les reportages, ce journaliste français pratiquait le rewriting. A la vérité, comme le courage lui avait manqué de vivre dans la pauvreté sa vocation d'écrivain, il se contentait de faire le rewriter ; mais son rêve, son obsession : devenir columnist dans le tabloïd auquel il collaborait. Il connaissait Fleet Street aussi bien que la rue du Croissant et le marketing U.S. des features mieux encore que le tarif des whiskies et du gin-fizz dans la plupart des boîtes parisiennes. Il ne vivait

que pour les flashes, les scoops, l'offset, les
tickers, les printings, les teletype-setters. Homme
intelligent du reste, et bien informé des dessous
de la politique. Ce n'était pas un de ces reporters
qui répètent ce qu'on leur a dit. Bourré de cross-
references, habile debater, il s'informait minu-
tieusement et discutait longuement avant de
rédiger ses papiers. Si important que fût l'évent
mondial, ce n'est pas lui qui, pour lâcher son
flash une minute avant le journal concurrent, se
serait aventuré à câbler une erreur. La diplomatie du jet, il la connaissait intimement. Avec
volubilité, il parla des affaires dont il avait la tête
remplie. Ni Pierre, ni même la stewardess, tête
pourtant fort peu politique, ne s'ennuyaient. Il
était assez pessimiste, ce reporter, sur l'avenir du
camp atlantique. Tous les échecs des rocket-
boosters en Floride l'affectaient plus qu'il ne
l'avouait. Avec ses Luniki et ses Spoutniki, Monsieur K. lui paraissait avoir scoré quelques
points. Sans parler des missiles ! D'après des
renseignements qu'il tenait de l'Intelligence U.S.
et de quelques indiscrétions d'un gars du F.B.I. (il
avait même fait parler un détective-super-inten-
dent qui appartenait au service de sécurité d'Ike),
les Russes disposaient d'un nombre incalculable
de missiles à tête atomique, et le missile-gap
s'élargissait entre le camp socialiste et le
N.A.T.O., au profit hélas du premier. Non, il ne
voyait pas l'avenir en rose et se demandait si, en
dépit du sourire optimiste de Mamy, le monde de
la free enterprise et de Mom allait longtemps
encore garder le leadership mondial. Pour peu
qu'il y ait un peu de fading dans l'aide améri-

caine, on devait craindre de voir le camp socialiste marquer quelques nouveaux avantages. Mr. K. serait bientôt en mesure de faire efficacement du dumping en Occident, comme jadis les Japonais, et de briser ainsi à peu de frais le système capitaliste. Or, le big business américain semblait renâcler de plus en plus à donner au Président les voies et moyens d'appliquer le point 4. De nombreux congressmen inclinaient à nouveau vers l'isolationnisme. Appuyés sur certaines chaînes de journaux, lobbies et pressure-groups agissaient sur l'exécutif pour obtenir qu'on diminuât les allocations en dollars destinées aux pays sous-développés. La situation prenait un développement plutôt défavorable. Sans doute les données logistiques n'étaient pas toutes fâcheuses pour le camp de la liberté. Le planning, dans le monde libéral, valait bien les plans quinquennaux ; peut-être même valait-il mieux. L'engineering américain restait à la hauteur et seules les zizanies entre civils et militaires, entre militaires eux-mêmes (notamment entre un certain brigadier général d'infanterie et un certain lieutenant général de l'U.S. Air Force) expliquaient la largeur toujours croissante du missile-gap. Mais on ne désespérait pas de le voir un jour se combler. Par malheur il aurait fallu agir vite, tout étant une question de timing ; durant quelques années au moins, le monde occidental était à la merci d'une guerre presse-bouton que déclencherait Monsieur K. Ensuite, l'initiative reviendrait aux puissances atlantiques. Pour le moment, il fallait surtout temporiser, se résigner à négocier l'appeasement pour sauvegarder la

politique de containment. Une façon de gentlemen's agreement qui restaurerait l'esprit de
Yalta et partagerait provisoirement le monde.
Bien entendu il faudrait s'arranger, dans les
négociations, pour proposer à Monsieur K. un
package assez habilement constitué pour qu'il ne
pût sans perdre la face le refuser, ni l'accepter
sans y laisser quelques-uns de ses derniers cheveux. Du reste, l'ami de l'ami Pierre pensait que,
dans les circonstances présentes, et malgré
l'avantage que donnaient aux Russes leurs sous-
marins, leurs divisions blindées, leur infanterie,
bref leurs armes conventionnelles, ni l'un ni
l'autre leader ne se risquerait à déclencher son
déterrent. Bien plutôt voyait-il les chefs d'État
continuer à se rendre de mutuelles visites pour
essayer de gagner quelques mois ou quelques
années. L'espoir du monde, c'était la multiplica-
tion des round tables. Pourvu seulement que les
jobs ne se fassent pas trop rares aux États-Unis
car, devant une menace de récession, qui sait si
quelques têtes maccarthystes ne reprendraient
pas là-bas la politique de Foster Dulles. Pierre
alors interrompit : « Mais que donnerait à votre
avis un gallup poll pour ou contre la guerre ? —
Comment voulez-vous qu'un peuple pour qui le
bonheur suprême consiste à sucer en hiver des
ice-creams à gogo puisse vouloir profondément
autre chose que la paix ? Le gallup opterait
sûrement pour le gentlemen's agreement dont je
vous parlais tout à l'heure. Mais si vous imaginez
que la politique du State Department coïncide
jamais avec les vœux du peuple U.S., vous vous
trompez. »

Comme le journaliste devait partir vers
3 heures du matin par le night ferry, il proposa de
ne pas se coucher et de terminer la nuit dans un
music hall ou peut-être un night-club. La jumpo-
logie allait bientôt faire son entrée au music-hall
de l'ABC, mais ce nouveau spectacle n'avait pas
commencé encore. « C'est moi qui invite. » Pierre
du coup respira et, sans scrupules, proposa d'aller au Lido. Ce n'est pas toutes les nuits qu'un
chargé d'enquêtes full-time peut inviter à l'œil
une poupée dans une des boîtes les plus chères de
Paris. Non pas qu'il y appréciât tellement le
dancing, mais le floor show, ça, il en rêvait. On
lui avait si souvent célébré les Blue Bell girls
qu'il regrettait de n'avoir jamais pu admirer ces
belles filles. Il ne fut pas déçu : chacune d'elles,
une vraie pin-up ; et toutes, en groupe, elles
paraissaient terrifics. La stewardess non plus
n'avait pas à se plaindre, puisque tous les dan-
seurs qui évoluaient avec les mannequins étaient
eux-mêmes de parfaits pin-up boys. Le journaliste était blasé. Pas plus que le boxing business,
le show business n'avait de secrets pour lui. Les
girls, il en avait caressé autant et plus que notre
chargé d'enquêtes ne voyait de laborantines. La
seule chose que l'émût encore, dans ces shows,
c'était, à cause des dessous froufroutants et des
éclairs blancs de la chair, le French cancan, si
drôlement nommé, et les exercices de virtuosité
en skating, quand le programme — ce qui arri-
vait souvent dans les boîtes chics — produisait
une des meilleurs performers olympiques. On le
voit, c'était un éclectique. La rigueur du costume
des patineuses, et cette allure de rose ou d'œillet

qu'ont les dessous d'une girl de French cancan
satisfaisaient en lui deux tendances complémen-
taires. Au fond, dans les night-clubs, ce qui le
passionnait plus que tout, c'étaient les conversa-
tions, mine de rien, avec les barmen et les
barmaids montantes; car les barmen surtout,
dans les endroits à la mode, ont l'occasion de
surprendre maint et maint propos d'exécutives
des grands trusts. Il s'arrangeait donc pour être
en bons termes avec eux. Cette familiarité n'était
pas la moindre des raisons qui lui avaient obtenu
un standing bien assis dans sa spécialité. Avant le
début du floor-show, Pierre l'interrogea sur le
melting-pot et son fonctionnement, ainsi que sur
la situation des Noirs dans le deep South. « Le
melting-pot ne se fait pas sans heurts, répondit le
journaliste; et le stamping out des caractéristiques nationales est aussi malaisé là-bas, plus
même que chez nous celui de la fièvre aphteuse.
Car lorsqu'il s'agit du stamping out de la fièvre
aphteuse, si douloureuse que soit l'opération à la
bourse des paysans, il ne s'agit que de tuer des
bêtes; tandis que celui des caractéristiques spécifiques des gens à first papers et même à second
papers équivaudrait autant dire à supprimer par
dizaines de millions les citoyens futurs des U.S.A.
Quant au deep South, deep South il restait, deep
South il resterait aussi longtemps que les niggers
y auraient la peau noire. » On observait même
une résurgence du K.K.K., une campagne accrue
en faveur du polltax, et une recrudescence du
lynch. Le deep South se restait fidèle. A preuve,
un grand jury refusait de poursuivre les Blancs
qui avaient lynché le jeune Parker, mais l'attor-

ney général s'acharnait sur les Noirs convaincus
de vol ou accusés de viol. Chaque fois qu'il
s'agirait de saboter une loi contre la ségrégation,
les filibusters auraient toujours beau jeu au
Congrès, les plus libéraux des congressmen ne
pouvant prendre le risque d'effacer la ligne de
partage des couleurs. « Que pensez-vous de la
surpopulation ? », demanda Pierre, que l'étude
des orbitoïdés de l'Éocène et du Crétacé ne
détournait pas tout à fait des problèmes cruciaux
d'actualité. Si conformiste qu'il fût en général,
son copain journaliste appartenait à une religion,
la protestante, qui lui permettait d'avoir, sur ce
problème, des idées d'une certaine audace. Sa
sympathie pour le N.A.T.O. et le capitalisme ne
l'empêcha donc pas de faire une sortie à propos
des dernières interventions de l'épiscopat U.S.
contre le birth-control. « Dans le monde d'under-
dogs, point de salut pour l'homme, conclut-il,
sans birth-control et planning familial. On
devrait lui consacrer un symposium mondial. —
Dites surtout, renchérit la stewardess, point de
santé pour la femme, ce qui me paraît tout aussi
important. » C'était la première phrase intelligente que Pierre en eût obtenue depuis vingt-
quatre heures. Il se prit à regretter qu'elle dût
partir si tôt.

Outre le birth-control, cet habile journaliste
avait un autre hobby, le bowling, qu'il préférait
au karting, aux flippers, aux links de golf et
même aux matches de catch. (Je ne me rappelle
plus quelle occasion lui fut donnée d'en parler,
ah ! si : il racontait y avoir joué dans un club de
Pékin, et ça l'avait amusé de constater qu'en

Chine on pratiquait le bowling dans un Kegel-bahn.) « Au fait, dit Pierre, ce bowling dont tu nous casses les oreilles, qu'est-ce que c'est au juste ! » L'aficionado du bowling décrivit son jeu favori. Là-dessus, le spécialiste des orbitoïdés de l'Éocène et du Crétacé éclata d'un rire joyeux : « Si je te comprends bien, ce que tu me racontes là, ce n'est pas tout à fait le boulingrin, qu'un de mes professeurs jadis dérivait, par ingénieuse adaptation française, du bowling-green de l'anglais. Ce que tu me décris, ma parole, c'est, selon le cas, un jeu de boules ou un jeu de quilles. Ainsi donc, ma vieille branche, tu joues aux quilles ! Je comprends pourquoi tu te piques de faire du bowling. Parce qu'entre nous, jouer aux quilles, rien de plus banal. J'y jouais dans mon enfance, comme au bouchon, à la toupie, à la carotte, au cerceau et même au perlis ou perly. Certes, je ne savais pas que je m'adonnais au bowling. Sacré farceur, va ! tu pratiques le bow-ling ! — Moi, mon vieux, répliqua le journaliste, irrité par l'épigramme, surtout en présence d'une pin-up, je suis un sage, je vis avec mon époque, je refuse de vieillir ; tranchons le mot : je hurle avec les loups. Le temps est fini où le français pouvait prétendre au statut incontesté de langue univer-selle. Pourquoi veux-tu que, Don Quichotte d'une cause perdue, je m'obstine à jouer aux quilles quand tout le monde fait du bowling ? Crois-moi, elle est foutue, la langue française. Je n'aime pas les vaincus. Qu'aurais-tu dit, au VIIIᵉ siècle, de celui qui, fidèle aux quarante mots celtiques dont il disposait encore, refusait de parler latin, c'est-à-dire le futur français ? Regarde le monde

comme il court : les Américains occupent l'Europe et une partie de l'Asie ; avec les Anglais, les Canadiens, les Australiens, les Néo-Zélandais, les Africains du Sud, ils ont disposé sur la planète un réseau politique et linguistique anglophone contre lequel tu t'insurgeras en vain. L'armée française ne nous donne-t-elle pas l'exemple, qui parle déjà anglais et qui, lorsqu'elle adopte un nouveau brodequin Pataugas, c'est le Military ? Dans un siècle ou deux, quand les communistes se seront entredévorés ou que le communisme se sera digéré lui-même, seule régnera sur le monde la free enterprise, dont le langage véhiculaire sera fatalement l'anglais, mais adapté selon les substrats ethniques et linguistiques. De même que le latin donne selon les cas le roumain et l'espagnol, l'italien et le français, l'américain d'aujourd'hui produira de l'italglese, du germanglais ou du franglais. Et tu prétendrais m'imposer de parler français ? Non, mon vieux, trop tard. Au gallup-poll de l'avenir, je vote pour le franglais, qui remplace avantageusement notre vocabulaire ; lequel, reconnais-le, n'offre plus aucune résistance. Midinettes et femmes du monde sont converties au franglais. Or les langues, vois-tu, j'ai lu ça dans le temps chez Gourmont, " ce sont les femmes qui les font ". »
La stewardess sourit. Mais l'autre continuait : « Un petit nombre de crétins, je le sais et le déplore, de professeurs et d'écrivains, avec la tête plantée si drôlement sur les épaules qu'ils ne peuvent regarder qu'en arrière, s'obstinent, mais ne parviendront pas à freiner le développement. » La stewardess approuva : « Dans l'avia-

tion, désormais, presque tous nos mots sont
anglais : batman, first, cockpit, flight, etc.;
quand un passager veut se faire comprendre d'un
autre, c'est l'anglais, tout de suite, qu'il essaie.
Alors, à quoi bon s'entêter ? A l'ère du babyfoot et
des services non-stop, quand, au coin de chaque
rue, les boutiques de pressing et de renoving
remplacent enfin les teintureries désuètes, dans
un pays où, protégés par leurs leggings, les
gendarmes font leurs tournées en jeep, dans un
pays où l'on s'offre autant de kidnappings, de
gangsters, de bootleggers et de hold-ups qu'aux
U.S.A., qui ne voit que la langue française fait
figure de vieille, de très vieille vague ? — A la
bonne heure, darling », minauda le journaliste,
qui profita de l'occasion pour tenter un peu de
petting. Puis, se tournant vers mon copain : « On
voit bien, Pierrot, que tu es avant tout un spécialiste des orbitoïdés de l'Éocène et du Crétacé.
Dans ce temps-là, j'en conviens, si l'on ne parlait
pas encore français, on pouvait se passer de l'anglais. Maintenant, les jeux sont faits ; l'anglais
a le feu vert, je devrais dire le green light. L'avenir est au top salesman, aux V.I.P., au manager,
à l'organization man. Tu peux chanter, danser... »
   A ce moment précis, le floor show s'arrêta pour
permettre aux clients, justement, de danser. Le
reporter up to date invita la non moins up to date
stewardess. Au retour de cette expédition, il se
déclara fatigué, et proposa, puisqu'il disposait
d'une nouvelle compact, de reconduire chez elle
la pin-up. « Je te ramènerai d'abord chez toi »,
dit-il obligeamment au spécialiste des orbitoïdés.
Celui-ci n'allait pas se ridiculiser par une scène

de jalousie. On sortit. Il fallut prendre un peu
d'essence. « Moi, dit le reporter, je participe au
Mobilgas economy run. Filons jusqu'à la prochaine station-service. » C'était une station-service up to date, elle aussi. Une affiche imprimée y
promettait monts et merveilles : friction-proo-
fing-oil station officielle. Pendant le plein, Pier-
rot-les-orbitoïdés murmurait à son vieux copain :
« Pendant que tu ramènes ta-ma pin-up, tâche de
ne pas avoir d'accident voluptueux. Après tous
les drys ou dries qu'on a bus, si tu passes au
breatheliser, à l'alcotest, à l'alcool-test, ou
même à l'ivressomètre, j'aime mieux te prévenir
que le taux d'alcool te sera sûrement défavorable,
comme il le sera du reste à tes autres entreprises,
mon enfant ! conclut-il perfidement. Je vous
laisse à votre petit petting. Tu vois que je suis up
to date, moi aussi, et que je sais vivre. Adios,
muchacho ! Dasvidanié ! Ciao ! »

Le lendemain matin, le dentiste de l'ami
Pierre, avec lequel celui-ci avait pris rendez-vous
pour un plombage, lui fit complaisamment admirer la perfection de son unit flambant neuf,
importé de Nouillorque. Il venait de le ou de la
faire monter. « Une iounite, kékséksa ? » dit Pierrot d'un ton hargneux. Le dentiste expliqua qu'on
désignait ainsi l'ensemble composé par le fauteuil du patient, le tabouret mobile évoluant
autour du fauteuil comme autour de sa planète
un satellite, tout l'appareillage, enfin « Iounite !
iounite ! répétait Pierre, tu pourrais pas parler
français, non ? » Quand son vieux copain le dentiste, en guise de plombage, lui proposa un inlay,
Pierre piqua une colère à quoi l'autre ne comprit

rien. « Tu pourrais pas dire orage, non ? sur or,
puisque sur plomb tu fais plombage ? ou, du
moins, à cause de l'autre mot orage, tu pourrais
pas dire insertion ou mieux encore incrustation,
non ? Parce qu'enfin, ton inlay, voilà ce que c'est,
rien de plus : une incrustation, *in* et *lay*. » Le
dentiste avait bon caractère. Persuadé que le
spécialiste des orbitoïdés de l'Éocène et du Crétacé se trouvait de mauvais poil à cause d'une
nuit de labeur, il ne se fâcha point. Il se trompait,
vous le savez, vous, et que notre ami peut-être eût
moins âprement défendu sa langue natale s'il
n'avait été un peu cocufié par un reporter up to
date. Comme quoi, selon la parole de l'Église,
tout sert à notre salut, les péchés y compris, les
péchés surtout.

CHAPITRE II

Histoire encore moins drôle

Si je ne la juge pas drôle, mon histoire, c'est que vous l'avez comprise bien que je l'aie composée en sabir atlantique, cette variété new look du babélien. L'anglomanie (ou l' « anglofolie » comme l'écrivit un chroniqueur), l'anglofolie donc, dont nous payons l'anglophilie de nos snobs et snobinettes, se voit déplacée par une américanolâtrie dont s'inquiètent les plus sages Yanquis : c'est un de mes collègues américains, le professeur Kolbert, qui, dans *Vie et Langage*, nous adjurait de parler chez nous notre langue et de renoncer à singer l'américain. Après un an de travail préparatoire, lorsqu'en octobre 1959 je commençai mes cours sur le sabir atlantique, j'avais sujet de penser que les temps étaient mûrs.

Les 29-30 août 1959, un éditorial du *Figaro*, signé Michel de Saint-Pierre, s'intitulait *Parlez Français* : « Tu étais au *Jumping* ? — Oui. J'ai

suivi les dernières épreuves : celles du *week-end*.
La participation européenne était excellente,
avec un joli *back-ground* américain et russe... Et
j'ai bien aimé le *show*!

« Les Français, assurément, ont le défaut d'être
chauvins. Mais ils ne le sont pas assez dès qu'il
s'agit de leur propre langue — et je ne sais quelle
rage les pousse à recourir en toutes occasions aux
vocabulaires étrangers ; plus spécialement aux
expressions anglo-saxonnes. »

Quelques jours plus tard, le 26 septembre 1959,
M. Maurice Rat écrivait pour *France-Soir* un de
ses *Potins de la grammaire*. Pertinent, ma foi :
Français ou franglais ? « L'élite des Argentins
écrit et parle un français mêlé d'espagnol que le
spirituel chroniqueur du *Quotidien*, le grand
journal français de Buenos Aires, a proposé de
baptiser le *fragnol*. Faudra-t-il appeler bientôt
franglais ce français émaillé de vocables britanniques que la mode actuelle nous impose ?

« Il serait pourtant facile de résister à cette
invasion et la langue française n'aurait rien à y
perdre. »

Deux ans plus tard, dans *La Nouvelle Revue
française* du 1er décembre 1961, la verve d'Audiberti s'égayait amèrement des « petits ennuis »
que nous cause le « ku-klux-klan publicitaire du
quartier des *concessions* et le *pie* de lapin » ;
petits ennuis contre lesquels il déplore que nous
ne disposions « guère que du *Robust*, fusil de
chasse de la Manufacture de Saint-Étienne qui
sacrifie sa voyelle muette. Nous tablons aussi sur
des nominatifs commerciaux du type *Lavnett*. De
tels vocables, reliés à des ellipses genre *talon*

minute, *cousu main, assurance vie, emprunt acier,* publient la nostalgie, ou l'ébauche, d'un idiome contracté, télescopé, créolisé. »

Cette fois, le mot est lâché : le quartier des « concessions » nous situe à notre rang, et à ce statut colonial, ou semi-colonial, qui, du point de vue langagier en tout cas, est le nôtre.

Au moment précisément où les anciens dominions et protectorats, où les colonies et pays sous mandat recouvrent leur indépendance, ne serait-il pas indiqué d'obtenir pour nous des avantages analogues, et dussions-nous pâtir un peu, nous aussi, de notre neuve autonomie ?

De fait, il semble que certains de nos citoyens aient alors pris conscience exacte du péril :

25 février 1962. Marc Blancpain écrit *Tel qu'on l'écrit,* un de ses billets du *Parisien libéré* : « J'étais au snack-bar ! je venais de prendre au self-service, un bel ice-cream ; la musique d'un juke-box m'endormait quand un flash de radio annonça soudain qu'un clash risquait d'éclater à Alger.

« Je sortis, repris ma voiture au parking et ouvris mon transistor. Le premier ministre venait de réunir son brain-trust. Etc. »

Mars 1962. *Télé-Magazine* publie la lettre la plus originale de la semaine. L'auteur en est M. Marcel Sechet, de Tours, qui du coup gagne 30 francs : « Papa et Toto devant le petit écran, tout récemment installé. Toto, retenu par l'image, découvre en même temps un langage particulier :

« Le présentateur : « Un hold up a eu lieu... » Toto : « Qu'est-ce que c'est un *oledup* ?... » « Un véritable rush avait précédé cette réunion. »

Toto : « Qu'est-ce que c'est un *reuch* ?... » « Nous étions en plein suspense. » Toto : « Qu'est-ce que c'est le *seuspence* ?... » « Un pipe reliera... » Toto : « Qu'est-ce que c'est un *païpe* ?... » « En athlétisme indoor. » Toto : « Qu'est-ce que c'est *inedor* ?... »

Lettre originale je n'en sais rien. Mais pertinente, elle aussi, ça oui, et qui n'a pas volé ses 30 francs.

Dans les autres pays de langue française, même et saine réaction. Au Canada surtout, doublement exposé : à l'anglais, à l'américain. En 1960, par exemple, les *Cahiers de l'académie canadienne-française* publiaient une étude de M. Victor Barbeau sur les anglicismes, une autre de M. André d'Allemagne sur les américanismes. Il en ressort que le vocabulaire canadien est encore plus gravement marqué d'américain que d'anglais : « Il y a longtemps que nous n'importons plus guère de termes britanniques. Certes il en existe un certain nombre qui sont passés dans notre langue avec l'établissement des institutions parlementaires, politiques et militaires anglaises, tels que *bill*, *constable*, *whip*, et des traductions telles qu'*orateur*, *premier ministre* et tous les grades de l'armée. Mais le plus souvent ce sont des mots typiquement américains qui défigurent notre langue, tels que *can* (conserve, en anglais *tin*), *fender* (garde-boue, en anglais *mudguard*), *flashlight* (lampe de poche ou torche électrique, en anglais *torch*), *intermission* (entracte, en anglais *interval*), *lot* (terrain, en anglais *site*). Parfois d'ailleurs ces termes ont donné lieu à de fausses traductions, par exemple « élévateur »

(de l'américain *elevator*, en français ascenseur ou
« lift », en anglais *lift*), « gazoline » (de gasoline,
en français essence, en anglais *petrol*), « exclusif »
(d'exclusive, en français « sélect », en anglais
select), ou l'horrible « magasin de marchandises
sèches » (de dry goods, en français mercerie, en
anglais *haberdashery*), ou même « artiste »
(d'artist, en français acteur ou comédien, en
anglais *actor*). »

Si déjà nous « nous sentons concernés »,
comme disent nos américanolâtres, par cette
brève liste, combien plus par ces réflexions de
M. Victor Barbeau sur les anglicismes et américanismes clandestins ? « Les anglicismes et les
américanismes vraiment pathologiques se présentent non pas à l'état nature, tout crus ou tout
nus, ce qui déjà les dénonce et nous met en garde
contre leur emploi, mais sous un masque qui
nous en dissimule la hideur. A leur air anodin,
qui les croirait aussi redoutables ? Plus ils sont
insidieux, plus ils sont malfaisants parce que
moins on s'en méfie. Le petit-bourgeois ou
l'homme de profession qui se cabrent devant le
garagiste qui ingénument parle de *mufler* (silen-
cieux) ou de *windshield* (pare-brise) n'éprouvent,
par ailleurs, aucun scrupule à dire : *moi pour
un*[1], à payer en *argent dur* ou à commander un
carton de cigarettes et à le faire *charger* à son
compte. A leur insu, ils réalisent le tour de force
de parler anglais en français.

« [...] Un fait devient un *développement* ; un

1. *I for one*, c'est-à-dire : quant à moi, en ce qui me
concerne.

projet à l'étude se dit *sous considération* ; on n'est
plus préposé à, on est *en charge de* ; [...] les
parties intéressées sont dites *concernées* ; [...] on
ne fait plus face à ses dépenses, on les *rencontre*,
etc. »

En Belgique, en Suisse romande, pays pourtant
un peu moins menacés que le Québec, l'opinion
est en alerte.

12-13 février 1961. *Le Soir* de Bruxelles raille
les anglomanes : « Pourquoi dire *show* quand
nous avons « spectacle » à notre disposition, et
self-service pour « libre-service » ? On parle sans
cesse de *surprise-party* pour « partie surprise »,
expression devenue d'ailleurs impropre depuis
que, dûment organisé, cet événement n'a pas plus
de secret pour les visiteurs que pour les visités.
On prête couramment du *sex-appeal* à une jolie
femme ; il est moins brutal, plus décent et beaucoup plus gentil de proclamer qu' « elle a du
charme ». *Shopping, rowing, skating* sont inutiles
puisqu'on peut aussi bien dire qu'on fait ses
courses, du canotage ou du patinage. Pourquoi
air hostess pour « hôtesse de l'air », *bowling* pour
« jeu de quilles », *spleen* pour notre « nostalgie »,
etc. » Un des membres de l'Académie royale de
Belgique, M. Maurice Piron, écrit en ce même
sens, dans *Vie et Langage* dans la *Revue française*
d'avril 1961.

2 octobre 1962. *La Suisse* consacre au franglais
une chronique de Cadet Rousselle. Le chroniqueur adopte lui aussi le vieux système de Balzac
et de Proust, celui du pastiche, de la charge. A
peine hélas a-t-il besoin de charger. Jugez vous-
même :

« Dear Joséphine,

« Je t'écris d'un snack, où je viens de me tasser un hot dog en vitesse, tandis que Charlie, à côté de moi, achève son hamburger.

« Charlie, c'est Charlie Dupont, mon nouveau flirt. Un vrai play-boy, tu sais ! En football, un crack. On le donne comme futur coach des Young Cats, leader des clubs série F. C'est te dire si j'entends parler de goals et de penalties !

« Je me suis lassée de Johnny Dunand, trop beatnik avec ses blue-jeans et son chewing-gum, etc. »

Non seulement la grande presse s'en mêle, mais des revues ou des organismes spécialisés s'efforcent de lutter contre le sabir atlantique. Chez les médecins, par exemple, je citerai :

— le Dr Pierre Theil qui, dans la *Revue de médecine praticienne et sociale*, condamne *bridge*, *test*, et mainte expression de la sorte ;

— le Professeur Sournia, de Rennes, qui, dans *Le Concours médical* du 27 janvier 1962, se demande ironiquement *Pourquoi parler français ?*, quand il est si bon de jargonner, de gréciser ou de succomber à l'anglomanie ;

— le Dr Marcel Monnerot-Dumaine qui, dans le numéro 129 de *Médecine de France* (1962), condamne les « travers » de la langue médicale et ne rate point les anglomanes ;

— le Professeur Lamy qui, dans *La Presse médicale* du 1er décembre 1962 (*La dégradation du langage médical ou Lettre à un jeune médecin sur le bon usage du français*), exécute à son tour et jargon et sabir atlantique ;

— le Dr Daniel Eyraud, qui, dans *L'Hôpital* de

janvier 1963 juge l'*Anglo-Saxonite épidémique*.

D'autres milieux spécialisés viennent à la res-
cousse. Les administrateurs du *Gaz de France*
ouvrent une rubrique *Défense et illustration de la
langue française* pour seconder le *Comité d'étude
des termes techniques français* (que préside
M. Georges Combet, et dont le secrétaire général
est M. Agron). « Bouter l'anglo-saxon — et les
termes étrangers — hors du français », voilà un
excellent programme. Pour le *cracking* et *to crack*,
Gaz de France adoptera donc : craquage et cra-
quer ; pour *gas oil*, gazole ; pour *fuel oil*, mazout ;
pour *to scrub*, *scrubbing* et *scrubber*, laver, lavage
et tour de lavage ; pour *steaming*, injection de
vapeur ; pour *coal car* et *coke car*, chariot à
charbon et chariot à coke. Bravo pour *Gaz de
France !*

Bravo également (et non pas *hip, hip, hip,
hurrah !*) en faveur de l'*Association française pour
l'étude des eaux*, dont le directeur, M. R. Colas, eut
la courtoisie de faire repiquer à mon intention les
pages du bulletin qui sont relatives à la termino-
logie. J'y apprends avec joie que les *cuttings*
seront désormais des déblais, les *tests*, des essais,
le *training*, la formation (ou l'entraînement), le
dope, un adjuvant, le *tubing*, un tubage, le *by-
pass*, une déviation, le *boosting*, une surpression,
le *breakpoint*, une surchloration, le *flash off*, de
l'eau évaporée, le *pondage*, une retenue, les
wastes, des eaux résiduaires, l'*activated sludge*, de
la boue activée, etc.

Jusqu'à l'*Union syndicale des Journalistes spor-
tifs* qui, troublée par mes cours sur l'américanisation de notre langue, m'avait demandé de colla-

borer, avec M. Alain Guillermou, aux travaux d'une commission du vocabulaire des sports. M. Chassaignon en était l'animateur. En 1961, nous travaillâmes régulièrement et proposâmes, dans le bulletin de liaison de cette *Union syndicale*, nos premières suggestions, élaborées durant plusieurs déjeuners où participaient, outre M. Chassaignon, MM. Michel Clare, Roger Debaye, Jean Eskenazi, Jacques Ferran, Jacques Forestier, Gabriel Hanot, Marcel Hansenne et Louis Naville.

Nous eûmes raison, je crois, de proscrire *come back, comingman, referee, back, goal, shoot, crack, has been, indoor, leader, open, test-match*, et de suggérer qu'on les remplaçât par : retour, espoir, arbitre, arrière, but, tir, as, fini, en salle, major (comme major de promotion), ouvert, match officiel ; nous eûmes raison, je crois, de franciser *lob* en lobe (mais j'aurais préféré chandelle) et *corner* en cornère ; nous eûmes raison, je crois, de remplacer *derby* par match de terroir (ou de voisinage) et le *penalty* par un onze mètres.

C'était exaltant d'imaginer qu'on allait peut-être sauver le vocabulaire en cause, l'un des plus corrompus par l'anglo-américain. Hélas, André Chassaignon mourut en octobre 1961...

Bien mieux, les chansonniers apportèrent au projet leur concours bénévole. Philippe Clay, le premier en date, à ce qu'il me semble, dans *Paris Parisse* :

> *Excuse me si je connais mal ton langage*
> *Mais l'Assimil me l'a prouvé*
> *L'anglais ça s'apprend à tout âge.*

Ce ne sont que *beautiful, drugstores, parking, self service, snack-bar* et *buildings, rock and roll, sur-boums, love* et *suspense. Sankiou verimuche* rime avec Ménilmuche. Bref :

> *Paris I love you t'as du suspense et t'es sexy.*

Tout récemment, Léo Ferré chanta *La langue française :*

> *C'est une barmaid qu'est ma darling...*
> *J' suis son parking, son one man show.*
> *Son Jules, son king, son sleep au chaud.*
> *J' paie toujours cash...*

Plusieurs pensèrent d'abord que j'exagérais et que j'obéissais à je ne sais quel esprit de vengeance ou de chauvinisme ; M. Félicien Mars, par exemple, qui écrivait dans *La Croix*, le 26 décembre 1960 : « Étiemble, après avoir très utilement travaillé à détruire un certain nombre de mythes, est en train de créer le mythe du babélien. » A quoi répondit Jean-François Revel, le 12 janvier 1961, dans *L'Observateur littéraire :* « Non, Étiemble n'a pas inventé le péril babélien. » Après avoir écouté mon cours radiodiffusé du 12 janvier 1962, M. Félicien Mars m'accordait crédit sur un point de détail et concluait avec loyauté que je m'attaquais à une maladie réelle, et grave, du français : « Ceux qui étaient à l'écoute du *Français universel*, dimanche soir 5 février 1961, comprendront ce raidissement de mon attitude en face de l'invasion des anglicismes. Un texte, d'autant plus ahurissant qu'il était écrit en français et par un Français, affirmant qu'il nous *faudrait reconnaître une fois pour toutes que l'anglais est la langue internationale d'aujourd'hui*, ce qui peut être, à la rigueur, un fait pénible à enregistrer. Mais ce qui traduisait une démission inadmissible, c'est que le responsable de cette constatation invitait à *poser en principe que la culture de la France n'est accessible qu'à ses fils*, et que *la pensée française a suffisamment de valeur, par son contenu, pour pouvoir négliger l'idiome qui lui sert d'expression*. Autrement dit, pourvu que nos *Caravelles* continuent de se vendre, ce que je souhaite, peu importe que Racine et Voltaire soient lus désormais en anglais ! Eh bien ! ce type-là m'a convaincu... qu'il était temps de réagir. »

Après *Le Monde* et *Le Figaro littéraire* qui, à plusieurs généreuses reprises, approuvèrent mon combat contre le sabir atlantique, un des journaux de France qui lui avaient le plus joyeusement, le plus activement sacrifié changeait de camp : le 1er septembre 1962, *Paris-Match* alertait son public. Le courrier des lecteurs, celui que je reçus, auraient pu m'endormir, car tout le monde ou peu s'en faut approuvait mon initiative qu'on appelait parfois, d'un mot un peu audacieux, ma « croisade ». Un peu plus tard, dans son n° 705, *Paris-Match* publiait une amusante caricature de Morez : une rue de Paris, telle qu'on la voit chaque jour désormais : *snack, hair dresser, hot dogs, bowling, night-club, suspense, ice-cream, strip-tease*, etc. « Oui, disait la légende, Maggy est à Paris pour apprendre le français. »

De son côté, dans *L'Express*, Siné blaguait la gastronomie *new look* et *up to date : hot-dogs* et *ice-creams* et vingt autres spécialités « bien de cheux nous ».

Enfin, le 16 octobre 1962, le *New York Herald Tribune*, édition de Paris, reprenait le dessin de Morez pour illustrer un article où M. Thomas R. Bransten renseignait objectivement ses compatriotes sur mon propos dans un article intitulé *Paris professor fights invasion of language by anglicisms* (c'est-à-dire : un professeur français lutte contre l'invasion de sa langue par les anglicismes).

La partie était donc gagnée ? Je pouvais mourir tranquille ?

Hélas non.

En effet, si, dans *Le Figaro* des 29 et 30 août 1959, l'éditorial de Michel de Saint-Pierre s'intitulait *Parlez français*, le même journal, le même jour, parlait d'une « puissance atomique majeure » *(major atomic power)*, au lieu d' « une grande puissance atomique » ; à propos d'un « week-end politique » Eisenhower-Macmillan, mon vieux camarade Pierre Bertrand câblait de Londres un article où il s'agissait notamment d'un parc propice « aux chasses à la grouse », c'est-à-dire au tétras, au coq de bruyère, au lagopède d'Écosse (ou de quelque nom qu'il vous plaise de l'appeler). Le même journal me proposait le même jour, dans un garage, des « scooters », des « boxes » pour des stalles, et m'apprenait que Nice est le « possible leader unique » (avec un impossible *possible*, et un *leader* inacceptable aux termes de l'éditorial). Et d'un !

Quant à *France-Soir* du 26 septembre, ce *France-Soir* où Maurice Rat s'interrogeait sur le *franglais*, j'y découpai, entre plusieurs, les franglicismes que voici : « dans le style *news* », « *flirter* avec le documentaire », « la maniaque du *kidnapping* », « *slips T-shirts* », « le *gang* de la boxe *U.S.* », « le *baby-pipe* », « des *muscle-men* », « un *manager* de boxe », « c'était du *gangstérisme* », « un garçon d'une douzaine d'années en *blue-jeans* », « le *show business* », « l'*underworld* », « il est le *columnist* », « la reine du *striptease* », « Gypsy Rose Lee, Madame *Strip-Tease* », « l'acier *U.S.* », « K. et le *hot-dog* », « le *rush* fantastique des voitures », « un *trigger-man* », et naturellement l'anglo-germanisme *speakerine*. Et de deux !

Tout se passe en effet comme si, dans chaque journal, un homme et un seul, celui qu'on charge de la rubrique langagière, devait sauver la langue, ou du moins la défendre contre les divers dangers qui la menacent, dont aujourd'hui l'américanisation outrancière et systématique est de loin le plus grave. Quant aux autres *columnists*, comme on dit désormais pour ne pas dire rubriqueurs, ou chroniqueurs, ils continuent à rédiger leur sabir atlantique.

Ainsi pouvait-on lire, le 17 février 1961, dans un journal belge, *Le Ligueur*, tel article qui demandait *Pitié pour le français !* Fort bien. Le même jour, une chronique de M. Vinca traitait de *La nouvelle Taunus 17* à renfort de « pare-soleil capitionnés » (*sic*), de « jauche... pas particulièrement précise », de boîte de vitesses « rentable » qui permet de « prendre un start très rapide »,

cependant qu'un « rayon de braquage étendu »
autorise à manœuvrer sans peine « au parking ».
Et de trois !

Impossible par conséquent de croire que la
cause est gagnée. Certes je peux me féliciter de
lire, sous la signature de M. René Georgin, un
pastiche de Marie-Chantal intitulé *Le quart
d'heure de Rabelais* : les *brain-trusts*, les *parkings*,
les *plannings* et les *relaxations* s'y font gentiment
épingler.

Certes, je peux estimer que tout n'est pas
perdu, puisque, le 27 octobre 1961, le même René
Georgin, qui assistait au déjeuner de l'*Association internationale des journalistes de langue française*, y lut une satire du français tel qu'on l'écrit
dans la presse :

> *Mais c'est l'afflux des noms english et amerloques*
> *Qui donne à notre langue un aspect si baroque*
> *Car Albion et l'Amérique*
> *Sont nos fournisseurs de mots chics*
> . . . .
> *La divine relaxation*
> *Ainsi que la réservation,*
> *Le debating et le parking,*
> *Public-relations et footing*
> *Le living-room et le pressing*
> *Le lunch, le match et le building,*
> *Leadership, suspense et camping,*
> *Business, label et standing,*
> *Le fair-play, le pool, le planning,*
> *Le rush, le score et le meeting,*
> *Steamer, record, boxe et pudding,*
> *La garden-party et le swing.*

Ça continue longuement, pour s'achever sur
une pirouette :

Mais devant tant d'intrus, lorsque nous nous cabrons
C'est bien de notre sol que montent nos jurons
Et le mot fameux de Cambronne
Rend un son gaulois quand il tonne.

Tout ça, encourageant ? Ouais ! Savez-vous
combien elle compte d'adhérents, cette *Défense
de la langue française*, qui publie les fantaisies de
M. René Georgin ? En 1963, elle célébrait son
millième cotisant ! Et si M. Félix de Grand
Combe a fulminé, lui, contre *l'anglomanie en
français*, il n'eut pas plus de lecteurs que n'en
compte *Le Français moderne*, revue réservée à des
professionnels.

Au fait : tournez le bouton de la radio, de la
télé ; ouvrez les yeux au restaurant, chez le
droguiste. Vous constaterez que, malgré tant
d'efforts, tant d'articles, et dans les plus grands
journaux, l'épidémie ne fait que gagner en étendue, en profondeur. Arrêtez-vous au restoroute
(mot-valise à l'américaine) ; on vous y offrira, non
loin de Paris, un *Baby scotch*, un *steack* (sic), un
cheeseburger steack (sic), des *hot dogs*, un *club
sandwich*. Lisez Odette Pannetier, *Cent restaurants de Paris* ; vous y dégusterez du *digest*, de la
réservation, du *flash*, des *cameramen*, des *stars* et
des *starletts* (sic), du *chicken pie*, des *drinks*, des
mixed grills, de l'*apple sauce*, du *chicken sandwich
à la milord*, du *self control*, du *saloon*, du *gay Paris*,
des *duffel* (sic) *coats*, des *smokings*, des *surprises
parties*, du *be-bop*, du 22 *long rifle*, de l'*egg-burger*,

du *baby cochon de lait*, du *hamburger-steak à cheval*; si vous voulez un *quick lunch*, vous l'y trouverez sans peine (mais avec douleur, je l'espère).

Certains Français peuvent ou doivent éviter le restaurant; ils restent donc à l'abri des *mutton chops*, *mixed grills* et autres nouveautés. Ils ne peuvent s'épargner l'ennui de laver la vaisselle et de tenir la maison. Il leur faut donc fréquenter le droguiste, que détrônera bientôt le répugnant *drugstore*. S'ils y acquièrent une pile, ce sera la pile *Wonder* « qui ne s'use que si l'on s'en sert ». S'ils veulent récurer leurs casseroles, ils sauront hésiter entre le *pad* (un tampon, vous n'y songez pas!) et le *scotch brite*! Pour balayer, on leur conseille de « balayer *strip* »; pour cirer, le ou la *John wax*. Qu'il s'agisse de tuer les mouches, de recoller quelque chose, de laver le linge, de cirer les chaussures, de recouvrir les planches d'un placard ou quelque surface métallique, de chasser les mauvaises odeurs aux toilettes (pardon, aux *W.-C.* ou aux *closets*!), nos ménagères choisiront ce qu'on leur impose : le *catch* ou le *fly-tox*, le *secco-fast*, le *Sunlight*, le *Skip* ou le *Klir* (de *clear*), le *Polish* Tanil-*Cream*, le *blacksun*. Je n'oublie ni le *Kik*, ni le *Spic*, ni l'*Airwick*, ni le *Dip*, ni le *Holiday*, ni le *Timor standard super économique*, ni le *Prim'verre* (avec l'apostrophe très britannique), ni la fusée *Top* pour la destruction des taupes, ni vingt autres *gadgets* tous moins prononçables les autres que les uns : le *pocket*, le *Tide*, le *sunsilk*, le *golflex*, l'*Elnett*, le savon *O'flor* ou le sel « *Moos* » (pour ne pas dire *mousse*), enfin, non, pas enfin : le *Reluidog*, la corde à linge *Sthop*.

Qu'il se veuille conscient et organisé, qu'il demeure inconscient et inorganisé, quel citoyen peut éviter, sait éviter de lire son journal? Il y apprendra donc qu'« une fois de plus et au Canada, le français est absent dans un congrès scientifique », mais, le même jour, dans le même journal, on lui parlera d'un « *best-seller* italien », du « *pipe-line* Sahara-Méditerranée », des « trois *aces* » de Fraser, de l'institut *est-allemand*, de « l'*actuel* gouvernement », d'un certain M. Ike qui « *ignore* sa voiture », autant d'américanismes ou patents ou latents. Un peu plus tard, dans le même quotidien, le lecteur conscient et inorganisé découvrira que M. Kennedy est « *proéminent* à titre mondain » (*prominent*, c'est-à-dire en vue), que « le onzième *district* était *solidement* démocrate » (pour *circonscription massivement*), que les « *saloons* irlandais de Boston » fêtaient l'élection de Kennedy (les bistrots, fi donc!), et que cela se passait dans un des *districts* les plus *dilapidés* de Boston (un des *most dilapidated districts*, en français : dans *une des circonscriptions les plus misérables* de cette ville). Plutôt que la presse bourgeoise, lirait-il *L'Humanité* et ses rubriques culturelles, notre pauvre concitoyen : le 4 juillet 1963, il buterait sur la première phrase de l'article consacré au congrès de Genève sur *Le siècle des lumières* : « à l'initiative de M. Théodore Besterman ». S'il aime sa langue, il n'ira pas plus loin : en français, on dirait « sur l'initiative ».

Oui, s'il aime sa langue, notre infortuné compatriote, tout concourt à le corrompre, ou à le décourager ; une petite annonce lui révèle que la *Société de Gérance des Établissements cinémato-*

graphiques Éclair, domiciliée 12 rue Gaillon, Paris-2e, se déguise, pour faire *new look*, en *Éclair international diffusion*; après le *Stendhal-Club* (acceptable dans la mesure où Stendhal, par jeu et par prudence feint-il de croire, sacrifie à l'anglomanie dans le *Brulard*), voici qu'il lui faut subir une « réalisation T.V. » intitulée « Paris-Club », vocabulaire et syntaxe yanquis. Est-ce donc là notre façon de porter aux nus nos visiteurs et notre capitale aux nues ? Lit-il un roman à succès, notre Français, *La Grotte* de M. Georges Buis par exemple, il y butera sur les *bazookas*, des *command cars*, des *channels*, des *drop-zones*, des *barracks*, des *timings*, des *top* (sic), du *self-control*, des *leaders hélicoptères*, des *half-tracks*, des *Military Police* (sic), du *strafer*, des *débriefings*, et autres immondices révélant l'état de notre langue militaire, qu'on espère qu'il désapprouve (mais il emploie plusieurs fois *mouvance* avec le sens de mouvement : « un jour que la tribu était en mouvance dans un autre monde », alors que la *mouvance* veut dire et ne veut dire que : la dépendance d'un fief à l'égard d'un autre ! La mort dans l'esprit, s'il est père de famille, notre concitoyen va découvrir qu'on enseigne à son fils, qui trébuche encore sur les pluriels de *caillou* et de *joujou*, ceux de *supporter*, *sportsman*, *shoot*, *steeple-chase*, *cross-country*, *rallye-paper*, *tennis-woman*, *penalty*, *swing*, *garden-party* (*Grammaire* Dubois et Jouannon, Larousse, 1956, exercice n° 95, p. 38). Avec consternation, il vérifiera que la méthode porte les fruits qu'on en peut espérer ou redouter, car il lira, s'il est professeur, telle copie d'un élève de cinquième, incapable de fixer dans sa mémoire l'orthographe du français, mais imbattable sur l'anglais : « Une Nuit fut merveilleuse pour moi. J'ai rêvé que j'avais été au gala de Twist et de Rock n'Roll. Je me voyais dansant un Rock n'Roll acharné avec une jolie môme bien moulée. Elle me disait des mots doux. Maintenant nous dansions en cadence avec une Musique Assourdissante, les Pirates, les Chaussettes noires, Elvis Presley chantaient du Rock. Johnny Hallyday, Vince Taylor faisaient du Twist, et tous les fans dansaient Twist sur un air de Rock n'Roll. Puis j'entraînais ma partenaire dehors loin du bruit, et là nous parlions joue contre joues échangeant parfois quelques baisers.

« Nous rêvions tous les deux que nous étions sur une plage ensoleillée.

« Puis nous rerentrâmes dans la salle de la Surprise Partie nous nous remîmes à danser et la chantant nous roulant dans la salle.

« Mais un coup de tsimballes me réveilla en sursaut et je me retrouvai dansant un Twist sur mon lit.

« Quel rêve amusant mais absurde et inexistant. »

A-t-il appris par une indiscrétion, notre pauvre concitoyen, qu'un ministre soucieux de l'intérêt public refuse d'accepter le mot yanqui *engineering* et les « équivalents », plus aberrants les uns que les autres, que lui soumettent ses experts (écotechnie, exploplaniéconotechnique, génialisation, ingeneurie, multiscience, périscience, poliscience, prospectigénie, staugbeter, technico, technoexpansion, vitaexpansion, vitatechnique, etc.) ; s'efforce-t-il de penser un peu là-dessus : de

3

fabriquer, sur *génie rural*, quelque chose comme *génie industriel*, ou, sur le mot à la mode *logistique*, une *logistique industrielle* plus séduisante encore pour les hommes d'affaires ; ose-t-il penser, humblement, à ce beau vieux mot : *bureau d'études*, que pensez-vous qu'il pensera, en lisant le 1er février 1962 le titre courant d'un hebdomadaire fameux : *engineering, engineering, engineering, engineering* ? Oui, que pensez-vous qu'il pensera devant le supplément spécial de *L'Information* (27 avril 1962) avec, sur six colonnes, le titre que voici : *L'Engineering français apporte une large contribution au développement international. L'engineering français ! large ! développement !* Autant dire *l'Américan équipement*, ou *l'Américan génie industriel*. Hélas, le ridicule n'a jamais tué personne en France.

Car enfin elle parut en France, cette édition du *Petit Larousse illustré* où, pour définir le *single*, partie de tennis qui se joue à deux, le rédacteur précisait : « On dit abusivement simple. » Pour le *Petit Larousse* il était donc abusif de vouloir parler français. De fait, quand la commission du vocabulaire sportif décida de suggérer aux intéressés les directives dont j'ai parlé, il se trouva dans chaque salle de rédaction un mauvais coucheur au moins pour exciper contre nous de l'autorité du *Petit* ou du *Grand Larousse* : « On dit abusivement simple » ou « shoot », et non tir, etc.

De sorte que...

De sorte que malgré tant de réactions heureuses, la France entière ou peu s'en faut sabire aujourd'hui atlantique. A preuve, deux anecdotes. Je passe l'été en Savoie, dans un village.

Une paysanne, qui habite une ferme située sur la même côte que moi, et qui venait d'acquérir un appareil de radio, me demanda quelque jour ce que ça voulait dire ce *dideur* qu'elle entendait tout le temps. J'écoutai : il s'agissait de *lideur* (*leader*) ; à mon tour de lui demander si par chance elle avait lu dans la presse un mot qui s'épelle *l, e, a, d, e, r*. Si elle avait lu ce mot-là ? Pour sûr ! un *léadé*. Mais elle ne savait pas non plus ce que c'est qu'un *léadé*.

A quelque temps de là, un incident survint au village voisin et me confirma dans ma résolution. La buraliste du pays sentit un jour sa tête un peu tourner : sa fille Juliette, qui baragouinait quelques rudiments d'anglais ramassés à l'école, venait de lui révéler que, lorsque le général de Gaulle (*Jeanne la Lorraine ses petits pieds dans ses sabots*) disait *oui*, Sa Majesté la reine Élisabeth (*God save our gracious Queen*) dit plutôt *yes*. Un curé anglais lui ayant en français commandé, puis payé des cigarettes, fut surpris de s'entendre remercier d'un *sankiou*.

— Oh ! you speak English, enchaîna-t-il courtoisement, ou peut-être charitablement.

— Minoméjujuiesse.

Je ne jurerais pas que ce curé bilingue ait su déchiffrer sous cette énigme de *pidgin English* le « *me, no*, mais Juju, *yes* » de la buraliste érudite (moi non, mais Juju oui) ; je me suis juré, depuis lors, qu'il fallait en finir avec le sabir atlantique.

Sinon, de *Sciences-Po Day* en *Garden Horti*, nous irons à la décadence et à la servitude.

Oui, nous en sommes là, puisque l'École qui se pique de préparer les cadres du pays, ses admi-

nistrateurs, veut-elle célébrer sa fête annuelle, ce
sera par un anglicisme (aurait-elle conscience de
se préparer à servir d'abord *the American way of
life* et la politique du *State Department ?*). Dès lors
l'affiche du *Garden Horti* paraît quasiment (et
non point pratiquement, sur *practically*) anodine ;
voire, innocente. (Si ça veut dire quelque chose,
cet accouplement ridicule, *Garden Horti*, c'est
jardin du jardin. Garden veut en anglais dire
jardin, et *horti*, c'est que je sache le génétif du
latin *hortus*, qui veut dire lui aussi le *jardin* !).
   Eh bien non, non et non !
   Ou alors briguons officiellement le statut de
dominion, ou bien aspirons franchement à devenir *star*, que dis-je, *starlett'*, sur la *Star spangled
banner*.
   Sachons alors clairement ce qui nous attend :
au dernier catalogue des disques *Odéon*, le lecteur remarquait ceci : « June Richmond chante
en français :

*Boom ladda boom boom — One two three four times
Impatients — Choubidou bidou poï poï.* »

Commentaires du *Canard enchaîné* : « On aimerait connaître le titre des œuvres qu'elle chante
en charabia. »
   Mais le fin du fin en *sabir atlantique*, je l'ai
découpé, à votre intention, dans un journal
anglais : un lecteur s'y plaignait de voir sa langue
« mutilée » par l'enfant prodige et prodigue ; afin
d'éclairer son public, il citait une phrase rédigée
par un comité américain qui s'occupe d'électronique : « In the interest of easierly reaching

internationalistic agreementation on a standardizationalised encodificationalization... »
Sachons-le : si nous ne faisons pas, tous tant que
nous sommes, le serment de parler français
désormais, voilà le langage barbare que vagiront
nos enfants. Nos rubriques sportives nous en
offrent l'avant-goût.

Histoire la moins drôle in the world

Relisant la préface écrite par M. Lorédan-Larchey pour son *Dictionnaire historique, étymologique et anecdotique de l'argot parisien*, j'y notai, page 7, une expression qui devrait nous alerter : « L'argot a toujours pratiqué sobrement le libre-échange, sauf toutefois dans le Sport, qu'on peut considérer comme une colonie anglaise (V. *Dandy, turf, rider, betting, ring, handicap, flirtation, cab, racer, four in hand, mailcoach,* et une foule d'autres). »

De fait, comment pardonner à ceux qui, « au niveau du » *Chasseur français,* se donnent des airs américains et, afin de se faire passer, je présume, pour des habitués du *Jockey,* titrent sans vergogne : *Un champion de coursing, le whippet,* ou *ball-trap ?* On est toujours « entre pull et mark » : « manque de *swing* dans l'envoi du coup de fusil. Et, là encore, c'est un *problème* de *skeet* » ; « l'installation d'un *skeet* se compose tout d'abord de deux cabanes d'où sont envoyés les plateaux. L'une haute dite : *pull*, l'autre basse dite *mark* », etc.

Par bonheur, tous nos sports n'en sont pas arrivés là ! L'alpinisme, par exemple, exprime encore en français les plaisirs de la varape, ainsi que l'art de tailler des degrés dans un mur de glace. Si vous rencontrez un *gendarme* dans les Alpes, vous le *convertissez*. Cela ne veut pas dire que si vous rencontrez un pandore catholique, vous en faites un musulman ou un bouddhiste ; cela dit quelque chose que comprennent fort bien les alpinistes ; et cela, en fort bon français. J'ai converti quelques gendarmes. Parmi les nombreuses raisons qui m'ont fait aimer la varape et le glacier, je compte pour quelque chose la qualité du vocabulaire dont se servaient mes compagnons de cordée ; mais j'alerte ici *La Montagne*, dont le numéro d'octobre 1958 emploie sans motif *feed-back* et *relaxation* à propos de la forme qui convient au varapeur (p. 274).

La varape n'étant pas à la portée de tous les âges, j'allais peut-être songer à me mettre au *golf*, lorsque j'en fus découragé par un article de *Carrefour*, le 23 septembre 1959. « Faut-il parler anglais pour jouer au golf ? » demandait Jeanine Merlin. Péremptoire, la réponse : « Tous les termes techniques du golf sont en effet anglais. Il est de bon ton de les prononcer avec un bon accent (le comble du chic est de parler avec l'accent d'Oxford), mais le glossaire suivant est suffisant, même si l'on ignore la langue : *all square, bunker, caddy, club, driver, fairway, grip, handicap, hazard, link, medal play, one down, one*

*up, par, puller, putter, putting green, scratch, slicer,
stance, stimmy, swing, tee, teeing ground.* » Suffisant ? A la rigueur. Il faut ajouter au moins
match-play. Heureux les alpinistes ! Ils peuvent
encore se servir de *piolets,* de *crampons* et de
pitons, alors que le joueur de golf se voit
contraint de recourir à des *clubs.* Lorsque la
roche est bonne, ils disposent d'excellentes *prises,*
alors que, s'ils jouaient au golf, il leur faudrait,
sous peine de vulgarité, appeler *grip* leur *prise de
canne*[1]. Il leur faut *griper le cleube,* je suppose, ou
grippe ze clube. Heureux les alpinistes qui, au lieu
de faire du *footing* sur un *link,* cheminent sur des
névés, de la *caillasse,* posent prudemment leurs
pieds sur des *vires.* Heureux les alpinistes qui, au
lieu de faire du *swing,* c'est-à-dire ce mouvement
de balancier qui permet de frapper la balle, font,
tout vulgairement, des *rappels en balancier* ! Heureux les alpinistes qui, lorsqu'ils commencent
une course, ne se rendent pas au *teeing ground,*
mais à la *cheminée* de départ, à moins que ce ne
soit, plus simplement même, à la porte du refuge.
Heureux les alpinistes qui ne jouent pas de
mixed-foursome, c'est-à-dire des parties où chaque camp est composé d'un homme et d'une
femme, autrement dit des doubles-mixtes, et qui,
lorsqu'ils s'encordent avec une fille, parlent simplement de *cordée.* Non, décidément, je ne ferai
pas de golf ; je ne sais pas assez bien l'anglais
pour me risquer sur un *link* ; et puis j'y attrape-
rais le *golf elbow* !

---

1. « Les clubs, c'est-à-dire les cannes, sont au nombre de
quatorze. » Jeanine Merlin, *Carrefour,* 23 septembre 1959.

Si l'état de mon cœur m'interdit la salle
d'armes, où le quarte contre-de-quarte, le sixte
contre-de-sixte, le une-deux, le une-deux-trois, le
dégagez-rompez, préparent l'apprenti à tirer
dans un rond de saucisson selon l'heureuse formule d'un vieux maître avec qui je travaillai
(c'est-à-dire, vous l'avez deviné, de telle sorte que
la pointe de votre fleuret déjoue celle de l'adversaire sans jamais dessiner de mouvements qui
outrepasseraient le diamètre d'un rond de saucisson), si donc l'état de mon cœur m'interdit l'art
des armes, rapide, subtil, courtois, et dont le
vocabulaire n'insulte jamais notre langue, vais-je
me rabattre sur le tennis ? Le jeu de paume a bien
des mérites, j'en conviens. Le jeu de paume ?
mais oui, car si je sais ma langue, selon Littré,
c'est bien celui « où l'on se renvoie une balle avec
une raquette ». Hélas, nous n'en sommes plus au
serment du Jeu de Paume. Entre plusieurs, nous
avons soigneusement oublié cet idéal de la Révolution française. C'est pourquoi nous préférons le
tennis. Je désespère de ressusciter le *jeu de paume*,
et je consens à jouer au *tennis*. Vais-je pour
autant accepter le charabia dont se gorgiasent,
comme eût dit Montaigne, tous les ignorants qui
veulent se donner des airs ? Il n'est question, dans
la presse, que de *sets* et de *net*, de *score* et de
match, de *lob*, de *lift*, de *lob lifté*, de *drive*, d'*out*, de
passing-shots, de *challenge round* et de *tennis
elbow*[1] ! Quand j'étais gosse on poussait plus loin
encore la nigauderie. Plus d'un petit-bourgeois

---

1. Le *tennis elbow* répond ingénieusement au *golf elbow*.
Car les Français n'ont plus de *coudes* ni de *coudées franches*.

qui ne savait pas un mot d'anglais n'eût jamais
servi une balle sans au préalable avoir crié un
play ? qu'il prononçait comme la troisième personne du singulier du verbe plaire : *plaît ?* (je le
prenais pour une abréviation de *s'il vous plaît*).
Son partenaire alors, à supposer qu'il fût prêt,
répondait : *ready*, ou plutôt il ne répondait pas
ready, mais quelque chose comme *raidi*. Ce qui,
dans notre argot de potaches, devenait, par étymologie populaire, *prêt ?* dans le premier cas ; et,
dans le second cas, *radis !* par mauvais jeu de
mots. J'avoue préférer *prêt ? — radis !* au simili-
angliche de nos snobs. Or, il n'est pas un mot du
vocabulaire en question qui ne puisse parfaitement s'exprimer en français. Le *coup droit* vaut
bien le *drive*, non ? et la *chandelle* monte quand il
faut tout aussi haut qu'un *lob* ; un *coup imparable*
me fait le même effet, exactement, qu'un *passing-
shot* ; et je me demande si *out* signifie mieux que
notre *dehors* que la balle en effet vient d'atterrir
hors du *court*. Du *court* ? ou du *terrain* ? Pourvu
qu'on prononce à la française (*cour*), je consens
qu'on parle d'un *court* de tennis ; mais pourquoi
courte ou *corte* ? Au club de Saint-Gervais-les-
Bains, si bien organisé, pourquoi parle-t-on du
court quick ? Jouez plutôt sur un terrain de
tennis. A la vérité, de plus en plus souvent, j'ai le
plaisir de rencontrer des joueurs qui emploient
de moins en moins le jargon anglais quand ils
s'adonnent à la longue paume. Faut-il croire que,
le tennis restant un jeu de classe, et la plupart des
fils de bourgeois ayant quelques rudiments
d'anglais, ils ne peuvent pas songer à s'émerveil-
ler eux-mêmes en se disant *play ? — ready ?* ou en

parlant de *drive* ? Je suggère cette explication
pour ce qu'elle vaut, mais je constate que la
presse, elle, n'a pas fait de progrès et que les
comptes rendus des parties sont truffés de mots
prétentieux, à l'anglaise.

Notre anglomanie demeure telle, en ce qui
concerne le tennis, que nous avons inventé, à
cette fin, des mots « anglais » qui n'existent pas.
Le 20 août 1959, dans sa chronique du *Figaro* sur
les *Questions de langage*, M. Louis Piéchaud citait
une communication que venait de lui adresser un
professeur agrégé du lycée Lakanal, le bon sens
même : elle recoupe ce que je pense de *smasher*, à
savoir qu'il est sot de fabriquer sur le verbe
anglais *to smash* — lequel veut dire *écraser* — un
verbe français *smasher*, où la désinence de notre
première conjugaison s'ajoute gauchement à un
complexe consonantique aussi peu français que
possible. Dites donc *écraser* la balle, puisque
aussi bien c'est cela que vous faites et que c'est
bien ça que dit l'anglais *to smash*. Au lieu de un
smash, dites : un *écrasé*, comme un *piqué* en
termes d'aviation, ou, en termes de billard, un
massé (à partir du troisième des verbes *masser*
que donne Littré, celui qui signifie *frapper la bille
d'un coup très sec de haut en bas*). Plus étonnant
encore, le cas des *tennismen*, dont en français le
singulier, vous le savez, est *tennisman*. Vainement chercherez-vous *tennismen* dans les dictionnaires anglais. Vous n'y trouverez que *tennis-
player*, c'est-à-dire *joueur de tennis*. Mais ouvrez le
Harrap's anglais-français. *Sous tennis-player*, vous
lirez la traduction, si j'ose dire française, que
voici : *tennisman*, pl. *tennismen*. Pour ne pas dire

en français *joueurs de tennis*, nous en sommes donc à *inventer* des mots pseudo-anglais! Il est vrai que les joueurs de tennis ont encore la chance de disposer parfois de petits *ramasseurs de balles*, et non point, comme les joueurs de golf, de *caddies*; mais enfin, ces *tennismen* et ces *tenniswomen* me restent dans la gorge. Si au moins on faisait effort pour franciser l'orthographe de tous ces mots-là. Il arrive que ce soit le cas. Dans *L'Équipe*, récemment, l'idée de chandelle s'écrit *lobe*, à la française, et non point *lob* à l'anglaise. Plus conforme à l'esthétique de la langue française, *lobe* me paraît cependant inutile (puisque nous avons *chandelle*)!

« *Coaching*, *yachting*, quel parler! » écrivait Gourmont voilà plus d'un demi-siècle. « Tous les jeux, disait-il encore, tous les sports sont devenus d'une inélégance verbale qui doit les faire entièrement mépriser de quiconque aime la langue française. » Gourmont exagère, le vocabulaire de l'escrime, celui de la varape, restent indemnes, je l'ai dit; mais je dois ajouter, hélas, que *presque tous* les sports sont affectés, et que l'épidémie ne fait qu'empirer depuis trois quarts de siècle. Si je voulais établir un bilan complet de l'anglomanie dans ce registre, j'y devrais consacrer tout un livre de poche. Je me livrerai seulement à quelques sondages, qui vous prouveront qu'il importe d'agir vite.

Parmi les sports chez nous les plus populaires, voici au premier rang les courses de chevaux. Comme si les chevaux fussent une invention anglaise, une part excessive de notre vocabulaire hippique est infestée, infectée d'anglicismes (ne

confondons pas, du reste, *équestre*, *hippique* et
chevalin). Le terme dont se désignent eux-mêmes
les maniaques du champ de courses, *turfiste*, en
est l'indice. *Turfiste* vient laidement de *turf*.
Quand les truands mettent des filles sur le *turf*,
c'est-à-dire sur le tapin, passe encore ! C'est une
métaphore. Mais *turf*, en anglais, signifie tout
autre chose : la motte de gazon, le champ de
courses, et le monde des courses. Un monde où il
n'est question chez nous que de partir *scratch* ou,
au contraire, avec un *handicap*. Monde hanté de
paddock, de *steeple chase*, de *walk over*, de *canter*,
de *lads*, de *jockeys*, de *sulky*, de *gentlemen-riders*,
de *winning post* ! Je ne me consolerai pas en
apprenant que ce que j'appelle une *stalle d'écurie*,
mais que nos snobs baptisent un *box*, serait un
« anglicanisme », selon la curieuse formule, invo-
lontairement humoristique, du dictionnaire
d'argot parisien de Lorédan-Larchey (il veut dire
je présume, *anglicisme*). Car, du *ditch*, ce fossé, à
la *river*, cette rivière, et au *bullfinch*, tous ces
mots de *turfistes* sont superflus ; tous ont leur
excellent équivalent français. Le *poteau* d'*arrivée*
vaut bien un *winning post* ; le *galop d'essai* n'a pas
moins de mérite qu'un *canter* ; *paddock* n'ajoute
rien à *pesage*, sinon que celui qui emploie ce mot-
là n'a aucun respect pour sa langue ; un *lad*, c'est
un *garçon*, tout simplement, ou encore un *palefre-
nier* ; ainsi du reste. Quand je pense qu'il me faut
lire dans certaine « chronique hippique » que
Jamin est *drivé* par Jean Riaud, et qu'une « dernière manche ou *run off* sera organisée », cela me
paraît aussi navrant que d'écrire : « au *paddock*,
remarqué l'Aga Khan qui portait un *hat*, ou

chapeau gris ». Je ne crois pas que Jamin trotte plus allégrement quand il est *drivé* que s'il fût *conduit* par Jean Riaud. Il n'est pas *snob*, lui, du moins je l'espère. Non, les courses de chevaux ne perdraient rien de leur charme essentiel (qui est de ruiner le pauvre monde chez les *books* et au *sweepstake*) si elles le ruinaient à la française. Avez-vous remarqué à ce propos que les chevaux arrivent souvent *dead-heat*, ce qui est la traduction française de l'anglais *dead heat*. Voyez l'habileté : pour franciser les mots anglais, il suffit d'insérer un trait d'union dans les expressions composées ! Du temps que je fréquentais la pelouse (aux jours fastes, le pesage), je remarquai que certains *turfistes*, disons des *pelousards*, prononçaient bizarrement ce mot-là : les uns, quelque chose comme *diditte*, les autres quelque chose comme *dédette*. Je me disais pour rire, une fois au moins, que cette arrivée *dead heat* allait sans doute causer bien *des dettes*. Ce n'est pas un argument de première force, mais puisque la prononciation de l'anglais n'est pas plus *diditte* que *dédette*, j'avais raison, ce me semble, de me railler de ces balourds que leur anglomanie conduisait à deux sottises. Je ne suis pas certain que *ex-aequo* soit du français recommandable, mais une arrivée *diditte*, ou *dédette*, est inadmissible en France. D'autant, je le sais, que beaucoup de gens qui savent un peu d'anglais (mais ignorent que *heat*, qui veut dire *chaleur*, signifie aussi *course*) interprètent inconsciemment *dead heat* en *dead head* (*head* signifiant *tête*) et pensent alors à deux têtes entre lesquelles on ne peut faire aucune différence. Je me rappelle très bien le temps de mon enfance où je contaminais *dead head*, en qui je transformais *dead heat*, du sens qu'a *dead* dans *dead-lock* (situation sans issue, impasse), l'arrivée en *dead head* s'alliant mieux aux arrivées à une *tête*.

L'art équestre, par bonheur, s'est défendu avec succès contre le jargon de ceux qui « font du cheval » et contre la vulgarité des champs de courses. Comme a bien voulu me l'écrire une auditrice, ce qui m'a opportunément rappelé le temps lointain — un bon demi-siècle — où je fréquentais un manège, le langage de l'art équestre est à la fois simple et noble : *voltes, demivoltes, doublers, changements de main, pas de côté, croupes au mur, épaule en dedans, appuyers,* autant d'expressions irréprochables ; le cavalier doit avoir « peu de main et beaucoup de jambe » pour que le cheval soit toujours « dans l'impulsion ». Saluons celui qui mérite le Cadre noir et exécute avec aisance *levades, croupades, cabrioles, courbettes* ou *changements de pied en l'air.* Voyez enfin en quels termes parfaits M. O. de Carné sait formuler les vertus d'un « modèle » normand :

« Quoi qu'il en soit et même s'il est présenté en l'état que pour ma part je préfère, le cheval normand a du gros ; il est épais, éclaté, profond ; ses rayons inférieurs sont larges et donnent l'impression de solides colonnes ; son cadre est imposant, son encolure assez bien greffée, large et épaisse ; l'attache de la tête est souvent lourde, et la tête encore plus ; on dit que l'animal est chargé de ganaches ; le garrot est généralement bien sorti, le dos tendu, parfois trop ; les hanches sont larges, le cheval a presque toujours le beau carré de derrière que l'on recherche dans un cheval de selle, de beaux gigots, une descente de cuisse acceptable sans être impressionnante la plupart du temps. L'expression de l'animal présente rarement l'intelligence pétillante du barbe ou de l'anglo-arabe ; les yeux sont à fleur de tête, les oreilles assez grandes ; le normand a généralement un beau sanglage, de l'étendue, et parfois, mais assez rarement, la côte plate, subsistance et rappel de son hérédité de pur sang. »

Ma naissance ne me préparait guère à l'art équestre. Plutôt me destinait-elle au vélo et au foute. Mais il me fallut d'abord m'accoutumer à des mots embarrassants. Je n'oublierai jamais ma gêne (j'avais alors onze ans et demi, ou douze) lorsque, faute d'un joueur dans une des équipes de moyens qui occupaient la cour, quelqu'un me demanda, parce que ma taille et mon poids me rapprochaient déjà d'eux : « Veux-tu jouer *goal* ? » J'interprétais : « Veux-tu jouer *gaule* ? » Le seul mot que je connusse alors qui se prononçât *gaule* désignait dans mon langage ce que j'appris plus tard qui se nommait plus élégamment *canne à pêche*. Gosse, j'allais souvent pêcher l'ablette ou le goujon, et je savais fort bien poser ma *gaule* pour laisser les poissons s'enferrer seuls. Quand on me demanda : « Veux-tu jouer goal[1] ? » en me désignant la place entre les poteaux de but, je fabriquai sur l'heure une interprétation populaire : « être gaule », c'était évidemment rester immobile, pendant la partie, entre les poteaux de but, comme la gaule quand

---

1. Abréviation absurde de *goal-keeper*, gardien de but.

je pêchais l'ablette. » Si je voulais jouer gaule ?
Tu parles ! » Je n'étais pas au bout de mes
surprises. Il me fallut apprendre à *shooter*, à
mettre en *corner*, à bloquer un *penalty* (mots que
nous prononcions *chouter, cornère, pénaltie*). Tout
cela, aussi déplaisant que le mot *football* lui-
même ; nous l'abrégions en *foute*, mais nous
savions l'écrire mal, c'est-à-dire bien : *foot*.
Comme si un *shoot* n'était pas un *tir* ; un *penalty*,
une *sanction* ou une *pénalité* ; un *goal-keeper*, un
gardien de but ; le *corner*, un *coup de coin*, et le
football, la *balle au pied*, ou le *ballon rond* ! Depuis
lors, le *football* a fait des petits (dont le *baby-foot*)
aux noms tous plus anglais les uns que les autres,
le *hand-ball*, le *volley-ball*, le *basket-ball*. Qu'il est
loin, le temps où le petit Français jouait à *balle
brûlée* ! Mais quelle imprudence je commets en
révélant cette expression qui n'est plus au goût
du jour : ils joueront bientôt au (ou à la) *burnt-
ball* ; et foin de la *balle au panier* ! Plus rien
n'échappe à cette fureur anglomaniaque. Après
les *roller skaters* — car des patineurs à roulettes
ne feraient pas l'affaire — nous voyons sévir le
rink hockey, qui se joue avec des patins à roulettes. Les équipes (pardon ! je devrais dire les
teams, comme tout le monde en France) sont
généralement dirigées par un *coach* (vulgairement : un entraîneur) et encouragées durant leur
matches, pour ne point dire leurs *parties*, par des
partisans qui se sentent infiniment supérieurs
depuis qu'ils se sont baptisés quelque chose
comme *souteneurs* : *supporters*. Quelle émotion
chez les *souteneurs-supporters* lorsque le *score* (et
à bas *la marque !*) n'est point favorable à leur

team, autrement dit lorsque l'équipe adverse a *scoré* (disons *marqué*). On se demande si le *leader* d'attaque est bien d'attaque aujourd'hui (il ne saurait en France y avoir de *meneur de jeu*). Supposez que l'*outsider* l'emporte, comme les langues vont leur train ! Dire que les *Racingmen trustaient* jusqu'ici les victoires ! Mais les joueurs du *team* ne sont pas dans un bon *standing* ; à croire qu'ils ont omis de faire du *hometrainer* et leur *footing* ; peut-être ont-ils négligé leurs parcours de *cross* ; peut-être même ont-ils bu trop de *drinks* pendant le *week-end*, si bien que le *pack* adverse a exercé sur eux un irrésistible *pressing*. Ne croyez pas que je charge : je viens de composer cette phrase avec des expressions cueillies dans une page sportive de *Libération* (celle du 21 novembre 1959), et c'est au *Figaro*, le 30 novembre, que j'ai lu : « Mulhouse n'a pu résister au pressing d'Auboué. » Jusqu'à présent, il ne fallait compter avec *pressing* qu'en terme de teinturerie. Voici donc que ce mot pénètre sur nos terrains de sport ! La même page de *Libération* me donna une belle idée du vocabulaire de la boxe et de ses *matchmakers*. J'y appris qu'on pouvait « asseoir le standing d'un boxeur », et qu'il était arrivé à quelque malheureux pugiliste *welter* de subir coup sur coup, dans le même *round* entre les cordes du *ring*, à violence de *swings* et de *jabs*, d'*uppercuts*, bref de *punch*, jusqu'à « trois *knock downes* ». Je dis bien : trois *knock downes*.

Plus bestial encore que le spectacle de boxe professionnelle, celui que proposent les *catcheurs* exige que nous fermions les yeux devant ces orgies ; non toutefois sans avoir noté, en passant près du Palais de la Mutualité, le langage dont se servent les marchands de sadisme : *Tag-team-match*. *Tag-team-match*, je ne vois pas au juste, et tant mieux, quels jeux de mains évoquent ces trois mots. Je sais en tout cas que nul d'entre eux n'est français et que leur accouplement nous signale quel peu de cas nous en devons faire.

Les jeux plus nobles, disons la navigation à voile, nous offrent-ils quelque apaisement ?

Gourmont déjà condamnait le mot *yachting*. Comme il avait raison ! Je l'ai entendu, ce mot-là, prononcé de plusieurs façons : *iachetinge, iachetingue, iachetinnegue*, et même, quand on veut faire très anglais : *iôtingue, iôtinnegue*. L'embêtant, c'est qu'en anglais il se prononce autrement. Dans sa graphie anglaise, il sera toujours inassimilable aux Français. Espérons qu'un jour ou l'autre il disparaîtra enfin devant la plaisance, comme devant les plaisanciers les *yachtmen*.

Or, parmi tant d'autres, d'origine également anglaise, voici surgir le *criss-craft*, ou *chris-craft*, ou *chrys-craft*, le *surf-riding* et les *runabouts*, qui envahissent les rubriques du *yachting*. Ça suffit ! Car il suffit d'ouvrir *Le Yacht* pour y trouver un lexique anglais-français des termes qu'on rencontre dans les règlements de jauge.

L'athlétisme lui-même paie son tribut, comme le cyclisme. Il n'est question, ici ou là, que de *sprinters* et de *stayers*, de *hurdlers*, de *comingmen* et de *has been*. Les coureurs gagnent au *finish*, après avoir fait *indoor* du *training*, chaudement revêtus de leur *training* en nylon. Dehors, on pratiquera plutôt « le *footing* d'échauffement ». Tout cela ne vaut pas mieux que le *camping* et le *caravaning* qui font de plus en plus de ravages dans les journaux et la nature. Tout cela me déconcerte autant que les *pongistes* vaudois, que je découvris dans *La Tribune de Lausanne*, le 25 novembre 1959. Belle surprise ! Je crus d'abord identifier des partisans de Francis Ponge, le poète. Hélas, le contexte ne me permit pas d'en douter, les *pongistes* vaudois cachaient des *ping-pongistes*, des gens qui pratiquent le tennis de table, et tant pis pour la poésie française ! Une semaine plus tôt, *L'Express* ne m'avait pas moins déconcerté en m'apprenant que Malraux et Tintin, rapprochement impie, étaient les « rois du footing ». Curieux emploi du mot *footing* pour désigner cette singulière variété de *globe-trotter* qui franchit l'Atlantique en avion à réaction (pardon ! en *jet*) : André Malraux, ministre de la Culture.

Comme si ce n'était pas assez, un périodique intitulé *Défense du sport* nous propose de nous mettre à l'école yanquie : « Il est essentiel de posséder un *healthful environment*, c'est-à-dire un équipement extérieur suffisant [...] ; quant à l'*health instruction*, elle fait partie du cours de *Physical Education*. Le cours de *Social Studies* met l'accent sur les progrès de la médecine », et « les activités *extra curricular* offrent à l'élève toutes les possibilités de participer à l'effort de son choix ». Étrange *Défense du sport*, avec *all round values, school on level division, Free play's* et participation *extensive* aux jeux !

Tout cela, pour nous persuader sans doute que nous ne sabirons pas encore assez. Or j'enseignai quatre ans là-bas et je puis témoigner, d'accord là-dessus avec le président Kennedy que nulle part au monde on ne voit moins de muscles, plus de corps délabrés par une vie contre nature que dans ce prétendu paradis du sportif : les *U.S.A.*, c'est-à-dire les États-Unis. Parce que nous produisons coup sur coup un Bernard, un Jazy, s'ensuit-il que tous les Français excellent au demi-fond ?

Ce n'est point en jargonnant franglais que nous formerons les jambes, les bras et le souffle de nos jeunes gens. Vainement prétendra-t-on qu'il nous faut nous modeler sur l'Amérique parce qu'on y enseigne « les *sports skills* utilisables toute une vie durant », ces « sports skills » qui nous préparent à « bonne citoyenneté et leadership ». Sous ce vernis anglo-saxon, nous comprendrons que le sport ainsi conçu doit faire de nous les soldats les plus conformistes *in the world*, et capables d'imposer au monde notre *leadership*, notre *American way of life*. Eh bien, non, non, et non !

Plutôt la pêche à la ligne, ah ! oui, que cette « bonne citoyenneté et leadership ». Justement, les sabireurs-saboteurs ont tout prévu : ils ont décidé de pourrir cet ultime refuge du gars qui, après huit heures chaque jour d'un atelier bruyant, n'aspire point au « leadership », lui, mais au repos. Un numéro récent de *La Pêche et les poissons* (septembre 1959) veille jalousement au salut de l'empire. Un M. François Pasqualini y publie un bien bel article sur *Pêche et langue anglaise*. On nous dit toujours que l'anglais s'impose dans les sports parce que les Anglo-saxons, eux-seuls, savent courir et sauter. Or moi, nigaud, je croyais que la pêche à la ligne était une spécialité bien française, palsambleu ! telle par conséquent qu'on y puisse parler français, et même se taire en français. Me voilà détrompé. Grâce à M. Pasqualini (« pas de bon week-end sans un moulinet Week-end »), le Français découvre avec stupeur que, pour pêcher en France à la ligne, il importe de parler d'abord anglais : on lui enseigne que « certains adjectifs anglais du vocabulaire de la pêche pouvaient prendre la marque du pluriel lorsqu'ils sont employés comme noms (exemples : « dries » pour « dry flies » = « mouches sèches » et, « wets » pour « wet flies » = « mouches noyées »). Il convient de mentionner également « artificials », que les pêcheurs anglo-américains utilisent couramment pour abréger « artificial flies » (mouches artificielles). Un autre adjectif intéressant est « carping ». Bien que ce terme soit dérivé du mot « carp » où l'on reconnaîtra aisément notre « carpe », il ne faut pas en déduire qu'il a un rapport quelconque avec la pêche de ce poisson. [...] « brookie ». Ce substantif, qui sert à désigner une truite de petite taille, est un diminutif de « brook », ruisseau ou ruisselet. Une particularité de la langue anglaise dans le domaine de la pêche réside dans la concision avec laquelle on peut rendre certaines tournures françaises comme « la pêche à la truite », par exemple. Les cinq mots de cette expression se réduisent en effet à deux en anglais, à savoir : « trout fishing ». Mais cette économie de mots est encore plus prononcée si l'on prend comme exemple : « La pêche à la ligne », dont les cinq unités sont contenues dans un seul terme anglais : « angling » [...] ».

Pour dégoûter de leur langue nos pêcheurs à la ligne, voici que, flattant la manie contemporaine de la vitesse, on compte le nombre des lettres ou des mots dont on désigne, en anglais, la technique de la pêche. Pour étaler son érudition, M. François Pasqualini y va de *trout anglers*, de *trout hunters* et de l'américanisme *fishing bum*. Notre éminent angliciste conclut qu'on ne saurait le traduire en français : « On pourrait dire « braconnier de la pêche », mais ce ne serait pas tout à fait l'équivalent exact. » *Fishing bum*, je sais ce que c'est, moi : un *clochard de la gaule*, un *pêcheur à la sauvette*. De toute évidence, M. Pasqualini préfère *fishing bum*. Comme je le comprends ! Il ignore que *braconner* veut dire *prendre du gibier ou du poisson par braconnage* (Littré). Il lui faut donc inventer cette expression ridicule, *braconnier de la pêche*, qui n'est ni française ni américaine. Fort de son ignorance, il admire également que les Américains parlent de *talking fish* et, avec son sens infaillible de notre langue, il estime impossible de bien traduire cette expression ; « poissons parlants », en dépit des *poissons volants*, ne sonnerait pas très bien « à nos oreilles capricieuses ». S'agissant en l'espèce de poissons dont on a enregistré, sous la mer, des grognements, des cris, plus ou moins forts, etc., je ne vois pas pourquoi les pêcheurs français à la ligne, et les pêcheurs tout court, devraient renoncer à leur langue pour *talking fish*. Car enfin M. Pasqualini doit être le seul Français qui n'a jamais entendu parler d'un poème de Rimbaud intitulé *Le Bateau ivre* :

J'aurais voulu montrer aux enfants ces dorades
Du flot bleu, ces poissons d'or, ces poissons chantants.

M. Pasqualini, s'il consent à traduire *talking fish*, ce sera : *des poissons qui parlent*.

A supposer même que la pêche à la ligne ait été inventée en 1959 par un *cow-boy* lassé des *rodeos*, s'ensuivrait-il que nous dussions parler de *dries* et de *wets* ? L'histoire de la fauconnerie nous prouve le contraire. On sait que cet art ne se répandit en France qu'au retour des croisades. Les Arabes, qui l'avaient emprunté à la Perse, nous le transmirent. Fauconniers et autoursiers connaissent les mots arabes qui correspondaient à ceux dont ils se servirent. Dans son livre *De l'art de la fauconnerie*, publié en 1492, Guillaume Tardif énumère les noms des oiseaux de proie et en donne l'équivalent arabe : ni le gerfaut, ni le sacre, ni le pèlerin, ni le lanier, ni l'émerillon, ces rameurs nobles, ne portent des noms qui dans leur forme actuelle évoquent l'arabe, le persan. Rien de plus français, de plus beau que les termes et métaphores de la fauconnerie, technique importée d'Asie. Qu'on ne dise pas que les conditions ont changé. Nous venons d'emprunter aux japonais leur *judo* ; or, en dépit de *dan*, de *wazari*, nos *judokas* parlent encore français : un deuxième un troisième, un septième ou un douzième de jambe, voilà un bon langage ; de même pour le dixième de hanche.

Telle pourtant aujourd'hui chez nous l'anglomanie que les auteurs d'un traité de fauconnerie nous parlent de *grouses* et de *bow-net* pour le piégeage des rapaces. Si des autoursiers en sont

là, eux que devrait préserver l'exceptionnelle
beauté de leur vocabulaire technique, c'est que ce
pays désormais rougit de sa langue. Quoiqu'il ait
su remplacer le *téléski* par un *tire-fesses*, devant
l'anglais il se sent paralysé de crainte révéren-
tielle. Ce qu'il faut maintenant démontrer.

DEUXIÈME PARTIE

La manière française de vivre

« *Ce serait la vie française, le sentier de l'honneur!* »

Rimbaud.

CHAPITRE I

Baby-corner et coin des teens

Il fut un temps, très ancien, où l'on parlait des mœurs françaises ; puis on parla de nos mœurses ; aujourd'hui la presse nous enseigne « la manière française de vivre ». Il faut bien suivre son temps ! Du moment que les Yanquis se modèlent selon *the American way of life*, de quel droit garderions-nous nos mœurs à nous ? En les échangeant selon un accord de *swap* (comme on écrit en sabir pour éviter le mot *troc*) contre « la manière française de vivre », nous progressons tardivement vers le statut à quoi tout nous destine.

En ce temps fort ancien auquel je viens de me référer, il y avait en France des bébés ; ou plutôt il n'y en avait guère, mais c'étaient des bébés qui, s'ils n'étaient pas trop pauvres, cassaient de jolis jouets, et qui, s'ils étaient riches, embêtaient leurs bonnes d'enfants, voire leurs gouvernantes. Qui ne sent désormais le ridicule de ces mots-là,

et leur vulgarité ? Grâce au *baby-boom* consécutif
à des lois *ad hoc*, nous avons peu de *nurses*, mais
beaucoup de *babies*.

Du coup, chaque petit Français se sent *revalo-
risé* ; *valable* : « Je suis un baby, moi. Daddy me
promène en baby-cab. — Et moi, c'est plusse
mieux, en baby-car, na ! — Oui, mais moi, on me
pèse sur une baby-balance, tandis que toi, j'ai vu
que ta nurse te met dans un pèse-bébé ; t'as pas
honte ? — Oui, mais moi je suis fier de ce qu'on
me frotte les fesses au babyvéa, et de manger mes
eggs and bacon à la baby-cuiller. » Ainsi de
suite : pourvus de baby bottes, de baby bowls,
chaudement vêtus pour l'hiver de baby coats et
de baby-shoes, nos babys, échappant aux baby-
sitters, se révèlent dignes en tous points des
babies de Chicago ; ils organisent des gentils
baby-gangs où l'on n'y va pas avec le dos de la
baby-cuiller : un coup de baby-knife dans l'œil
des idiots de bébés. Les comics ont enseigné ce
gag à leur gang.

L'infantilisme de notre monde, qui bave
d'admiration devant la bave des bavettes, trouve
à ces babis son compte. Et les marchands, donc !
qui vendent une baby-balance bien plus cher
qu'un pèse-bébé. Même nos whiskies sont baby
dans les bars chics et depuis peu dans les moins
chics. La moindre cafeteria vous propose maintenant des sip-baby. Comprenne qui pourra !
L'important, c'est que tout soit *baby*-quelque
chose. Il y a des baby-cyclones, et même des
baby-chevaux (plus de *poulains* ! à quand le
chocolat bébé-cheval ?) Comme le suggérait dans
Arts une caricature d'Ylipe, Jean Babilée ferait

bien d'y songer et de se baptiser Babylée.

On pouvait donc espérer qu'ainsi « conditionnés » par leurs nurses et les soirées de baby-sitting, nos babis seraient définitivement à l'abri de la langue des croulants.

Or vers Noël, l'an dernier, je m'inquiétai d'entendre des enfants demander à leurs parents qui une poupée, qui une panoplie, qui une crèche, qui un lapin en peluche, qui des patins à roulettes ; de constater qu'il y avait chez nous trop de gamins qui, déjà croulants, n'ont pas encore compris la nouvelle vogue, la nouvelle vague, le new look, et ignorent encore notre religion nationale. Des lapins, des patins, des roulettes, de la peluche, ma parole ! c'est à croire que ces gens ne savent pas ce qui les attend ; quand l'armée française leur commandera : *Bombing go !*, ils risquent de ne pas comprendre. Oui, laisser aux enfants le droit de jouer en français, admettez que c'est grave (je n'ose plus dire : *reconnaissez, avouez* ; le fin du fin, c'est de tout admettre, puisque les Yanquis, eux, ils *admit*). Durant des heures, chaque jour, nos enfants jouent. S'ils jouent en français, ne risquent-ils pas de rester attachés aux mots de leurs plaisirs, ces mots puérils, désuets, sur années, dépassés, périmés, ou mieux, hors de mode, ainsi que déjà l'écrivait ce Mallarmé dont le style, pour une part non négligeable, s'obtient à force d'anglicismes (*out of fashion, outmoded*, pour qui ne sait pas trop bien l'anglais, et veut ne pas écrire comme tout le monde, cela fournit *hors de mode*). Or, rappelez-vous Victoria Ocampo, la petite Argentine élevée par une Mademoiselle, et qui, devenue femme, écrivait encore avec tendresse les trois mots qui commandent sa passion pour notre langue : *Honneur et patrie ?* Non. *Liberté, égalité, fraternité ?* Soyez sérieux. *Décentralisation, cartésianisme* et *anticonstitutionnellement ?* Non, non et non. C'est de *toupie*, figurez-vous, qu'il s'agit, de *toupie*, de *guignol*, de *sucre d'orge*.

Comme le F.B.I. sait tout, nous le savons, sauf la date de chaque révolution qui couve dans le Proche-Orient, sauf ce qui se passe à Cuba et à Pékin, comme il a lu attentivement, j'en eus la preuve, les œuvres complètes de tous les écrivains suspects de ne pas souhaiter pour leur pays le protectorat yanqui, comme le F.B.I., donc, n'ignore pas que Victoria Ocampo est liée à la France par le souvenir de trois joujoux, comment pouvez-vous imaginer qu'il admette (ne pas voir plus haut) que nous apprenions à nos gosses une règle aussi subversive que celle qui régit les pluriels de bijou, caillou, chou, genou, hibou, joujou, pou. A bas les joujoux, premiers et derniers obstacles à la politique de dissuasion, de déterrence, et finalement de roll-back ! D'abord, de quel droit ce pluriel en -*x* ? Oui, Américains, We Americans, nous avons su éviter ce genre d'absurdités. Des joujous, passe encore, à la rigueur, à l'extrême rigueur.

Eh bien, j'ai une nouvelle, une bonne nouvelle, une grande nouvelle pour les spécialistes du Pideubelioubi, du Psychological Warfare Branch : nos enfants sont désormais assurés de ne plus jouer qu'en anglais. De mon temps, il est vrai que je m'adonnais déjà au scatinge avant de faire, un peu plus tard, du skètinegue. Quand du

moins je jouais à la guerre, c'était avec des épées
de bois, que je durcissais au feu, avec des cara-
bines à air comprimé, avec une mitrailleuse
crachouillant la mort à six pas, autant d'instru-
ments d'une propagande subversive, puisqu'elle
était *unamerican*. Désormais, ce que je reçois
dans les jambes, sur les esplanades, ce ne sont
plus des patineurs, mais des rollers-skaters. Voilà
déjà un progrès. Ce n'est pas tout.

Un kid de mes chaps ayant souhaité pour son
Christmas un petit gift, qu'il laissait à ma discrétion, le malin, je courus au Heaven des teen-agers
et des babys, des babies, ou des baby (l'un, l'autre
et l'autre encore se disent ou s'écrivent aujour-
d'hui) : au Nain Bleu. Pour avoir longtemps joué
au nain jaune, j'ai gardé pour le Nain Bleu une
amoureuse indulgence. J'y baguenaudai. Certain
rayon m'attrista : celui des yoyos. Alors que je
n'ai jamais été fichu de faire monter plus de trois
fois cette capricieuse mécanique sans que le fil se
détendît ou se tordît, une fille de ma connaissance domptait plusieurs centaines de fois son
yoyo, en tirait des figures et fioritures fantasques.
Non, je n'allais pas lui offrir un yoyo, à ce gosse.
Si jamais une fille l'humiliait, plus forte que lui,
ça lui donnerait des complexes. Lui imposer mes
goûts, j'y répugnais également. J'emportai donc
le catalogue pour l'examiner avec lui. Il rentrait
du lycée, et précisément d'une classe où un
professeur exemplaire l'initie aux rudiments de
notre première langue, l'anglais. Pas très fier, ce
jour-là, le mouflet. Au cours d'un exercice écrit,
on lui avait reproché d'avoir traduit en chandail
un pull-over. Il renifla : « Vous m'aviez pourtant

dit de ne jamais employer pull-over, ni poule, ni
pulle, et de toujours porter un chandail. Alors,
moi, je ne sais plus qui croire. Avec tout ça, j'ai
fait une faute, ça m'enlève deux points, et j'aurai
une mauvaise place. — Tiens ! Pour te consoler,
lis le catalogue et choisis le jeu ou le jouet qui te
plaît. Puisque tu as fort bien mal traduit pull-
over, je ratifierai ton choix. » Le soir, au lit,
plutôt que de compter sa fortune en timbres
anglais sur le catalogue Thiaude, plutôt même
que de terminer une seconde lecture de *La Char-
treuse de Parme*, le mouflet, qui préfère pourtant
de beaucoup ce roman à *Madame Bovary*, dont les
descriptions lui paraissent bien languissantes,
négligea son cher Fabrice pour éplucher les
alléchantes propositions du Nain Bleu. Le lendemain matin, fort penaud, il vint m'admettre (voir
plus haut) : « Pas de veine ! Dans ma dernière
dictée, j'ai fait une faute d'orthographe. Parmi les
questions, on nous avait demandé de mettre au
pluriel les mots *sandwich*, *match*, *interview* et
deux ou trois autres que j'oublie. Moi, j'ai mis
interview avec un *s* ; or, hier soir, j'ai appris que
ce mot est sans doute invariable, puisqu'il a pour
pluriel *interview*. — Qui t'enseigna cette ânerie ?
— C'est pas une ânerie. Je l'ai lu au catalogue du
Nain Bleu. Tenez, là. » Je vis : « Pour recueillir
les interview les plus sensationnelles, etc. » Que
lui dire ?

   « Qu'est-ce que tu as choisi ? — Rien. — Pourquoi rien ? — Parce que je ne mérite rien : dans le
dernier devoir d'anglais que j'ai rendu hier soir,
j'ai fait deux grosses fautes que j'ai vues sur le
catalogue ; j'ai écrit *school* et *stick*, alors que ça

s'écrit *stik* et *skool* ; je me croyais pourtant
presque sûr de l'orthographe de ces mots-là. » Ce
diable de mouflet avait encore raison. En même
temps que des interview, on lui proposait des
magnastiks, jeu mystérieux de construction, et un
ou une village *play-skool*, autre jeu pour moi non
moins mystérieux de construction. Je feuilletai le
catalogue. Délivrée des joujoux et des jouets, la
France devenait enfin new look et modern' style :
partout des toys. Finis enfin les jolis jouets, nous
étions parvenus à l'ère nouvelle des dinky-toys.
Nous allions enfin pouvoir fournir à l'O.T.A.N.
des G.I.'s à la hauteur, doter la Navy U.S. de
sailors et de marines ad hoc, préparer pour l'Air
Force des wings commanders terrifics (voir plus
haut). Parmi les toys que je pouvais offrir au kid,
figurait en effet soit Carol Ann, un P.T. Boat, et
voilà pour le futur marine, soit un Grumann
Avenger avec commandes mobiles actionnées du
cockpit, et voilà pour l'aviateur prospectif. Si je
ne pouvais en former un héros de la politique de
roll-back, je devais le dresser aux hobbies de son
avenir probable : lui offrir un Art master, un
Carpenters, un Kiddicraft, un Playdoh, un System. Enfin, pour lui former le cœur à l'American
way of life, je n'aurai que l'embarras du choix :
Electro Tutor ou Enciclo Electric nº 1 pour
apprendre tout sans effort ; Lie Detector, « mieux
que le sérum de vérité », pour devenir un parfait
flic du F.B.I. (French section) ; Magic Show pour
s'accoutumer aux passez-muscade de la haute
politique ; Monopoly, « passionnante » initiation
à la « vie des affaires » ; Scrabble, pour développer en soi le vocabulaire du franglais ; Scoop,

pour s'entraîner à vivre hanté par la primeur
d'une nouvelle qui fasse un gros titre à la une.
Comme l'esprit n'est pas tout-puissant hélas,
comme il faut compter avec la force brute, je
disposais du Jack et du Speedy, du Kart Lama et
du Gui Kart, grâce auxquels le mouflet pourrait
se barder d'un triple airain en vue du close-
combat.

Attendri, je découvrais que nos bébés eux-
mêmes, on les préparait ici à devenir de vrais
Français, des babies par conséquent, pour lesquels on avait prévu, outre des bunnies, qui
sautent, bondissent et remuent les oreilles, des
baby floralies, des baby pétanques, et des baby
relax, « hygiéniques » ceux ou celles-ci, avec un
accent tout ce qu'il y a de grave (on se demande à
quoi servirait ici l'accent aigu, sinon à perpétuer
un attachement sénile pour l'orthographe française ?).

Dans un esprit de flair play — je dis bien : de
flair play — on leur destinait des coccinelles
musicales et des cocottes caqueteuses. Cher
babies, qui vous distrairez avec Fuzzy-felt Circus,
ou bien avec de jolis puzzles, à moins que ce ne
soient des Microracers, des Rotocars, des Star-
billes, des Lindberg Lines, ou encore des jeux de
footballs (footballs étant le singulier de *football*
selon la règle du catalogue : des interview, une
interviews), sachez que, de l'Arkitex à l'Alka-
thène, tout est prévu pour votre bébé-confort :
tout, y compris les Walt Disney productions.

Plus de toupies au Nain Bleu, de guignols ni de
sucres d'orge. Plus de joujoux : des toys. Je
demandai à l'enfant : « Allons ! Dis quand même

ce qui te plaît. Je te pardonne d'avoir mis un *s* au pluriel d'*interview*.

— Eh bien, si ce n'est pas trop cher : un Scalextric.

— Qu'est-ce que c'est que ce toy-là ? — Une merveilleuse piste de course avec deux autos, des vraies, avec barrières et lampadaires, avec des croisements, des virages qu'on peut relever, ça fait du 300 à l'heure à l'échelle et ça marche sur n'importe quel courant avec un transformateur. Plusieurs de mes copains... — Tu veux dire : de tes chaps. — ... ont ce jouet-là. — Tu veux dire : ce toy-là. — Ah ! non, c'est pas comme les Dinequet-toïse, c'est bien plus beau. — Ma foi, avec un nom pareil (cette initiale en *ska*-, imprononçable en français, et cette finale en -*ic*), tu seras bien équipé, je l'admets (voir plus haut), pour ton avenir prospectif. Va pour le Scalextric, pour ce toy américain. — Non, non, j'ai déjà vu des emballages, c'est un jouet français. »

J'emmenai donc le kid au Nain Bleu afin de choisir avec lui quelques voitures de course qu'il pût mettre sur ses pistes. Arrivés devant le window-dressing : « Oh, arrêtons-nous, demanda-t-il ; je vois des tas de jouets qui ne figurent pas au catalogue. Avant de me décider pour le Scalextric, est-ce que je peux regarder un peu ? — Va pour le window-crash. Regarde beaucoup, boy. Il te reste encore la chance, ou le supplice du choix. — Dites, qu'est-ce que c'est qu'un Goldenichte Ovenice ? — Tu veux dire : le Gold Knight of Nice. Quelque chose, apparemment, comme l'autre machin, là-bas à gauche, le Blue Knight of Milan. — Oh ! chic, je comprends

deux mots, et même trois : Ze visibeul dogue, en
haut à droite. Qu'est-ce que c'est que le chien
visible ? — Quelque chose, je gage, comme the
Visible V. 8, et les autres Visible toys : un genre
d'Assembly Kit ; tu vois, du reste : c'est écrit en
toutes lettres. — Oui, mais sauf ze visibeul dogue,
je ne comprends pas. — Boy, boy, by Jove ! tu
m'inquiètes. Tu manques à ton devoir essentiel
de Français. Si tu lisais un peu plus attentivement *Big Boy*, *Creek* ou le *King of Cow-Boys*, tu
saurais mieux le français. Vois-tu, cette vitrine te
le prouve, ton Scalextric, ce n'est pas encore un
vrai toy, c'est un bâtard entre le jouet et le toy,
quelque chose comme un jouoy. Ce n'est pas ça
qui te préparera comme il le faut à ton statut
prospectif. Parmi ceux de cette vitrine, choisis
plutôt un des plus beaux toys in the world : que
dirais-tu d'un de ces Old timers, là-bas au fond :
soit le Mercer Race-about ou le Stutz bearcat ?
Dans l'intérêt de ta future patrie, les U.S.A., je te
conseillerais plutôt quand même ce Marine
attack fighter true to life prop action with electric kit motor. Ça te dit quelque chose ? — Ça me
dirait peut-être quelque chose si ça me disait
quelque chose. — Mais enfin, es-tu Français, oui
ou non ? Es-tu devant la grande boutique bien
française de la rue Saint-Honoré ? Allons, décide-
toi. Il y a des tas de kits, kid. The customizing kit,
qui te crève les yeux, build to your way. Ah ! mais
voilà qui vaut beaucoup mieux que mon épée de
bois durcie au feu : que dirais-tu de ce ou cette
Jewelled Renaissance sword, an easy to build
plastic hobby and craft kit ? Il est vrai que ceci,
là, est plus modern' style : un Kentucky rifle with

operating hammer and trigger assemble a full size rifle from this kit. » L'enfant se mit à pleurer : « Pourquoi vous moquez-vous de moi ? — Boy, je ne me moque point, tu vois bien. Regarde, choisis. Serait-ce que tu préfères les serpents ? Voici Reptile Science. Ou les insectes ? Je t'offre alors the Insect science assembly kit. Si toutefois tu te sens un faible pour l'homme, je vois là-bas un Human skeleton assembly kit de bon aloi, anatomically accurate. Mais pourquoi pleures-tu ? — Parce que vous vous moquez de moi. — Ce n'est pas moi, mon enfant, qui me moque de toi, dis-je en l'embrassant. Adresse-toi plutôt à ceux qui te proposent dans cette vitrine un Confederate Raider all plastic kit, le Thimble-drome comanche, ou le Revell authentic kit plan français. Que dis-tu de ce kit plan français ? — Pourquoi y traduisent pas en français ? — Idiot ! mais pour qu'avant de savoir jouer tu apprennes l'américain. Pour que tu admettes, mon enfant, que l'Americain way of life est seul digne de toi. Les toys auxquels tu auras droit désormais viendront de plus en plus souvent de là-bas : or, pour diminuer le prix de revient, le big business U.S. refuse de traduire en français et d'imprimer en notre langue les emballages dont ils inondent notre marché. Lorsque nous exportons des jouets, nous autres imbéciles, nous imprimons au moins emballages et modes d'emploi dans quelques-unes des langues du Marché Commun. Voilà pourquoi notre industrie du jouet périclite, tandis que celle du toy prospère. Nous, nous n'avons fabriqué que 350 millions de francs de jouets cette année. Les Yan-

quis, pour plus de 5 milliards de francs. Or, cette
année, nous avons dû importer pour 60 millions
de francs de toys. Un gosse au moins sur cinq n'a
plus de jouets de chez nous, ni de joujoux, mais
des carpenters et des bunnies. Tous les gosses,
donc, ont des dinky-toys, et foin de jolis jouets
(entre nous : dinky toy, marque je le sais déposée,
c'est joli jouet). Allons, mouche-toi, mon enfant,
et entrons choisir les voitures de ton Scalextric. »

Il s'agissait en effet d'un jouet fabriqué en
France, qui proposait, sur l'emballage, des voitures avec feu rouge ainsi qu'éclairage de la piste,
des Wagen mit Scheinwerfern und Rücklichtern
ausserdem sind Rennstreckenbeleuchtungen, des
Autovetture con fari e fanalini ed anche luci della
pista, des Wagens met kop en achterlichten baan
en pitverlichting. Pas un mot d'anglais ? Si,
made in France, puisque c'est fait en France. Et
puis ce hideux *Scalextric*, simili américain, marque déposée, marque à déposer aux ordures
langagières. « Écoute-moi bien : si tu promets de
ne jamais dire mon *Scalextric*, mais mon *sale truc*,
ce qui est du bon français, je te l'offre. — Un sale
truc, ça ? J'en voudrais bien toute ma vie, des
sales trucs comme ça ! — Promets que tu diras
mon *sale truc ?* — O.K. — By Jove ! Je vois que tu
commences à comprendre. »

Au moment de payer : « Madame, dis-je à la
gérante, votre vitrine et votre catalogue étant ce
qu'ils sont, et quand tout le monde va au Pressing, au Snack, aux Flippers, au Drugstore, au
Bowling, croyez-moi, le Nain Bleu, ça fait mesquin. Ça ne signifie plus rien. Sans même vous
demander un discount sur ce sale truc que

j'achète, je vous donne gratis une idée prospective, valable et tout ce qu'il y a de payante. Changez d'enseigne. A bas le Nain Bleu! Vive O'Blue Dwarf! »

Quand nous fûmes sur le trottoir de la rue Saint-Honoré : « Dis donc, kid, tu ne lis donc pas les journaux de ton âge, que la devanture d'O'Blue Dwarf te propose tant d'énigmes ? — Ah mais si! J'ai lu des *Spirou*, des *Batman*, des *Mickey*, des *Big Boy*. Mais ça m'amuse moins que les *Fables* de La Fontaine. — Mon enfant, tu files un mauvais coton ; tu ne files pas du *longfibre*. La Fontaine, ce n'est pas lecture de ton âge. Quel âge as-tu, au juste ? — Onze ans. — Donc tu n'es plus un baby et tu n'es pas encore un teen. — Un tine ? kékséksa ? — Un teen, mon enfant, c'est ce que tu seras, théoriquement, de thirteen à nineteen ans. Pourtant, j'ai entendu parler des « teens de douze à treize ans », ce qui m'a paru bouffon, puisque douze se dit... — Twelve! — En fait, des teens, c'est à la fois ce que de mon temps on appelait les garçonnets et les fillettes, puis les jeunes gens et les jeunes filles. Les Yanquis nous ont appris à corriger tout ça (« Les teenagers, ce mot que l'on ignorait alors en France » *Adam*, juillet-août 1963) ; *alors*, c'est-à-dire avant le voyage aux États-Unis de Daniel Filipacchi, lequel aurait alors découvert « l'extraordinaire influence que les disques et la radio exercent sur la jeunesse américaine »). Un des journaux les plus dévoués à la patrie ouvrit donc naguère une rubrique intitulée *Le coin des teens*. Après le *children's corner*, le coin des *teens*. Do you pige ? comme disait spirituellement mon prof d'anglais. — Je pige. Mais puisque nous on n'a pas thirteen ou sixteen, mais treize ou seize ans, c'est idiot de dire *teen*. A cause de douze, treize, quatorze, quinze, seize, on devrait dire les *ze*. — Si au moins le mot se mettait au féminin, ça ferait des teenettes, et ça les dégoûterait peut-être... Il est vrai que les *ze*, ça fait penser à des œufs...

— En attendant, il n'y en a chez nous que pour les teens. Le teen âge, comme on dit, a tous les droits. Les teenagers ont imposé leurs idoles, Vartan, Hallyday et leurs lois : ils dansent le twist, le rock n'roll, le hully-gully, le madison, ils tolèrent les negro-spirituals, mais s'avouent peu fans de blues, de swing, de middle jazz. Ils portent l'uniforme : blue-jeans et T. shirt. Au fait, sais-tu ce que ça veut dire en anglais, un blue-jean ? — Non. — Treillis bleu. Or le treillis, c'était l'étoffe dont l'armée française fabriquait les bourgerons. Alors, laisse-moi rigoler devant ces anarchos qui, tout comme un bidasse au temps du *Train de 8 h 47*, se serrent les fesses dans un pantalon de treillis. Après le blue-jean et le Tee shirt, ou T. shirt, ou T' shirt, les marchands ont lancé le bas *teenager* « réservé aux moins de 20 ans » et le soutien-gorge *teenform* : « littlest angel » pour les filles de thirteen ans ; « Dawn » pour celles de fifteen ou sixteen ; enfin, par quelle aberration ? le teenform Pirouette pour les tee-nettes de nineteen ans. Quand je pense que les Polonaises déclinent le nom de notre Bardot, elles, mais que nos teenettes en sont aux " littlest angel "... »

De retour chez moi, je réfléchis à ces teens et

teenettes qui font le tour du monde et qui
prétendent se l'asservir : sur Ceintuurbaan, au
cœur d'Amsterdam, j'avais windowcrashé un
Teenager shop. En Allemagne, dans *Das Grüne
Blatt*, j'avais lu un article intitulé : *Wie teenager
sich ihre Mutter wünschen* (Comment les teenagers souhaiteraient que soit leur mère). Or, je
voyais s'ouvrir à Paris, mais en plus grand, un
magasin comme celui d'Amsterdam. Il fallait
étudier d'un peu près le langage des teenagers,
puisque c'était celui de la France à venir. Ne
prétendent-ils pas réaliser *Victor, ou les enfants
au pouvoir* ?

Voilà qui est fait. Un seul numéro d'un illustré
catholique destiné aux teenagers me fournit plus
de cent fiches concernant soit des mots américains, soit des américanismes. A la Sorbonne, un
groupe de volontaires lut *Attack, Bat Man, Big
Boss, Big Boy, Creek, Foxie* et *Tex Tone*. Ces titres
à eux seuls édifient ! En combinant les cueillettes
faites dans quelques numéros de chacun de ces
périodiques, on constitua un vocabulaire de plus
de *trois cents* mots américains employés tels
quels. Lexique, sommaire, puisqu'une autre étudiante, ayant chargé ses deux fillettes de lire
attentivement quelques numéros de *Tintin* et de
Top, je trouvai dans le dossier qu'elle m'envoya
les mots suivants qui ne figuraient point parmi
les trois cents mots relevés par l'équipe bénévole : air-hostess, baby-sitter, baby-sitting, blazer, bloomer, blues, bluff, bluffer, browning,
bulldozer, businessman, camerawoman, cannon-
ball, caterpillar, canopy, check-list, coach,
comics, cool, dragster, film, flat-top, footing,

gadget, gospel-song, handicap, hold-uper, hood, ice-cream, indoor, jean, job, juke-box, karting, kick-starter, middle-jazz, milk-shake, mixage, music-hall, new sound, offset, party, paying-guest, peeling, pick-up, planning, radio-reporter, quiz, relaxer, ring, rockery, round, rush, seat, scenic railway, scraper, script-girl, self-service, set, show, snack-bar, speaker, sprinter, standing, star, starlet, steward, super, surprise-partie, sweat-shirt, swing, swingman, twill, twin-set, wave, week-end, yankee, tous mots en effet abondamment employés dans la presse en général et qui figuraient à ce titre aux fichiers du dictionnaire que je prépare du franglais. Hélas, ces mots corrompent déjà les cervelles des teenagers, qui arrivent au bachot avec un vocabulaire indigent, une syntaxe infantile.

Le cas me parut assez grave pour qu'on l'étudiât avec quelque détail. M. Bernard Chapeau composa donc, sous ma direction, un effrayant diplôme d'études supérieures : en quelques mois, il catalogua plus de cinq cents mots américains constamment employés dans les comics qui nourrissent et pourrissent nos teenagers. Plus du quart du vocabulaire dont dispose notre belle jeunesse est donc d'origine américaine, et déplace les mots français correspondants.

Par la vertu de ces atroces comics, l'espoir de la patrie sait déjà qu'on ne dit pas en français biftèque, mais steak ou steack ; pétrolier, mais tanker ; épatant, mais terrific ; quai, mais wharf ; archi-secret, mais top-secret ; limier, mais ran-

ger ; canaille, mais rascal ; carabine, mais rifle ;
aimant, mais magnet ; casemate, mais pill-box ;
marche, mais footing ; hôte payant, mais paying
guest ; pardi, mais by Jove ! ; bâtiment, mais
building ; ravisseur, mais kidnapper ; fusée, mais
rocket ; assaut, mais attack ; alerte, mais alarm ;
en avant, ou allez, mais Go ! ; incursion, mais
sweep ; puits, mais sink ; bandit, mais gangster ;
hors-la-loi, mais outlaw ; mon vieux, mais dear
boy ; au revoir, mais bye-bye ; singe, mais corned-
beef ; etc., et cinq cents bons mots de la sorte qui
nous changent heureusement d'expressions inintelligibles comme ouvert, quand il faut dire open,
gosse pour kid, fille pour girl, chandail pour
l'irremplaçable pull-over, ours en peluche pour
teddy bear, se crasher pour s'écraser, vol pour
flight.

Qu'on ne s'imagine même pas que nos teenagers, s'ils désapprennent le français, du moins
apprennent un peu d'américain ; car enfin le
pluriel de *barman* là-bas, c'est *barmen*, et non
point *bar mens* (comme dans *Rafles*, 26 novembre
61) ; car enfin, un *marshall* est-ce un *marshal* (*Tex
Tone*) ou un *marshall* (même journal, mais page
suivante) ; car enfin, un *sheriff*, est-ce un *shérif*,
un *shérif*, un *sheriff* ou un *shériff* ? Ils n'apprennent pas l'américain, nos teens, mais ils désa-
prennent le peu qu'ils retiennent de ce que leur
serinent les amortis ou les croulants qui sont
censés leur enseigner leur langue ; et que je te
place l'adjectif à l'anglaise (« le très moderne
runabout » ; « j'étudierai les importants événements historiques ») ; et que je te chamboule
des prépositions (« soyez au wharf », alors

que nous disons « soyez sur le quai » ; « vous êtes clear pour atterrir en emergency », on est donc autorisé *pour* atterrir...); et que je te bourre mes textes d'idiotismes bêtement calqués (« le cinéma américain reprend sa respiration seconde », c'est-à-dire *his second breath*).

Oui, voilà le langage que proposent les *comics*, c'est-à-dire imposent, à nos teenagers. J'en sais qui déclarent franchement que parler français, c'est affaire de crétins, de croulants, et que la seule langue jeune, la seule langue digne des teenettes, c'est l'américain. Je crois comprendre pourquoi. Les comics dont ils se farcissent la cervelle leur ont révélé qu'en américain tout s'exprime avec des onomatopées : a-hoo, awrr, gnap, glouck, wwooooooooooo aaiiii, honck, waou, whipee, whump, yeepee, clak, clonk, crahk, klak, klik, klok, klong, klop, kraaaa, twiiiwiiiw, kraaak, twang, voooooooooûoû, vroawrr, waaawm, whoum, woosh, wroaw, ziwww...

Oui, c'est ça, le coin des teens : un coin où l'on n'a plus besoin de parler français pour se comprendre ; un coin où, pour se comprendre, on a besoin de ne plus parler français ; un coin où l'on échange des dialogues du genre de celui-ci :

— Cling ?
— Plung ?
— ?!??!
— Gush !
— Vlock
— Ow !!!!
— ?!

— !!!!!

Comme disait Roland Cailleux dans *La Nou-velle Revue française*, le 1er mai 1963 : « Le môme, devenu Mickey, n'est plus qu'onomatopées. »

CHAPITRE II

Men's department

A peine sorti du teenage, l'ex-enfant-problème, l'ex-teenager français entre aux barracks (certains attardés parlent encore de la caserne, mais Georges Buis, celui de *La Grotte*, ouvre enfin nos lettres aux barracks). Lorsqu'il change son blue-jeans contre le (ou les) training slacks, et la tee shirt ou le pull contre le battle-dress (de mon temps, il eût enfilé, quelle honte ! veste, vareuse, bourgeron), notre boy ne quitte son tee-gang que pour entrer dans un commando, s'il est un marine, ou bien un stick, pour peu qu'il se soit engagé dans les paratroops. Il reste donc fidèle à cette manière française de vivre que lui ont inculquée ses comics.

Dans les nouvelles casernes, les casernes modèles comme celle de Colmar, le snack remplace la gamelle, la vieille cantine est devenue une cafeteria, où les barmen, qui sont des troufions, portent la veste blanche ; il n'y manque, pour l'instant, que les barmaids montantes ; on avisera. Mais le réfectoire est déjà un self-service, et les soldats construisent eux-mêmes les karts qu'ils driveront ensuite sur leur piste de karting.

Par bonheur, les marchands de comics avaient prévu cette révolution française, de sorte que l'essentiel du vocabulaire qui sera désormais indispensable à la recrue dans son corps de troupe, elle l'a déjà bien en bouche, grâce à *Mickey*, *Big Boss* et *Tintin*. Aspire-t-elle à porter l'uniforme bleu navy des pompons rouges, le ballast, les bricks, les destroyers, les dinghies, les docks, l'U.S. Navy, les Q. ships, la Royal (et la Royale) Navy, les schooners et les sloops, les steamers, les yachts et le water-ballast lui sont de vieilles connaissances. Moi aussi, quand j'étais un pauvre gosse qui ne savait pas un teen, je connus le mot schooner, mais par un poème que je savais par cœur et qui me tirait des larmes :

> *It was the schooner « Hesperus »*
> *That sailed the wintry sea...*

Minable, va !

Fasciné par le prestige de l'U.S. Air Force, entre-t-il, notre ex-teenager, dans l'aviation qui se croit et se dit française, ce ne sont pas les big shots qui lui en mettront plein la vue, à notre ex-teenager. *Top Secret* les lui révéla. Un big boss, non plus, ne lui en impose pas ; à plus forte raison un boss ou un simple captain. A peine arrivé à son corps, il salue les boys, selon la formule de Jimmy Torrent dans *Tintin sport* ; il s'en fait

bientôt des chaps. Gosh ! quels lovelaces, ces
guys ! Des boys avec lesquels il est terrific de se
relaxer après une partie du tonnerre. Il y en a,
c'est vrai, qui ont une grande gueule ; mais on les
bouche d'un shut up ! et, dans l'ensemble, ils sont
valables.

Il faut les voir sur le taxi-way avant l'okay vous
êtes clear. Forts de ce qu'ils ont appris, aux
briefings, après avoir fait le cockpit-check, s'ils
ont fière allure derrière le hood de leur jet ! Un
master-décollage sur le run-way, et ça vole
steady sur son cap. Même air dégagé au retour ;
ils te prennent sans faillir le glide path. Ça,
c'est du homing, boys ! Jamais besoin d'over-
shoot, avec eux. Flaps et sandow de freinage
obéissent comme s'ils comprenaient. Roger. Le
skipper sera content, et le wing commander,
donc !

Grâce à *Tintin*, à *Kid Carson* et à *Battler Britton*,
ils seront fin prêts pour la guerre, nos boys :
« O.K., guys ! » Ils te les knock-outeront, les mecs
d'en face, tu l'as dit, old pal. Quel rodeo de
rockets ! Des tough guys, nos boys, sure !

Pour garder « l'Algérie française », quand il
fallait sauter de jeep en half-track, et de half-car
en command-car, manœuvrer le lance-rocket (ou
lance-roquette, ou lance-rockettes), dégotter un
air channel, répondre O.K. à l'appel de leader-
hélicoptère, braquer le bazooka, procéder à des
vérifications de routine, se maintenir dans un
bon timing, garder son self control quand on était
strafé, donner le top à la verticale, se familiariser
avec la V.H.F. (ben, voyons ! la very high fre-
quency), dropper au beau milieu de la D.Z., ou

drop zone, tenir une réunion de débriefing, bref, garder son âme de boy-scout pour rassembler innocemment les mâles, puis les arrêter afin de les soumettre à l'action psychologique, nos boys pouvaient en effet rendre grâces à *Tintin*. Les comics les avaient mis dans le creux. Ce vocabulaire très « Algérie française », ils le connaissaient de longue date. Comme quoi ce n'est pas rien d'avoir été un teenager !

Ça sert même après le combat, quand on est en relaxe. Qu'on aille boire un drink en jouant aux flippers, qu'on préfère exercer son adresse au bowling, ou sa force dans un gui-kart sur un parcours de karting, les inépuisables comics ont fourni le meilleur du vocabulaire et de la syntaxe.

Ou plutôt le vocabulaire de base, le basic vocabulary. Si notre boy a de la chance, des dons, ou les deux, et qu'il prépare une école d'officiers de réserve, ses souvenirs du teenage l'aideront, certes, mais ne lui suffiront plus. Je le suppose aviateur et soucieux de monter en grade. Ambitieux même. Il lira donc des revues professionnelles. Dès lors, il découvrira qu'on exige beaucoup de lui. Il sera impératif que notre boy devienne air minded, qu'il soit rompu à délivrer les armes nouvelles, en particulier les baby-bombs, fût-ce après avoir lutté contre des baby-cyclones. Quand on l'entraîne à lâcher des battleships busters, il est à craindre que *Tintin* ne lui ait pas encore appris ce bon mot-là. Faute d'avoir à sa disposition un bomb-trainer, peut-être même manquera-t-il plusieurs fois son target. Souvent, il regrettera que ces comics, écrits par des demi-croulants, ne l'aient qu'imparfaitement préparé à son rôle d'officier français ; ils en sont encore au tire-bouchon, dans ces illustrés surannés, alors que l'aviation française adopte le cork-screw ; ils s'attardent à la navigation de balise en balise, alors que l'Air command a progressé jusqu'au vol de beacon en beacon. Notre boy aura le sentiment qu'on le trahit, dans ses comics ; on l'a préparé honnêtement au close-combat, c'est vrai, mais non point à contrôler l'accrochage de ses belly tanks (il en était aux réservoirs ventraux). C'est surtout dans l'ordre de la guerre atomique que notre futur wing commander se sent sous-développé. Son teenage ne l'avait point suffisamment éclairé sur la politique de dissuasion et de déterrent. Il ne soupçonnait pas que, pour prendre le meilleur (qui vaut infiniment mieux, vous le sentez, que l'emporter) sur l'ennemi, il lui faudrait maintenir en soi, outre l'air mind, le tiger spirit — jadis, bêtement, on bouffait du lion —, ce qui sans doute peut s'obtenir par une proficiency pay (plus délicate qu'une solde d'efficacité) et l'esprit de roll back, c'est-à-dire, en clair, d'offensive, ou d'agression. Il ne soupçonnait pas non plus que, dans la guerre future, le shipping connaîtrait encore de beaux jours, et qu'en dépit du skip bombing les task forces du N.A.T.O. joueraient un rôle décisif.

Il lui faut apprendre que, si les battleships busters amis sont toujours efficaces contre les flagships ennemis, les battleships busters de l'adversaire ne pourront pas grand-chose contre les spardecks de la striking fleet des forces atlantiques, et que nos marines, en dépit du fall out, sauront débarquer partout. Fall out ? Ignoriez-vous le vrai nom, le nom pudibond, des retombées atomiques ?

Je veux croire que mon ex-teenager a la tête bien plantée entre les deux épaules et qu'il ne figure point au nombre de ces officiers qui osèrent écrire à Thérive pour se plaindre du « complexe d'infériorité dont sont affectés les cerveaux de l'armée actuelle, c'est-à-dire les brevetés d'état-major, à l'égard des Anglo-Saxons, et surtout de leurs langues », ces officiers qui « présentent des textes où le canon s'appelle *gun* et les centres de transmissions *message-centers* ». Je veux le croire, notre citoyen français, inflexiblement fidèle à la formation que lui donnèrent ses comics, est donc assuré de quitter l'armée sans être allé voir au trou si j'y suis pour avoir opté, au nom du patriotisme, en faveur de l'objection de conscience. Je le suppose assez bien conditionné, notre boy, pour que pas une fois, durant son service militaire, il ne se soit demandé si un Français a le droit de se faire tuer pour obtenir la faveur de ne plus parler sa langue. Je le suppose, vous voyez, mon petit Français, parfaitement doué pour la bonne citoyenneté et pour le leadership. Au lieu de croupir en prison, le voilà rendu à la vie non militaire, celle que jadis on appelait civile.

Tous les jours, il remerciera Dieu : *God save our gracious Queen !* d'avoir si bien lu ses comics. Tout ce dont il a besoin pour vivre heureux (*life must be fun*), ses lectures l'en ont pourvu. Du chewing-gum aux chiclets, des digests aux dinky-

toys, des bobsleighs aux runabouts, des snow-
cars aux scooter-balls, du suspense au happy end,
des call-girls aux pull-overs, des starting-gates
aux sleepings, tout lui fut prodigué à temps. Ainsi
armé dans le struggle for life, il peut se dire
comme un héros de Monty : « Va, et n'aie pas
peur : la victoire est dans nos pockets. »

Qu'il retourne à la terre, en qualité de cultivateur ou de gentleman farmer, chaque jour il se
félicitera d'avoir bien appris sa langue. Car bulldozers et scrapers, qu'il connaît, lui seront indispensables pour défricher ; sans jeep, il s'embour-
berait l'hiver par les chemins creux ; sans croskill
et cultipacker, imaginez-vous qu'il puisse rouler
ses terres ? Quand on pense que des abrutis
travaillent au rouleau à disques ! Maintenant
que l'on est exigeant sur le pedigree des teckels,
des setters, des pointers, des skye-terriers, des
siamese, des persians, des burmese (quoi ! vous
en seriez encore à élever des siamois, des per-
sans, des birmans ?), maintenant que tout le
bétail et tous les chevaux doivent figurer au stud-
book, au herd-book, maintenant que le dry-
farming se répand de plus en plus, comme on se
félicite d'avoir toujours acheté *Mickey*, *Top* et
Spirou.

Serait-il plutôt ingénieur ?

Il lui faudra sans rechigner accepter que ses
pupitres de commande soient équipés avec turn-
push, car nous n'eûmes jamais, nous, au grand
jamais, de boutons de commande ; plutôt qu'un
ascenseur ou qu'un monte-charge, il se réjouira
d'employer un cherry-picker ; il se gardera de
fréquenter les entretiens sur les eaux résiduaires,

mais il conduira volontiers son staff aux sympo-
siums ou symposia sur les wastes ; il adorera le
cracking ; à la chloration il saura préférer la
chlorination, puisque c'est le mot anglais, et qu'il
faut être bref ; c'est pourquoi, aux plans il préfé-
rera les plannings et aux projets, aux études, les
surveys. Enfin, il décidera que le mot engineering
est absolument intraduisible. Au reste, il produit
un argument de poids : dans aucun domaine,
c'est connu, la France ne fait quoi que ce soit qui
vaille ; nos ingénieurs et nos savants sont au-
dessous de tout, et tributaires des États-Unis. Il
est donc juste et raisonnable que notre ingénieur, s'il ignore l'anglais, parle d'autant plus
volontiers anglais qu'il connaît moins cette langue en dépit des louables efforts de ceux qui lui
offraient en sa jeunesse tant de profitables
comics.

Qu'il ne soit pas non plus médecin, ou alors
que, chaque soir, il relise, plutôt que Laënnec ou
Ambroise Paré, les comics de ses teenagers. Car,
de même que l'ingénieur n'ose plus faire une
déviation, un contournement, mais se croit tenu
de by-passer, le chirurgien des vaisseaux se sentirait moins habile si, plutôt que de faire une
dérivation, il ne recourait, lui aussi, au by-pass.
Comme l'ingénieur, il fréquentera les symposia,
mais fera fi des colloques. Il ne donnera plus de
soins, mais pratiquera le nursing. Fera-t-il une
implantation, plus simplement encore, mettra-t-
il une pièce à quelque veine, ce sera un patch, qui
veut dire pièce ; bien éloigné de rapiécer, horreur ! il patchera. S'occupera-t-il des os ? onlays
et inlays se pratiqueront sur son billard ; rien de

commun, vous le sentez, avec une greffe apposée, une inclusion, ou encore une incrustation. Chez lui, le traitement classique le cédera aux thérapeutiques « conventionnelles » (ce mot évoquera aussi heureusement *conventional* que, dans l'armée qu'il vient de quitter, les armes « conventionnelles »). Le professeur enseignera les charmes de la ventricular asystole, de la recovery phase, du by-pass, du shunt, du pace-maker, toutes notions intraduisibles, à preuve asystole ventriculaire, récupération ou convalescence, régulateur, etc. Le training autogène, c'est tellement mieux que l'entraînement, et la relaxation, ou la relaxe comme on dit sottement, car la relaxe, c'est tout autre chose) que la détente, ou le relâche ? Faute de savoir et l'anglais et le français, certains de nos médecins ont cru devoir adopter l'expression restless legs, ou la traduire mot à mot : « jambes sans repos ». Or, médecin qu'il était aussi, le vieux Littré connaissait déjà les impatiences, les consignait dans son dictionnaire. Imaginez la tête du patient à qui l'on apprend qu'il ne souffre que d'impatiences. Des restless legs, c'est autrement gentlemanlike. C'est comme les varices ; nous avons vingt raisons de les tringler ; mais non, nous les strippons, nous, et toutes nos jolies femmes ont ainsi l'avantage, après le peeling, de se faire faire un stripping ; ça rappelle strip-tease, n'est-ce pas ; c'est chou.

Même en cas de guerre atomique, nos médecins seront archi-prêts ; entre l'effet de flash et celui de blast, ils savent très bien distinguer. Ne croyez pas qu'ils n'y ont que peu de mérite ; en français, cela donnait tout platement : les effets de l'éclair et ceux du souffle. Grâce à la recension des centaines de cas personnels (*recension of personnal cases*) — ce qui est plus scientifique que de colliger des observations — ils ont mis au point un programme de réhabilitation (*rehabilitation program*) des brûlés, c'est-à-dire prévu leur rééducation, et le cas échéant, leur reclassement.

Tout est prétexte au médecin pour sabirer atlantique ; dans les hôpitaux, on entend parfois les internes commenter les heureux résultats du double blind test (prononcé du reste de façon très fantaisiste). Il s'agit tout uniment d'un « placebo » — le vilain mot — distribué par un infirmier qui ne sait pas lui-même que c'en est un (pilules de mie de pain, ou piqûres d'eau distillée). Le laboratoire de phamacodynamie de l'Université de Paris refuse à bon droit ce jargon, et voici tout le monde à quia. Ne serait-ce pas intraduisible, ça aussi, comme engineering ? Quelle chance alors ! Un chroniqueur du *Figaro* alerte ses lecteurs. Quarante-trois lui répondent, proposant des solutions que j'ignore, sauf celle-ci : « l'expérience pour voir », empruntée à Claude Bernard. La transposition est piquante, puisque, de l'idée de cécité ou d'aveuglement, on passe à celle de voir. Il n'est venu à personne, que je sache, l'idée d'employer la seule tournure française qui rende un compte exact de ce dont il s'agit : la double méprise. Non pas la seule. Le Dr Georges Wolfromm m'a suggéré : le double leurre, qui vaut mieux.

A-t-il plutôt choisi la dentisterie, notre boy ? Il exercera lui aussi une profession noble, tout ennoblie, voire anoblie, d'anglomanie. Quand il

s'installe, il a le choix entre l'unit conformatic,
par exemple, et l'unit otomatic. Équipement ou
ensemble, ce serait trop long ; mais bloc, trop
court, faut-il croire ; reste unit, prononcé unite,
iunite et iounite ; *-matic*, nous le verrons, est une
désinence sacrée du sabir atlantique ; ajoutez-y
confor- (qui évoque le confort), ou bien odon- qui,
pour peu que vous sachiez vos racines grecques,
vous rappellera l'idée de dent, et le tour est joué.
Bloc de dentisterie ? Foin des blocs de dentisterie ! Dût la France en crever, vivent les iounites
odonmatic ! Dans son unit conformatic, le client
mâle se sentira confortable et ouvrira toute
confiante sa bouche au praticien. Celui-ci ne
manquera pas de lui proposer un inlay, plus
rarement un onlay, une jacket, un bridge ou la
carmichaël (vulgairement : une incrustation, une
apposition, une jaquette, un pont, une couronne
trois quarts). On lui proposera des dents viva-
pearl ou viva-star en co-polymer cross-linked
renforcé ; du viva-skeleton co-polymer cross-linked. Le viva-tray, c'est réservé aux porte-
empreintes, tandis que le viva-lack vernira très
bien le plâtre. Ne soyez donc pas surpris si
Capitol-diamond, fabrication française comme
son nom l'indique, propose à notre dentiste des
proximal-protectors et des précision-shoulders
pour la préparation de la couronne-jacket. Quant
à Vivodent, nul en France n'ayant jamais su cuire
sous vide, elle vendra chez nous du matériel
vacuum fired.

Mais supposons qu'à peine sorti des opérations
de routine que lui confia l'armée française, avec
armes conventionnelles, mon tough guy soit ren-

124   *Parlez-vous franglais ?*

tré en faculté, pardon, à son campus, pour y
achever ses études interrompues. La sociologie
l'intéresse, comme tout le monde, d'autant que,
par les temps qui courent, temps de brain-trusts,
et de brain-storming, et de brain-washing, les
managers aiment s'entourer d'hommes rompus
aux psycho-tests et aux approches des sciences
sociales. Voilà donc notre ancien G.I. en mesure
enfin de rapprendre un peu de français.

Il ne tardera pas à lire qu'il convient
d'employer, suivant l'usage des Yanquis, le terme
motivation pour remplacer excitant, excitation,
stimulant ou stimulation (*Bulletin de psychologie
de l'Université de Paris* décembre 1952) et qu'au
lieu d'écrire : « Le drive sexuel de cet animal est
excité », mieux vaut traduire : « Cet animal est
sexuellement motivé. » Du coup on lui révélera :
« La spécificité de ces poussées " drives " conduit
au concept de " reaction specific energy "... » Mon
étudiant découvrira, ô merveille ! que l'animal
n'a pas d'insight ou très peu sur la relation entre
son comportement et ce qui pour lui en résulte.
Pour aboutir à une vérité aussi neuve, aussi
bouleversante, il fallait beaucoup d'insight, en
vérité ; mais supposez que vous remplaciez
insight par conscience... Seigneur, quel sacri-
lège ! Finies, les sciences sociales ! Cette fois, je
l'avoue, notre pauvre compatriote en voudra un
peu aux comics ; les quelque cinq cents mots
d'américain dont il fut ainsi gavé, gratifié, gâti-
fié, ils ne font ni le poids ni le compte quand il
s'agit d'étudier la sociologie française. Dans une
spécialité up to date où « l'objet de l'enquête est
défini opérationnellement *a posteriori* comme le

domaine repéré par les items et dont l'unidi-
mensionalité est testée par la scalabilité », les
onomatopées de *Tintin* sont tragiquement insuffisantes.

Pour qui étudie la sociologie française, notre
boy l'apprend assez vite, il suffit d'apprendre
qu'à de rares exceptions près elle est au pouvoir
d'hommes qui ne font que répéter la soi-disant
sociologie d'outre-Atlantique, et que, par conséquent, l'étudiant peut se borner, dans ce field et
cette approche, à augmenter son lexique anglo-
saxon ; du coup, à mesure qu'il élimine les derniers vestiges du vocabulaire français, sa valeur
croît en progression géométrique. Ainsi l'exige
notre doctrine de la prospective. Tournée qu'elle
se veut vers un avenir paradisiaque, celui où
personne enfin ne parlera plus cette langue qui a
fait un peu trop parler d'elle entre le xiiie et le
xxe siècle, cette discipline prospecte prospectivement tout et n'importe quoi. C'est à qui adopte
désormais une attitude, une optique, une expression prospectives. De mon temps, on disait :
commander c'est prévoir. La prospective, c'est
bien mieux que la prévision, puisque c'est la
même chose, en jargon yanquisant, ou yanquisé.

« Prenez le mot *development*, francisez-le, si
peu que ce soit, en développement ; accolez-lui
l'adjectif spécifique (*specific*), non plus au sens où
l'employaient naguère encore nos syphili-
graphes, mais avec l'acception aussi vague que
possible que lui donnent les sciences sociales
d'outre-Atlantique : *le développement spécifique*,
ça fait un bon début d'article. Le développement
spécifique de quoi ? Eh bien, par exemple, le

développement spécifique du milieu où vivaient ceux que Montesquieu appelle des troglodytes. Remplacez milieu par environnement, à cause de l'anglo-américain *environment*, et troglodytes par *cliff-dwellers* (ceux qui habitent les falaises). Le développement spécifique des cliff-dwellers dans leur environnement (ce n'est pas si mal ; ajoutez toutefois : et dans leur cadre social concret à cause de *concrete social frame*) ne sera pas étudié comme un quelconque way of life ; outre que l'ego-involvment doit naturellement être et naturellement sera exclu d'une telle approche (*such an approach*), les *patterns* de connaissance immédiate ne seront pas valables » ; voilà ou peu s'en faut les directives que prodiguent à notre boy ses maîtres de sociologie. Autant l'inviter à prendre ses « premiers papiers » de citoyen yanqui, et à se faire, carrément, *social scientist*.

A quelque carrière, et même, hélas, à quelque métier qu'il se destine aujourd'hui, l'ex-teenager est bon pour l'anglomanie de ceux qui mènent la France au statut colonial dont elle vient d'affranchir l'Afrique. Il ne peut ni tousser, ni se raser, ni se vêtir, ni manger, ni faire l'amour, ni s'en distraire sans que fondent sur lui, de toutes parts, les mots américains et les yanquismes les plus bêtes.

Il se lève, notre citoyen français. Vite une première cigarette. Parliament, Players ou Pall-Mall ? Camel ou Winston ? des filter-cigarettes king size, ce n'est pas ça qui manque chez nous, ni des filtres hi-fi. Abondamment pourvu par ses flirts de gadgets pour fumeurs, il prend son utility, souvenir de 1945, et en allume une avant même rasage. Quand il pense que son père disait avant la barbe, après la barbe ! Grâce à Dieu, de savants pogonotomistes nous ont pourvus de précieuses eaux de toilette avant rasage, de shaving-soaps irréprochables, de pre-shave lotions, électriques ou non, d'after-shaves, de talcs aftershave et de cold cream frais pour les peaux délicates. Qu'il soit gentleman-farmer, manager, match-maker ou coach d'un team de rugby, quel gentleman aujourd'hui n'a pas la peau délicate ? A lui par conséquent les grands ensembles *Arden for men*, *Partner* de Millot, *Old Spice*. Un peu de whip en atomizer, et le voilà prêt, notre gentleman, pour sa journée.

Est-il en vacances ? L'embarras sera de choisir le costume approprié au premier bain. Un slip ? un short ? ou plutôt un bermuda ? Après le bain, faut-il opter pour le sand-jean ou le sun-jean, pour la tee-shirt ou la poloshirt ? Le mieux ne serait-ce pas un twin set ou encore un short jean's, avec un blazer de yachtman ?

Va-t-il au bureau ? Son hip-slip et sa skin-shirt bleu navy lui donneront l'air d'un sportif à l'entraînement ; avec ça il est sûr de n'être jamais gêné de se montrer. Mais il a les cheveux un peu longs sur la nuque, ça fait intellectuel négligé ; il passera donc au Toilet Club pour un rafraîchissement, et un shampooing par la même occasion. « Un peu de Moustache for men ? — Non, mais un rien de Monsieur de Givenchy, ou plutôt un peu d'eau de Balenciaga for men. — Vous n'avez besoin de rien ? un stick ? des lames nouvelles, les adjustables ? — Non, rien, vraiment rien. Sorry. »

En sortant du Toilet Club, il s'aperçoit qu'il a oublié sa boîte à cigarettes mémo-case, et qu'un papillon bleu orne le pare-brise de son roadster hard-top four wheel drive. Bah ! puisque time is money, mieux vaut gagner du temps et perdre quelque argent. Au reste, il la fera sauter, cette contredanse, car en jouant l'autre mois un mixed foursome sur les links de..., il a connu un haut fonctionnaire de la police municipale.

A peine arrivé à son bureau, la secrétaire lui apprend qu'elle n'a pu obtenir de table au Bougnat's Club, pour le déjeuner d'affaires. « Avez-vous essayé International house ? J'en aime l'ambiance très G.I.'s et j'avoue, égoïstement, apprécier leur Texas steak, leur souther fried chicken et leur apple-pie à la mode. — J'ai prévenu votre désir, Monsieur. — Mademoiselle, vous mériteriez que je vous invite là-bas un de ces soirs, à moins que, pour votre ligne, vous ne préfériez la salade mixed de la *Cuiller en bois.* »

Tout à coup il éclate de rire : « Excusez-moi, Mademoiselle, je pensais à un bon mot que je lisais hier dans un journal, à propos du Dr Ward : « Un monsieur qui a des nurses spéciales » ; pas mal, hein ? Et maintenant, au travail ! Donnez-moi d'abord le dossier que je vous ai priée de me préparer sur la situation du dollar, les accords swap, l'emprunt stand by que Monsieur K. a obtenu du Fonds monétaire, et le dispositif qui restreint les investissements étrangers aux U.S.A. — O.K. »

L'heure arrive bientôt du déjeuner d'affaires. Ses deux businessmen l'attendent au bar, devant leurs deux dries. « Pour moi, ce sera un whisky, et

pas un baby, barman ! Avez-vous du Vat 69 ? —
Du sixty-nine ? J'ai tous les scotches, mais je me
permets de vous conseiller ce Johnny Walker
black label : je ne pourrais pas vous en proposer
tous les jours. On the rocks, ou avec un peu
d'eau ? — On the rocks. »

Ainsi passe la journée, entre les stencils et les
problèmes de marketing, entre le planning de
l'export-import et les souvenirs qui remontent de
la dernière soirée passée avec la cover-girl. Ce
qu'elle pouvait être amusante, celle-là, avec sa
façon de se trémousser en twistant, beaucoup
plus suggestive que la danse du ventre. Dommage qu'elle se barbouille au sun-tan et qu'au
fond elle s'ennuie en faisant passivement
l'amour, tout obsédée qu'elle est d'accroître son
standing et de se hausser au rang de starlette.

Qu'on me fasse grâce du reste. Lorsque je
publierai mon dictionnaire du sabir atlantique,
on verra que tous les métiers, tous les secteurs de
la pensée et de l'action sont chez nous contaminés, et qu'en donnant aux teenagers un solide
vocabulaire américain de base, les marchands de
comics rendaient à la France un service que nous
ne paierons jamais assez cher : grâce à eux, les
ex-teenagers sont préparés à leur avenir. Bien des
adultes l'ont compris, qui disputent âprement à
leur progéniture les numéros de *Kid Carson*, de
Tintin et de *Top*. Comme l'a savamment et objectivement calculé un de mes collègues américains,
l'âge mental du citoyen yanqui progresse régulièrement depuis le début du XXᵉ siècle : il oscille
actuellement aux alentours de thirteen ans.
L'adulte U.S. est un véritable teen. Pour égaler

Tarzan, Superman, Mr. Mystic et autres héros
yanquis, nous savons ce qui nous reste à faire.
Redevenons des teens, si nous sommes des mâles,
et si, selon l'heureuse expression d'outre-Atlantique, si donc nous sommes des femelles, redevenons des teenettes.

O'She-Club

La scène se passe dans un salon de coiffure-institut de beauté. Personnages en scène : une blonde, une platinée qui attendent leur tour en lisant des magazines ; une future mère de famille (ça se voit) ; une dame en proie au modeling. Soumise au Régécolor, une auburn fixe le plafond. Trois autres dames subissent la mise en plis. Derrière une cloison, une teenager se fait faire un peeling.

L'AUBURN : Si les hommes savaient ce que nous pouvons souffrir pour passer le beauté-test pour têtes d'été ! Avec ce Régécolor, je vais attraper un torticolis.

LA PRÉMAMAN : Oui, pour eux, à part le rasage... et même, depuis qu'ils se passent après du lectric shave, ça ne compte plus guère, le feu du rasoir.

LA MODELING : Moi, j'ai choisi le modeling ; au

moins on peut causer ; et ça tient à l'humidité. Avec un peu de spray par là-dessus, je suis toujours nette. Et puis, s'il n'est pas content, il n'a qu'à se payer des call-girls, comme ce Ward...

MISE EN PLIS N° 1 : Oui, quand on pense au tintouin qu'on se donne pour eux. Rien que pour les yeux, hein ! Je ne suis pourtant pas comme Lucky, moi ; je ne passe pas une heure pour le makupe de chaque œil. Mais quand mon mari m'emmène souper dans un night-club, je ne m'en tire pas à moins d'un quart d'heure par paupière. Rien que le contour makupe, pour qu'il soit sans bavure...

MISE EN PLIS N° 2 : Je dois dire qu'avec le cotymatic charco-ale et le eye shadow turquoise, je m'en tire sans trop de peine. D'abord, moi, je sais me débrouiller. Il a bien fallu que j'apprenne à être à l'heure, parce que, lui, sitôt qu'il s'est aspergé de Go Gay — c'est son spray à lui — il devient d'une humeur massacrante si je le fais attendre quand on sort. Alors j'ai trouvé le bon gadget : un twin-set qui me dispense d'avoir à chercher dans mes rouges celui qui convient à la nuance de mes ongles ; je suis 100 % pour le twin-set de Peggy Sage.

L'AUBURN (*en riant*) : C'est plus sage !

MISE EN PLIS N° 2 : Ya pas de quoi rire.

L'AUBURN : Mais si. Vous avez dit twin-set ; c'est du twin-red, votre gadget. Je le sais : je me sers du même.

MISE EN PLIS N° 2 : Twin red ou twin set, c'est du pareil au même : c'est de l'assorti, c'est toujours du twin.

LA PEELING (*derrière sa cloison*) : Moi je préfère

le twist. Je twiste, il twiste, nous twistons amou-
reusement. C'est pour ce twister-là que je me fais
faire un peeling parce qu'il n'aime pas l'acné,
mon flirt.

LA PRÉMAMAN : C'est du joli, votre twist. D'une
indécence !

LA PEELING : En tout cas, ça au moins, c'est
new look, et qu'est-ce que c'est terrible !... *Je
twiste les blues*, je twiste même les blues !

MISE EN PLIS N° 2 : Terrible, ça oui. Les twis-
teurs souffrent de toutes sortes de maladies, c'est
connu. Je l'ai lu dans plusieurs magazines. Je
préfère le slow ; d'abord, c'est plus romantique,
c'est plus intime.

LA PEELING : N'empêche que le révérend évê-
que de Guilford a dansé le twist. C'était dans
Paris-Match, avec sa photo. Même que le vicaire
général de Paris est pour, lui aussi.

LA PRÉMAMAN : Si je devais avoir une fille qui
twiste, je lui tordrais le cou.

LA PEELING : Ce serait encore lui faire faire du
twist, puisque twist c'est le mot anglais pour
tordre. Notre prof de lycée nous l'a dit. (*Éclats de
rires*).

LA PRÉMAMAN : Et vous riez ! Twist, madison,
surprise-parties, surboums, et maintenant le
hully-gully ! Si j'avais une fille et qu'elle aille
dans un surboum...

LA PEELING : C'est à se twister de rire ! Pour
moi, le boom-twist vaut mieux que le baby-
boom !

LA PRÉMAMAN (*indignée*) : Et la religion ?
Qu'est-ce que vous en faites. Moi, telle que vous
me voyez, je pratique la méthode Ogino...

LA PLATINÉE : Excusez-moi, madame, mais ça se voit ! Ne croyez-vous pas que l'Église admettra un jour ou l'autre le planning familial, le birth control et les contraceptifs ? Un soir, à la télé, un clergyman a parlé dans ce sens-là, oh ! très discrètement encore, mais enfin...

MISE EN PLIS N° 1 : S'il n'y avait pas le problème des nurses et du baby-sitting, je serais pour les enfants, moi, mais dans un roof minuscule de deux pièces, allez donc élever une famille nombreuse. Qu'ils nous donnent de belles suites avec spacieux livings et on en aura plus facilement, des babies.

MISE EN PLIS N° 2 : J'adore les enfants, moi, mais je n'arrive pas à en avoir. Si j'en ai vu, pourtant, des spécialistes ! Alors je me console en tricotant des layettes pour mes amies. J'adore le loisir-tricot. C'est mon hobby. Sweaters, pullovers, fouli moque fachion, jerseys, même des twin-sets complets, je tricote de tout.

LA PEELING : Vous devriez bien me faire un V neck en mohair à mes mesures, et fully mock fashioned. Parce que, le tricot et moi, ça fait deux. Mais je raffole du mohair en V neck.

MISE EN PLIS N° 2 : Qu'est-ce que c'est qu'un vinèque ?

MISE EN PLIS N° 3 : Qu'est-ce que c'est qu'un mohair fachion ?

LA PEELING : Un décolleté en vé ; et du simili entièrement diminué.

L'AUBURN : A propos de tricot, l'autre jour, en faisant mon shopping, je suis tombée sur un amour d'over-blouse en solde, mais la couleur ne

matchait pas avec mes cheveux. Qu'auriez-vous
fait à ma place ?

MISE EN PLIS N° 2 : J'aurais étudié la forme et
le point et je l'aurais reproduit dans une couleur
qui m'aille. Rien de plus simple. Moi je suis pour
tout ce qui est homemade. A propos de homemade, j'ai trouvé un boulanger formidable qui,
grâce à des tranches de pain rassis, m'a permis de
résoudre le problème-sandwiches homemade.

LA BLONDE : Le pain rassis, c'est bon pour la
ligne.

L'AUBURN : Moi, je l'ai acheté quand même,
cet amour d'over-blouse. Le seul ennui, c'est que
la forme accuse la poitrine de façon un peu
provocante.

LA PEELING : Adoptez le teenform pour cette
opération-sécurité.

LA PLATINÉE : A quoi bon ! Tous les hommes
d'aujourd'hui préfèrent les poitrines opulentes.
Voyez le succès de Lolo, de Marilyn et des autres !
L'exuber bust rafermer l'emporte aujourd'hui
sur l'exuber bust reducer.

LA BLONDE : C'est bien vrai. Écoutez ce que je
lis dans *Elle* : « Je le sentais bien : mon mari avait
honte de mes seins trop petits. Il était malgré lui
attiré par les poitrines plus pleines qui sont l'une
des armes des vraies femmes. Désespérée, j'ai
essayé exuber bust developper. Ce fut fantastique : en huit jours, un résultat surprenant. »

LA PEELING : Mais alors, même l'accrochage
fasten ne maintient plus le soutien-gorge.

L'AUBURN : Moi, je suis pour la ligne slim. J'ai
horreur des hommes qui ont besoin de trouver
une mère dans leur flirt ou leur femme.

LA BLONDE : D'accord. Mais c'est facile à dire, quand on est comme vous du genre... j'allais dire une bêtise... enfin moi, telle que vous me voyez, j'ai tout essayé, y compris le bermuda boom-mince. Ils assuraient qu'on perd un kilo par semaine avec cette lingerie amincissante ; eh bien ! en trois semaines, j'ai pris 600 grammes. Comme je pars en vacances à Saint-Trop' dans quelques jours, je suis bien embêtée à cause de ces maudits coussins de cellulite.

LA PEELING : Deux heures par jour de hula-hoop et, boom-mince ou non, vous le perdrez, votre kilo par semaine.

LA PRÉMAMAN : Mais c'est complètement démodé, le hula-hoop, ça ne se porte plus.

LA PEELING (*éclate de rire*) : Ce n'est plus une marque de lingerie, le hula-hoop, ce n'est donc ni sanforized, ni sanitized. C'est un sport aussi amusant, mais plus difficile que le twist. Twist ! Let's twist again, Twist... twist... twist again !...

LA BLONDE : Le pire avec ces boom-mince, c'est qu'on doit mettre après beaucoup de déodorant. Et puis ça fatigue tant qu'il faut une heure au moins de relaxe entre chaque opération. Et puis il y en a trop à notre choix, des bermudas amaigrissants. On s'y perd.

MISE EN PLIS N° 2 : A propos de vacances, j'ai déniché un barbecue miniature épatant, l'hostess-grill, avec un moteur qui permet au rôti de tourner, comme à la broche dans le temps. Moi je suis 100 % pour la cuisine cow-boy, et je dis O.K. à tous les gadgets-plein-air, à tous les douïte yourself.

L'AUBURN : Moi, c'est plutôt les poils qui me

gênent pour porter mon petit deux-pièces à la plage. My epil' n'est pas mal, je le préfère au Taky, mais je voudrais bien m'en débarrasser une fois pour toutes, de ce duvet superflu. Jusqu'à présent...

MISE EN PLIS N° 1 : Le duvet, ce n'est rien. D'abord on peut le faire blondir à l'eau oxygénée. Mais les varices ! J'ai eu beau me faire faire un stripping, je vois déjà que ça menace ailleurs.

LA PEELING : Bah ! le costume de plage, c'est pas exactement du vrai strip-tease ! Ya tant de vedettes à Saint-Trop' que bien malin celui qui peut se rappeler que tels poils sont de celle-ci, ou telles varices de celle-là.

MISE EN PLIS N° 3 (*à la blonde*) : Avez-vous essayé Amincyl ? On dit que c'est spécifique pour les adiposités en sandwiches. C'est unique, vraiment différent. J'ai vu ça dans *Marie-Claire*, il y a un an ou deux.

LA BLONDE : J'essaie plutôt buimassor-clinic, le soi-disant mangeur de mauvaises graisses. Mais en ce moment je voudrais que la mode-vacances exige que les femmes portent des jeans très longs et des sweaters ras-du-cou à manches, parce que ce problème-cellulite me gâche ma relaxation. Ah ! je donnerais cher pour une cure-beauté vraiment efficiente et qui me permette de rattraper en capital-soleil ce que j'aurais dépensé. Justement, une amie m'avait indiqué flash-sol pour bronzer sans coups de soleil. Et voilà que je n'arrive pas à faire fondre d'abord ma cellulite.

LA PEELING : Eh bien ! on peut dire que vous

êtes drôles, là-bas derrière ! Le régime cellulitaire...

MISE EN PLIS N° 3 : En effet, on n'est pas drôles, nous, mademoiselle ! On ne twiste pas, on ne madisone pas, nous. On n'est pas des pin-ups ou des call-girls pour un Dr Ward, nous ! On n'est pas drôles, nous, cela se peut, mais vous là-bas derrière, vous me paraissez une drôle de petite drôlesse, et impertinente avec ça ! Les teenagers, aujourd'hui, ça se croit tout permis : la place de la Nation n'est pas assez grande pour eux et pour elles. Après avoir brisé les chaises dans les soirées du jazz, on commence par tout casser sur la voie publique, on viole des religieuses, et on finit comme Liz Taylor ou Soraya, avec des play-boys à ses trousses. Ça, elles ne l'ont pas volé, les Christine Keeler...

LA MODELING : Remarquez : jusqu'à présent, c'est plutôt Ward qui a tout pris, et ça ne leur réussit pas si mal, aux call-girls, leurs petites parties. Et que je te leur offre vingt mille sterling pour raconter leurs aventures. Tandis que le Dr Ward, peut-être pas si docteur que ça, (ça, c'est une autre affaire), il y a des gens qui disent que l'intelligence service n'est pas pour rien dans sa tentative de suicide. Il en savait trop, cet homme, sur les gentélemanes et les gentélevomanes, sur la gentry et les chasse-parties à la grouse.

LA PRÉMAMAN : Au fait, je lis souvent ce mot-là : qu'est-ce que c'est qu'une grouse ?

LA MODELING : Je ne sais pas au juste ; en tout cas c'est un oiseau très chic ; j'ai lu quelque part que tous les gens de l'établissement chassent la grouse en Écosse.

LA PRÉMAMAN : Quel établissement ? Enfin, peu importe : grouse ou pas grouse, Ward est reconnu coupable d'offenses sexuelles. Ça lui fera une belle jambe d'avoir chassé la grouse avec des gentlewoman-farmers. D'abord il a admis lui-même qu'il est un être immoral. « Je suis complètement immoral », il l'a dit lui-même.

LA PEELING : Ce play-boy-là, il aura pris du bon temps, au moins. La seule chose qui me choque vraiment, dans son affaire, c'est que tous ses amis huppés l'ont lâché, tous : lord Astor, Profumo, les autres. Tandis que certaines call-girls, comme vous dites, elles au moins le défendent.

LA PRÉMAMAN : Parce que vous les appelez call-girls, ces filles, est-ce que vous croyez en faire autre chose que de vulgaires prostituées ? Il n'y en a que pour elles en ce moment : call-girl par-ci, call-girl par-là. Ma parole, il faudra bientôt qu'elles figurent aux honneurs de la Reine et leur créer une décoration.

LA PEELING : Elle existe déjà en Angleterre : l'ordre de la jarretière !

(Rires).

LA PRÉMAMAN : Rira bien qui rira la dernière. En attendant, il n'y en a que pour elles, des flash, des reporters, des interviews.

LA BLONDE : Allons, mesdames, relaxez-vous ! Admettons que ce ne soient pas des filles de grand standing, ces Keeler et Cie ; mais alors, il me semble que vous leur donnez beaucoup trop d'importance. Moi, voyez-vous, je ne lis jamais

les journaux, sauf la publicité pour la cellulite,
les soins de beauté et les appareils ménagers : ça,
c'est du sérieux. Parlez-moi de facil' huître, de
houss vit, de bul'four, des gadgets genre mixer,
selfs-fixing ou self-adhésifs. Tenez, je viens d'essayer la première cafetière électrique en faïence :
pulsating system. Ça, on peut savoir si ça marche
ou non. Mais votre Dr Ward, qui saura jamais s'il
a vraiment commis ces offenses sexuelles dont
tout le monde parle ? Alors moi, je me dis : « Ma
fille, plutôt que l'intelligence service, le self-
service ! » J'avoue que j'hésite encore entre la
cona new model et mon pulsating system ; mais
en ce qui me concerne, les fauteuils et les mate-
las, aucun doute : moi je suis 100 % pour les no
sag.

LA PEELING, *(d'un air faussement innocent)* :
Qu'est-ce que c'est, siouplaît, un fauteuil no sag ?

LA BLONDE : Non mais alors, celle-là ! *(A la
prémaman :)* Vous aviez raison, madame, c'est
une drôlesse. Et si ça me convient, à moi, le no
sag ! Ce qu'il y a de sûr, c'est que je suis 100 %
pour les no sag, et que ce n'est pas une petite
impertinente qui m'en fera démordre. *(A la prémaman, en imitant la peeling :)* Qu'est-ce que
c'est, siouplaît, un fauteuil no sag ?

> *(Quelqu'un grimpe l'escalier à
> toute vitesse ; haletante, une
> shampooineuse fait irruption.)*

LA SHAMPOOINEUSE : Il est mort ; c'est le suminupe qui l'a tué.

VOIX DIVERSES : Qui ? de quoi ? le quoi ? le
fumiquoi ? qui, mort ?

LA SHAMPOOINEUSE : Warde, pour sûr. Y a eu

un flash à la radio. Et un monsieur qui parlait avec le patron pendant la coupe a dit que c'était un coup de l'intelligence service.

(Un temps de silence.)

MISE EN PLIS N° 2 : En tout cas, l'intelligence service n'est pas aussi intelligente qu'elle dit, parce que cette mort, c'est cousu de fil blanc.

L'AUBURN : Alors il s'est tué au suminupe ? Je ne connaissais pas ce somnifère-là ; c'est sûrement une marque anglaise ou américaine. Combien de pilules il a prises, pratiquement ?

LA SHAMPOOINEUSE : Trente, ils disent, et trois c'est le maximum qu'on peut avaler sans danger. En tout cas, moi, j'en aurai jamais chez moi, du suminupe. Vous pensez, avec les gosses ! C'est si vite avalé, un bonbon. Le mien surtout, c'est un vrai diable, un brise-fer ; ses baskets, en quinze jours il en vient à bout ; même les box-calf du dimanche ne lui tiennent pas six mois : il joue au foot avec, il shoote dans les pierres. Et puis il grimpe partout, fouille les placards de la kitchenette et du livine. Je suis obligée de cacher tous mes produits d'entretien ; cet enfant-problème, je l'ai surpris en train de mâchonner du scotchbrite. Une autre fois, il léchait le polish de sécurité, le seul heureusement que j'achète parce qu'il est de sécurité : le tanilcréame. Quand même, moi je ne crois pas qu'il serait coupable...

LA PRÉMAMAN : Un innocent ne se serait pas auto-détruit, il aurait jugé qu'il était impératif de se blanchir de cette offense...

LA PEELING : Je voudrais bien voir vos têtes devant un M. Justice avec sa perruque poudrée ! A propos, le suminupe, c'est pas un somnifère,

c'est un résumé. Alors ça m'étonnerait qu'un
résumé l'ait tué, à moins que ce ne soit celui du
juge, avant la délibération.

LA BLONDE : Oh moi, toutes ces histoires de
covér-gueules, je commence à en avoir par-dessus
la tête. A propos de par-dessus la tête, dites,
mademoiselle, vous qui êtes shampooineuse,
qu'est-ce que vous pensez du princess-curler et
du ril'bross, les nouveaux bigoudis cosmo ? Ma
fille a des cheveux en baguettes de tambour. J'ai
essayé babyliss : zéro. Princess'curler, ça doit
être bien, puisque c'est une bonne adresse de
Monique.

LA SHAMPOOINEUSE *(riant)* : Vous n'espérez
quand même pas que je m'ôterai le pain de la
bouche en vous disant ce qui la coiffera le mieux,
votre fillette. Mais on m'attend. Je file. Pauvre
Warde !

LA BLONDE : Moi, je fais confiance aux bonnes
adresses de Monique, et je m'en trouve bien, sauf
en ce qui concerne ma cellulite. Justement, j'ai
essayé le chiquennepie que recommandait l'*Elle*
de l'autre semaine. Pas mal du tout. *(Bref silence.)*
Tiens, ça aussi, ça n'a pas l'air mal : pour la
plage, le cabas bon magique en toile de lin avec
une fermeture à glissière arrêtée par un tuck... Un
tuck ? ah ! ils ont voulu dire un truc, un gadget,
quoi, et plastifié. *(Silence.)* Oh ! ça c'est bien dit :
le Japon en flash-choc.

> *(Elle feuillette, les autres se tai-*
> *sent. Pensent-elles au play-boy qui*
> *vient de mourir de suminupe ?)*

Maa sutekine, savez-vous ce que ça veut dire en
japonais ? *(Silence.) Quel chic !* voilà ce que ça

veut dire ; c'est amusant, le japonais ! *Mochimo-chi*, ça veut dire *allô !* C'est bien plus joli, *mochi-mochi*.

LA PEELING : Moi je dirais que *mochi-mochi*, c'est un peu moche-moche. Non mais ! vous m'entendez dire *mochi-mochi* à mon flirt, ou à mon boy-friend !

LA PRÉMAMAN : Faites-la taire. C'est shocking !

L'AUBURN : Moi, je trouve que c'est plutôt rigolo, *mishi-mishi*. C'est caressant ; c'est mignon, le japonais ; plus que le français. Admettez qu'*allô !* n'est pas original.

LA PLATINÉE : Oui, et puis ils sont bien plus polis que nous, les Japonais : tout est toujours honorable. Comme les Anglais, du reste. C'est peut-être parce qu'ils vivent tous les deux dans les îles. L'honorable parlementaire par-ci, l'honorable partie de campagne par-là ; ça fait très gentleument !

LA BLONDE : Justement. *Elle* dit que dix mille Japonais font chaque année l'ascension de « l'honorable monsieur Fuji », le Fuji-yama.

LA PLATINÉE : Alors, *yama* veut dire honorable monsieur en japonais ?

LA BLONDE : Faut croire, puisque Fouji veut dire fouji.

LA PLATINÉE : Comme Foujita ?

MISE EN PLIS N° 2 : C'est vrai judo, jiu-jitsu, c'est joli. Moi, j'ai connu un judoka. Mais avec un catcheur, alors non, je ne pourrais pas !

LA PEELING : Vous ne pourriez pas quoi ? Faire du pressing ? du sleeping ? ou du catch as catch can ?

LA PRÉMAMAN *(entre ses dents)* : Oh ! celle-là !
celle-là !

LA PLATINÉE : Les chiens aboient, les caravan-
nings passent. Vous ne trouvez pas que ce serait
plus chou de parler japonais : judo, mousmé,
geisha, c'est plus doux que le français. Seulement, c'est un peu loin pour apprendre à le
parler. Si au moins on savait tous l'anglais. On
devrait rendre l'anglais obligatoire à l'école primaire. D'abord les gentleuments parlent anglais,
eux. Et on a beau dire « la galanterie française »,
moi je ne les trouve pas si galants que ça, nos
hommes ; tandis que les G. I., les gentleuments !
D'abord, on ne peut presque rien dire en français : le tweed, le lambswool, le cashmere, le
mohair, les panties, les bermuda, les twin-sets,
les over-blouses, les pulls, les sweaters, les cardigans, le volley, les sun-tans, le basket, le water-
polo, les waters, les tartan plaids, les coverfluids,
les makupe, les hold-upe, les uppercutes, les
blues, les swings, le swing, les sprinters, les taxi-
girls, les grill-rooms, les jeans, les ice-creams, le
blizzard, les bloomers, les tests, les leaders, les
bowlings, les starters, le madison, le hully-gully,
les gangsters, le footing, les vikings, allez donc
dire ça en français ! Je ne suis pourtant pas snob ;
je ne suis qu'une modeste secrétaire de direction,
une self-made woman et pas du tout bigame, je
veux dire bilingue...

LA PEELING : Et si c'était la même chose...

LA PLATINÉE : ... mais je comprends ceux qui
disent, les jeunes surtout, que pour bien comprendre le ciné, la radio, les journaux, c'est
l'anglais qui serait le plus utile. Une fois, je me

rappelle, mon petit neveu lisait *Spirou ;* il m'a posé deux ou trois quiz de mots que je ne connaissais pas. *Buonas tardes,* ça je me rappelle, il y avait *buonas tardes ;* et *tching,* j'ai d'abord cru que c'était du chinois, et puis il paraît que c'était quelque chose comme plouf !, ou crac ! Et puis il y avait : *ça c'est une jam.* Moi, j'ai pas pu lui expliquer ce que c'est qu'une jam.

LA PEELING : Une jam-session, tout simplement une séance de jazz.

LA PLATINÉE : Et puis il y avait des trafiquants du buche. Vous sauriez, vous, ce que c'est que les trafiquants du buche ? Je ne me rappelle plus comment ça s'écrivait ; mais ça se prononçait *buche,* ça je m'en rappelle. Les trafiquants de bûches, bon, mais les trafiquants du buche ? Si on nous apprenait mieux l'anglais à l'école, on pourrait lire *Spirou.* Il faut avouer, entre nous, qu'on est dépassées par les événements. Si ma vie était à refaire, j'apprendrais d'abord l'anglais [1].

LA PLATINÉE : Et si on demandait au *Elle-club,* qui prend tant d'initiatives-chocs, d'organiser dans chaque numéro d'*Elle* un cours d'*English-spoken.* En deux ou trois ans on serait à la page.

MISE EN PLIS N° 2 : Ça, c'est une idée-*Elle,* une idée-rama, ça solutionnerait nos problèmes-lectures. Que diriez-vous si on écrivait ensemble une lettre au *Elle-club,* pour proposer notre idée-anglais. Si ça réussissait, vous parlez d'un international succès. Qu'est-ce qu'on pourrait dire, par exemple ?

1. Il s'agissait sans doute des trafiquants du *bush.* En français désuet : du maquis, de la savane.

L'AUBURN : D'abord, il faudrait se mettre d'accord pour savoir si on écrirait à Jean Duché, ou à *les lectrices bavardent*. Qu'est-ce qui serait le plus efficient ?

MISE EN PLIS N° 3 : Il me semble que Jean Duché...

LA PRÉMAMAN : Et si on se mettait d'abord d'accord sur le texte. Voyons, comment commencer ? Quelque chose comme : parce que nous disons oui...

MISE EN PLIS N° 3 : Non, parce que nous disons O. K... à la cuisine western...

LA PRÉMAMAN : Et non au planning familial...

LA PLATINÉE : Ah, non, pas de politique !

LA BLONDE : Parce que nous disons O. K. à la ligne slim, aux sandejeans sanforized, aux sandwiches homemade, aux cadeaux-auto... ma foi, oui, ça ferait un bon début, bien dans la note...

L'AUBURN : Parce que nous disons O. K. au patchwork-partout, au new look californian, au bermuda, aux tee-shirts, au baby-sitting, au chewing-gum entre les repas quand on est seule, parce que nous crions O. K. aux meubles-murs...

MISE EN PLIS N° 1 : Pas d'accord pour les meubles-murs. Je dirais plutôt aux shampooings-sourires (c'est impératif puisqu'on en est au modeling).

LA MODELING : Ça, c'est une idée-*Elle*, c'est idéelle. Tiens, ce serait gentil : parce que nous crions O. K. aux idéelles...

LA PEELING : Et zut aux idéaux !

LA BLONDE : Parce que nous admettons que Tampax est vraiment différent, et que le drugstore, c'est encore mieux que les snack-bars.

LA PRÉMAMAN : Ah non! par exemple. A Jean Duché, parler de ces...

LA PEELING : ... on n'a pas encore décidé qu'on écrirait à Jean Duché, et puis on va rewriter tout ça.

LA PRÉMAMAN : Moi je dirais : parce que nous disons O. K. au baby-boom de M. Debré...

LA PLATINÉE : Je ne veux pas faire de politique. Ce serait déplacé, puisqu'il s'agit seulement d'apprendre l'anglais.

LA PRÉMAMAN : Alors, ne précisons pas qu'il s'agit du baby-boom de M. Debré ; mais moi, j'ai mes convictions, j'ai ma religion. On peut être new look et pour le baby-boom, la preuve c'est que B. B. et Françoise Sagan en ont, des babies.

LA PEELING : Si vous exigez le baby-boom, moi je voudrais qu'on dise aussi : parce que nous disons O. K. au baby-boom et au boom-twist !...

MISE EN PLIS N° 2 : Ah non ! je ne dis pas O. K. au twist, moi. Moi, je suis pour le slow...

LA PLATINÉE : Reprenons. Parce que nous disons O. K. à la mode cow-boy...

MISE EN PLIS N° 3 : Mais non : à la cuisine western...

LA PRÉMAMAN : Pour contenter tout le monde, disons : à la mode cow-girl et à la cuisine southern, au baby-boom et à la ligne slim...

LA PEELING : Aux panties sanitized et aux bermudas-jeans.

MISE EN PLIS N° 2 : On n'y arrivera jamais sans écrire ce qu'on dit, et puis d'abord, après les parce que, qu'est-ce qu'on dira ?

(Voix en brouhaha.)

LA PEELING : Quand je vous disais qu'on n'y arrivera jamais sans rewriting !

LA PLATINÉE : Moi je dirais quelque chose comme ceci : puisqu'il est organisé des leçons gratuites du crawl pour les *Elle-club*, il a été conçu l'idée-*Elle* d'organiser pour les *Elle-club* des leçons gratuites d'anglais pour maîtriser cette langue nouvelle vague, cette langue new look...

MISE EN PLIS N° 3 : Moi je dirais plutôt : cette langue prospective, parce que l'anglais, c'est l'avenir du français, c'est prospectif, quoi ! C'est un mot ravissant, prospectif : ça a du chic, ce n'est pas banal.

LA PRÉMAMAN : Il faudrait dire aussi quelque chose comme quoi les problèmes-lectures sont spécifiques, et dominés par un fait majeur : la nécessaire révolution-langage, due à l'accélération de l'histoire et à l'environnement, à preuve le vosevo.

MISE EN PLIS N° 2 : Qu'est-ce que c'est le vosevo ?

LA PRÉMAMAN : Le nouveau bottin de la higue société ; il a une couverture rouge, le vosevo ; avant, c'était le saint Gothard ; c'est là que les gentlemanes donnent leur adresse, maintenant, celle de leur cottage ou de leur manoir, la marque de leur yôte, enfin c'est le vosevo de la gentrie française.

LA PEELING : Hou ! hou ! le househou, hou ! hou ! le househou... parce que nous disons O. K. au househou et *niet* au bottin mondain...

LA PRÉMAMAN : Écoutez, si vous continuez, là-bas, moi je n'écris plus à Jean Duché. Enfin,

n'est-ce pas shocking de voir une gamine, on lui
tordrait le nez, il en sortirait encore du lait...

LA PEELING : *The milk of human kindness*,
comme dit Shakespeare, miladi. *The milk of
human kindness*, voilà ce qui me sortirait du nez.
Mais comme, malgré les apparences, je suis une
brave petite teenette et que je sais un peu
d'anglais, moi, qui passai trois ans dans une école
du Sussex, je vais vous donner une idée-*Elle*, une
idée formid', une idée chic-choc, et pas du tout
shocking : quand vous l'aurez enfin rédigée, votre
petite *column*, il faudra bien trouver une signature commune. Cette signature, je vous l'ai trou-
vée, moi, et je vous l'offre, à vous toutes les *Elle-
club*, parce que le *milk of human kindness*, il me
dégouline du nez, le *lait de la tendresse humaine*.
Alors, mes ladies, vous signerez : O apostrophe-
esse-hache-e-trait d'union (ne pas oublier le trait
d'union ! très important dans un club), trait
d'union cé-elle-u-bé : *O'She-Club*. Le tout est de
prononcer la chose proprement.

> (Par pudeur, le rideau tombe tout
> seul.)

TROISIÈME PARTIE

Grammaire provisoire et abrégée du sabir atlantique

ou mieux :

Une actuelle et prospective grammaire digest du sabir atlantic

ou le mieux du monde :

Un' actuell' et prospectiv grammair' digest du sabir atlantyck

N.B. Tous les mots, tous les exemples cités dans cette grammaire figurent, avec leur référence, dans les fichiers destinés au *Dictionnaire philosophique et critique du sabir atlantique*.

Alphabet, orthographe,
prononciation, accentuation

ALPHABET

L'alphabet du sabir atlantic (cette variante du franglais) utilise 26 lettres :
a, b, c, d, e, f, g, h, i, j, k, l, m, n, o, p, q, r, s, t, u, v, w, x, y, z.

On voit que, provisoirement, il coïncide avec celui du français. Toutefois, la fréquence de certaines lettres a changé du tout au tout. Ne serait-ce que dans l'intérêt de la défense qu'on appelait jadis nationale, il importe que nos futurs G.I., ou G.I.s., quand ils auront à faire un travail de chiffrement ou de décryptement, en tiennent le plus grand compte. En effet, l'*e* du français qu'on appelle *muet* l'est si exactement devenu en sabir atlantic qu'il a tendance à disparaître. Deux lettres en revanche, très rares en français,

deviennent les plus fréquentes en sabir atlantic :
le *k* et le *y*. Elles ont une valeur magique ; nous
pouvons donc les appeler les deux consonnes
magic (voir, ci-dessous, le chapitre concernant
l'accord de l'adjectif en sabir atlantic).

Exemples :

Le vin *K*arafon ; le climamas*k*e ; le nouveau
bain *K*améléon ; *K* et *K*. ; mais qu'a *K*. ? ; *K*aïque ;
*K*ristine ; Club coiffure Maur*ys* ; Relay de Mont-
majour ; nougat Diane de Po*y*tiers (Montélimar) ;
Mon*y* ; Sim*y* ; Od*ys* ; N*y*del ; *K*l*y*tia ; Lin*jvyl* ; dites
oui à W*yl* ; l'homme qui sait ce qu'il veut a choisi
*Y*ardley... définitivement conquis par la nouvelle
gamme « *Y* ».

Remarque :

Lorsqu'un mot français vient d'un mot grec qui
s'écrit avec iota (*isos, oligos*) ou d'une diphtongue
iotacisée (*cheir*), il s'écrit avec la voyelle *i*. Exemples : *isocèle, chiromancie*. En sabir atlantic, on
transforme cet *i* en *y* selon la règle :
Laboratoires *Ysoptic* ; la *Chyromantie* (*sic*)
naturelle ; recette *olygos* pour maigrir.

Corollaire :

Puisque le sabir atlantic se reconnaît à la
fréquence des consonnes *magic k* et *y*, un mot sera

d'autant plus sabiral, d'autant plus *magic* qu'il comportera plus de *k* et de *y*. On ne saurait trop recommander, à cet égard, le coton Polyprym, le traitement Synte*k*o, et surtout le jus de pommes Nor*ky*, le tailleur *K*rystian, qui ont fort bien pressenti les règles de la grammaire prospective.

Vœux :

a) Que *qui* s'écrive *ky* ; exquis, *exky* ; conquis, *conky*, etc. ;

b) Que tous les mots en -*té* deviennent des mots en -*ty* ;

c) Que la lettre *h*, morte en français, devienne ce dont elle est virtuellement capable, une lettre *magic*, comme le *k* et le *y*. Des substantifs comme J*h*ane, Je*h*anne, A'Seborr*h*, t*h*ricologue, cit*h*yrama, r*h*ovyl sont prometteurs.

Exercices :

1) *Remplacer les points de suspension par la consonne* magic *qui s'impose :*

...a...a — ...o...o — ...o...u — ...u...u — ba... — fa... — sa... — bi... — ti... — so... — to... — bro... — fro... — tro... — Entends-tu le ti... ta... ? Oui, répliqua-t-il du ta... au ta... — Eh bien ! c'est un drôle de mi... ma...! il y a des ...oups de pied au ...ul qui se perdent.

2) *Transcrire en français la devise sabirale sui-*
vante :

Liberty, Égality, Fraternity.

3) *Conformément à la règle : français* Norman-
die, Picardie = *sabir* Normandy, Picardy ; *fran-*
çais Savoie = *sabir* Savoy, *transposer en sabir*
atlantic :

La place d'Italie — quand j'étais en Roumélie —
une chemise de soie — le cheval de Troie — le jeu
de l'oie — *La Voie royale* — un gâteau de Savoie.

4) *Conformément à la règle : français* Christian = *sabir* Krystian, *transposer en sabir atlantic :*

Le christianisme — la christologie — christique.

Michel et Christine, — et Christ ! — Fin de
l'Idylle. Christ ! ô Christ, éternel voleur des énergies
(Rimbaud).

ORTHOGRAPHE

Un des principaux avantages du sabir atlantic,
c'est qu'il supprime la notion périmée d'orthographe. Soit le mot *shérif*, qui figure au basic
vocabulaire du sabir atlantic. Les textes classi-
ques (*Toto, Tintin, Mickey, Tex Tone, Kid Carson,*

etc.) l'attestent sous les formes suivantes : *sherif,
shérif, sheriff, shériff,* et même *chérif.* Il y aurait
avantage à extrapoler pour obtenir, à partir de la
variante *chérif,* les formes parallèles *cherif, cheriff, chériff.* Conformément à la variante orthographique *starlett = starlett',* on aurait avantage à
combiner les formes ci-dessus attestées ou
déduites, et les formes sursabirales avec apostrophe : *sherif', sheriff', shériff', chériff', cheriff,*
qui n'existent que timidement jusqu'ici.

On remarquera notamment que le *biftèque,* si
cher à nos ménagères, et qu'elles abrègent parfois
en *bife,* est en français d'une insigne pauvreté
orthographique : on ne lui connaît que les deux
formes ci-dessus. Transposé en sabir atlantic, le
bife s'enrichit de mainte et mainte variante,
chacune plus alléchante que l'autre : *steack,
steck, beefsteck, beefsteack, bifsteack, bifsteeck,
beafsteck, beafsteak,* etc. Observons ici à quel
point cette langue a déjà conquis son autonomie,
et ses titres de noblesse : en anglais, une tranche
de bœuf s'appelle à la rigueur du *beefsteak,* mais
non point du *beef steack.*

Cette remarque nous conduit au corollaire
suivant : le groupe consonantique *-ck,* soit en
position médiane, soit surtout en position finale,
est particulièrement agréable au sabir. Au point
que, sur *bock, dock, stock, stick,* on a réussi à
sabiratlantiquer le nom russe de *Vladivostok* (mot
à mot le *maître de l'orient*) pour en faire *Vladivostock.*

Parmi les plus belles promesses et prouesses de
l'orthographe sabirale, il convient de consigner
les versions du mot anglais ou yanqui *skunk.* Par

ordre alphabétique, on obtient : *sconce, scons, sconse, skons, skung, skungs, skunk, skunks,* enfin *skuns,* toutes formes indifféremment attestées dans notre presse ou nos dictionnaires d'usage courant. Ainsi, grâce au sabir atlantic, nos teens et teenettes disposeront de neuf façons d'écrire le nom de l'animal que les Anglo-saxons appellent un *skunk.* On mesure d'autant mieux l'avantage du système si on le compare à l'indigence ridicule du français en l'espèce : pour *skunk,* il ne dispose que de quatre graphies : *mofette, moufette, moffette* et *mouffette.* Voilà qui, une fois pour toutes, ridiculise la présomption de ceux des Français qui osent prétendre que leur langue est aussi riche que le sabir atlantic.

Exercices :

1) *En vous inspirant des versions sabirales du mot* steck, *trouver toutes les graphies possibles des mots suivants :*

   bec — desk — teck — mec — deck — neck — sec — gecko.

2) *D'après la règle Vladivostok = Vladivostock, transcrire en sabir les mots français ci-dessous :*

   broc — coq — estoc — foc — loque — roc — soc — toque — de bric et de broc.

3) *En vous inspirant des principes énoncés ci-dessus, imaginer toutes les orthographes possibles de tous les mots possibles du sabir atlantic.*

4) *A partir des graphies sabirales ci-dessous, reconstituer le mot anglais ou français correspondant :*

leggins (*Le Figaro*, 27-28 juillet 1963) — knicker-brocker (*Le Progrès*, 3 août 1963) — souther fried ckicken (*Adam*, juillet-août 1963) — coktail (*France-Soir*, 2 juillet 1961) — cours des halls (rue de la Glacière, 1963) — welsche rarebit (Brasserie La Lorraine, 1963) — cinechek Heudebert (1963) — Milk Schake (quartier latin, 1966).

PRONONCIATION

Un traité, même provisoire, qui examine-rait dans son détail la prononciation du sabir atlantic ne serait pas compatible avec les dimensions du pocket-book, ou pocket, ou pockett, ou pockett', ou poche. Il me faut à regret ne donner ici que des indications sommaires.

A. Voyelles

a se prononce a comme dans *starter, task-force, U.S.A.*
é comme dans *cake, starting-gate, steeple-chase.*
ô comme dans *call-girl, football, volley-ball.*

e se prononce	è (très ouvert) comme dans *set, pepsi-cola, open.*
	i comme dans *to be or not to be, be-bop, relax.*
ea se prononce	ê comme dans *sweater, egg-head.*
	i comme dans *sweater, team-tag-match, five oclock tea à toute heure.*
ee se prononce	i comme dans *tee-shirt, jeep, steeple-chase, sweepstake.*
i se prononce	i comme dans *hip hip hip hurrah! slip, rewriting.*
	aï comme dans *pipe-line, time is money, rewriting.*
ie se prononce	aï comme dans *pie, apple-pie.*
ie se prononce	i comme dans *pie, apple-pie.*
o se prononce	o comme dans *box-office, bob-sleigh, cop, Saint-Trop'.*
oe se prononce	ou comme dans *shoe-eze.*
oe se prononce	ohé comme vous *shoe-eze.*
oo se prononce	ou comme dans *football, baby-boom, living-room.*
u se prononce	u comme dans l'*US Airforce, U.S.A., rush.*
	eu comme dans *My curling, antisludge, hurdler, rush.*
	ou comme dans *pudding, sure.*
	iou comme dans *New York Herald Tribune.*
ue se prononce	iou comme dans *fuel* et *barbecue* (la prononciation *barbecul* est très grossière en sabir).
	ou comme dans *Blue Bell Girls, navy blue, blues.*
y se prononce	i comme dans *Liberty ship, nylon, crylor, nytram.*

é comme dans *Liberty ship*.

aïlle comme dans un *dry*.

ye se prononce   i comme dans *rallye*.

etc.

Nasalisation des voyelles :

En sabir atlantic, les voyelles ont tendance à se dénasaliser : quoiqu'on entende parfois *suspense* (comme : il *pense*) et *suspince* (comme : une *pince*), la prononciation correcte oscille entre *suspennece* et *seuspennece* ; de même, et bien qu'on perçoive souvent *dancinge* (comme : un *singe*), *forcing* (comme : un autre *singe*), la prononciation élégante évolue entre *dancine*, *forcine*, et *dancinegue*, *forcinegue*.

B. Consonnes

Les consonnes du sabir atlantic sont très faciles à prononcer pour un Français. En général, leur point d'application est le même qu'en français — ce qui, une fois encore, prouve à quel point le sabir méritait d'être étudié à part et du français et de l'anglais. Notons toutefois les particularités suivantes : le *j* se prononce *dj*, très nettement, surtout à l'initiale (*job*, *joker*, *jet*, *jack-pot*, *jumper*, *jumping*) ; le *g* se prononce tantôt *g* dur, même devant *e* ou *i* (*bombing ! go !*, *gag*, *money-getter*, *girl*), tantôt *dj*, devant *e* et *i* (comme dans *gin-tonic*, *gin-fizz*, *gentlewoman-farmer*, *gentry*). Le *w* se prononce *v* ou, mieux, *ou* (*water-polo, water-closet, winch, winchester* ; *vatère* ou *ouatère, vineche* ou *ouineche*, etc.).

Notons au passage la prononciation de certaines finales consonantiques. Les substantifs d'agent ou de patient en *-er* ou *-ter*, si caractéristiques de la dérivation en sabir atlantic, se prononcent entre le son français *-ère, -tère* et le son français *-eur, -teur* (un *supporter* : *supportère* ou *supporteur* ; un *debater* : *débatère* ou *débatteur* ; un *reporter* : *reportère* ou *reporteur* ; un *leader* : *lidère* ou *lideure*[1].)

Une dernière remarque : les finales du genre *-ble, -gle, -ple, -tle* se prononcent respectivement en sabir atlantic : *beul, gueul, peul, teul*. Ainsi, au tennis, au sleeping-car, *single* rime avec *ta gueule !* et *apple* (comme *apple-pie*) avec les *Peuls* ; *bottle*, qu'on trouve dans *bottle-partie* ou, mieux, *bottle-party*, rime avec *Choiseul* ou *Saint-Acheul*.

Vœux :

Déplorons que beaucoup de mots qui devraient figurer et qui, nous le souhaitons, figureront dans le dictionnaire du sabir atlantic, aient perdu leur prononciation correcte. Peut-on espérer voir bientôt les *jockeys* redevenir des *djockeys* et le *wagon* recouvrer une dignité de *ouagon* ? Il y aurait intérêt à réformer l'orthographe française en tenant compte de la prononciation du sabir

---

1. La prononciation *léadé*, attestée dans le peuple français, doit être considérée comme irrémédiablement vicieuse.

atlantic. Pourquoi écrire *oui*, ce qui prend trois
lettres, alors que *we*, avec deux lettres, dit beaucoup mieux la même chose; en extrapolant, on
obtiendra *weesteetee*, au lieu de *ouistiti* qui représente une forme désuète. Il y aurait lieu, également, d'aligner la prononciation du français sur
celle, bien plus *efficiente*, du franglais. En vue de
préparer l'opinion aux aménagements qui
s'imposent, quelques exercices proposeront
maintenant à l'usager de résoudre ce problème
vital (en *prospective* : de solutionner ce vital
problèm', puis : to solve this vital problem).

Exercices :

1) *Prononcer selon les lois du sabir atlantic les
mots suivants :*

    sur bottle = botteule :
      Bible — bigle — passable — triple — visible;
    sur job = djobe :
      jaquette — un jet d'eau — le papier Job —
      pauvre comme Job — un jobard;
    sur fuel = fioule :
      duel — muet — *La Muette* — duettiste — cruel —
      ruelle — truelle;
    sur western = ouesterne :
      wagon-lit — wagon-salon — wagon frigorifique
      — wagon-citerne — walkyrie — wallon —
      wagnérisme — la Sainte Wehme;
    sur blues = blouse :
      les rues — tu pues — tu rues — tu sues — tu
    tues.

2) *A partir de leur prononciation, figurée en sabir atlantic, reconstituer les mots ou expressions ci-dessous dans leur ancienne prononciation française :*

> Materniti — paterniti — générositi — bonti — vériti — le compositeur Bitovane — le peintre Kli — la païe borgne — la païe voleuse — un cheval païe — un tioutiou — une femme niou — dans la cohiou — t'as la berliou — il m'en a mis plein la viou — il a bonne maïne — la maïne de plomb — maïne de rien — il a cassé sa païpe ;
>
> C'est mon fil, ou c'est mon fél — le mit ou le mét urinaire ;
>
> Je pince, donc je suis ;
>
> Baisers, baves d'amour, basses bititudes (ou : bétitudes) (Valéry).

3) *Donner, selon les lois du sabir atlantic, toutes les prononciations des mots suivants :*

> swing — timing-week-end — wait and see — smoking — suspense — manpowerisation.

Remarque finale :

Une fois exécuté l'exercice de prononciation nº 3, il devient évident à l'usager que la prononciation du sabir atlantic n'est pas moins riche de variantes que son orthographe. Aux neuf graphies de *skunk* en sabir contre quatre seulement de *mofette* en français, le sabir offre victorieusement *cinq* prononciations de *week-end* : *vécande,*

vékinde, ouikinde, ouikennede et même : *week-end*,
contre une seule, en français, pour *fin de semaine*.
Une fois de plus s'affirme ainsi la richesse, la
variété d'une langue que la prospective nous
assure promise à un avenir impérial. De même
pour *suspense* : entre *sucepanse* et *suspense*, que
de nuances heureuses ! *suce-pince, seucepanse,
seucepince, seucepennesse*. Or, que peut opposer
le français ? un *suspens*, si bref qu'il exprime fort
mal la durée de la chose, et non moins pauvre-
ment la variété des directions qui nous sollicitent
pour sortir alors de l'angoisse. Tout cela, formulé
à merveille par les prononciations diverses de
suspense, classe évidemment le sabir atlantic au
premier rang des langues expressives.

Ajoutons que c'est une langue *de classe*. Selon
que vous appartenez aux V.I.P., à la gentry, à la
high society, aux fans du new look, vous prononcerez de telle façon chacun des mots du sabir que
nul ne pourra se méprendre sur vous. Un *choé-
service*, un *léadé*, vous rend à votre néant, mais un
leader, bien accentué sur la première syllabe,
vous surclasse. Accentué sur la dernière syllabe,
un *lideur* vous situe dans la middle class, les
white collars, vulgairement cols blancs ; un *lidère*
marque la limite au-dessous de laquelle il ne faut
pas s'aventurer.

Ainsi notamment pour tous les mots en *-ing*.
Selon que vous prononcerez *smokinge, smokine,
smokinegue, smôkinegue* ou *smôoukingue*, vous
serez classé : déclassé, peuple, petit bourgeois,
grand bourgeois ou gentry. Mais c'est à la prononciation de *yachting* qu'on vous attend. Un
certain nombre de grammairiens et de lexico-

graphes aussi croulants que Littré vous diront qu'en français le mot se prononce *yak* ou *jack*, à preuve une lettre de Colbert qui parle d'un « *jack* du roi d'Angleterre », une autre de Pellisson, où il s'agit du même « *yak* », du même souverain. Mais Voltaire, qui appréciait les Anglais, en quoi il se manifeste comme un précurseur du sabir atlantic, écrit *yacht*, à l'anglaise. Nous ne savons pas comment il prononçait ; mais nous savons que les Anglais le prononcent quelque chose entre *yette* et *yotte*. Les marins français ont tort par conséquent de prononcer *yak*, et Merre, le spécialiste de la marine, a plus grand tort de leur donner raison et d'écrire *yack*. Plus coupable encore, M. Jacques Perret puisque, francisant à outrance, il écrit dans *Rôle et plaisance* : « un *yac* honnête ». Le fisc a donc raison lorsqu'il demande à ce contribuable si mal embouché combien de matelots il emploie à bord de son *yôte* ; et le *Petit Larousse* a tort, pour une fois, qui donne sous *yacht* : (*iak* et non *iôt*), et sous *yachting* : (*yak-in'g* et non *iôt-in'g*). C'est à l'aisance avec laquelle vous saurez, contre vents et marées, prononcer délicatement *iôtennegue* avec un accent sur la première syllabe que vous serez classé sabireur hors classe. Une fois de plus, il faut ici confondre Jacques Perret, qui affecte de donner le mauvais exemple : « Pour ce qui est de la prononciation de yachting, si nous éliminons tout de suite le stupide yôting et son contraire yachetingue, vulgaire convention de lettré qui n'aura jamais le modulé, le fini et le malicieux des transpositions auriculaires de l'analphabète, il reste quelque chose de cafouilleux entre yakting et yacheting, soit une bouillie apatride inconvenante à la cuisine française. » Il faut également dénoncer M. Merre qui, dans son lexique des termes de marine, se permet d'écrire, sous *plaisance* : « le mot plaisance est à la fois fort joli, très marin et officiel (fait rare) : pourquoi alors le remplacer par le mot anglais « yachting », imprononçable en français puisque « yacht » se prononce yack, et que nous n'avons aucune raison de dire plus « yôtinegue » que « yacktingue »; le moins mal serait yattigne. « Faire du yachting » implique, soit du snobisme, soit uniquement une notion sportive, acceptable pour la régate, dangereuse pour la croisière. » Imprononçable en français, *yachting*, il se peut ! Raison de plus pour utiliser le sabir atlantic, où ce mot se prononce très facilement : *iôtinnegue*. Et foin de la plaisance ! Entre le *yachting* et la *plaisance*, les Français, sans hésiter, sauront choisir le mot jeune, le mot new look.

ACCENTUATION

Alors que le français obéit à des règles strictes, traditionnelles, et accentue presque toujours les mots sur la dernière syllabe, sauf quand elle est terminée par un *e* qu'on dit à juste titre muet (et qui par conséquent ne survit dans l'orthographe qu'à titre de lettre-témoin), le sabir atlantic, langue jeune, langue nouvelle vague, langue new look, pose l'accent où il veut, où il peut, selon la saison, l'heure du jour ou de la nuit, le nombre de drys, de dries, de whiskys ou de whiskies qui furent absorbés avant l'articulation. Un très bon mot à cet égard est le substantif *manpowerisation* : étant donné qu'on peut le découper en six syllabes, il dispose de six accents toniques. Même les dissyllabes sont plus riches que leurs homologues français, puisque *tennis*, par exemple, qui est accentué en français sur *-nis*, l'est en sabir aussi bien que *ten-* que sur *-nis*. Les monosyllabes, hélas, ne s'accentuent que sur leur syllabe : *girl*, par exemple, *gin* ou *set*. Heureusement, ils s'accouplent volontiers à d'autres monosyllabes : *call-girl*, *twin-set*, *gin-fizz*, ce qui permet du coup de varier l'accentuation et de chanter vraiment la langue.

Exercices :

1) *Accentuer sur toutes les syllabes qui peuvent porter l'accent les mots suivants du sabir atlantic* (*voir ci-dessus*, p. 69) :

Internationalistic — standardizationalised — encodificationalization.

2) *Accentuer et prononcer sabiralement les mots français que voici :*

Administration — réhabilitation — probation — mensuration — innovation — formation — constipation — disposition — contribution — répartition — profession — contamination — report —

record — reporter — charlatan — char à bancs —
supporter — major — magnitude — consonance
— conspire — constant — content — contestable
— chamois — maladroit — connaisseur — médian
— médium — melon — microscope — télescope.

Pour varier l'exercice, on prendra n'importe
quel dictionnaire d'anglais ou d'américain avec
prononciation et accentuation figurées, et l'on
traitera de la sorte tous les mots anglais dont la
graphie coïncide avec celle d'un mot français.
L'exercice sera d'autant plus profitable qu'il por-
tera sur des mots de nature différente : ainsi le
verbe français *supporter* et le substantif anglais
supporter, l'adjectif français *content* et le substantif américain *content*, le verbe français *charmer* et
le substantif anglais *charmer*, etc.

Morphologie et syntaxe

LE NOM

I. *Genre des noms.*

Alors qu'en français, langue sclérosée, les substantifs ont presque toujours un seul genre, le
sabir atlantic, langue jeune, langue nouvelle
vague, langue new look, laisse aux substantifs
une aimable liberté. On écrira donc : *un* wagon,
sa station-wagon. Si le mot « party », employé
seul, est normalement féminin en sabir, quoiqu'il
soit neutre en américain, il change agréablement
de genre selon qu'il s'agira d'*un* bottle-party ou
d'*une* cheese-party, d'*une* ménage-party ou d'*un*
karting-party. Si le substantif *rocking-chair* est
officiellement masculin en sabir, la même raison
qui fait de *party*, neutre en anglo-américain, un

substantif presque toujours féminin en sabir (par
le jeu d'une attraction, d'une sympathie, d'une
affinité entre l'américain et le français, où *partie*
et *chaise* sont du genre féminin) justifie mille fois
l'heureuse liberté prise par Laurent Tailhade
dans ses *Poèmes aristophanesques :*

 Et dans sa rocking-chair, *en veston de f*lanelle [.]
On dira donc un *battle-dress*, ce qui est viril, mais
une fatigue-dress, ce qui fait souillon. Ainsi le
substantif *junior*, qui, en sabir, se substitue si
avantageusement au français *fils* (Fernandel
junior, Bourguiba junior) et au français *cadet,
jeune homme*, sera indifféremment masculin ou
féminin. Exemple : « La junior ingénue a fait sa
robe elle-même. » Il peut arriver, du reste, que le
substantif *junior* au féminin singulier prenne le
signe du pluriel. Exemple : « La Juniors II ».
  Ce qui nous propose une toute naturelle transi-
tion vers l'étude du nombre des noms en sabir.

II. *Nombre des noms.*

  Principes prospectifs. — Sous l'influence heureuse du babélien généralisé qui se parle aujour-
d'hui par le monde, les Français ont fini par
comprendre que les signes du pluriel sont purement conventionnels. Songez aux pluriels brisés
de l'arabe, aux pluriels en *-i* ou en *-a* du russe, aux
pluriels en *-men* du chinois !
  Quand on a lu dans un journal français les
spoutniki et les *luniki*, on a compris que le *-s* du

pluriel est une survivance un tantinet ridicule.
Aussi lit-on avec plaisir dans un hebdomadaire :
les *matriochka* (pourquoi mettre un *s* puisque ce
mot en russe fait son pluriel en -*i* ?).

Fort de ces précédents, le sabir atlantic favo-
rise et encourage l'indifférence *absolue* à l'égard
de la vieille notion de pluriel. On écrit à bon
droit : les *welter* (sur les *welter* : les *mouche*).
Approuvons les journalistes new look qui ont
l'audace de proposer : « je mets un temps fou à
sortir de mes starting-block », « il sort cette
semaine un 45 tours avec trois hully gully »,
« deux hold-up hier, à Marseille », « Il a essuyé
trois knock-down », « les samba qu'on peut
entendre dans les dancing », « la série des Andy
Williams show », « les autres pocket book »,
« douze brik » (pour 12 briques), etc.

Certains substantifs du sabir manifestent clairement cette indifférence en mettant au petit
bonheur le -*s* périmé du pluriel. On dira donc
très correctement : *mon knickerbocker* ou *mon
knickerbockers*, *mes knickerbockers* ou *mes knickerbocker* ; une *partie de footballs* et *des interview*.

Vœu :

Qu'à l'avenir, s'inspirant des exemples ci-dessus, *tous* les substantifs du sabir atlantic soient
indifféremment du singulier et du pluriel. Cela
facilitera l'enseignement du calcul et permettra
de simplifier les magasins des machines à traduire.

Exercices :

1) *Trouver le ou les auteurs des œuvres suivantes dont le titre est traduit en sabir atlantic (règle : Fernandel junior) :*

> *Fromont junior et Risler senior — Le Retour du junior prodigue — Dombey et junior — Les juniors Louverné — Le junior naturel — La junior aux yeux d'or — Junior de Personne — La junior Élisa — Le senior Goriot.*

2) *Traduire en sabir atlantic les expressions suivantes :*

> Fils indigne ! — Tel père, tel fils — A père avare, fils prodigue — Allez en paix, mon fils ! — Au nom du Père et du Fils et du Saint-Esprit !

Règles provisoires du pluriel. — En attendant que se généralisent les principes prospectifs définis au paragraphe précédent, le sabir atlantic conserve provisoirement un certain nombre de pluriels ; mais il veille constamment à obtenir que nul d'entre eux ne prévale sur les autres.

a) Substantifs en -y :
Ils forment régulièrement leur pluriel de trois façons, au choix de l'usager, selon le paradigme : un *baby*, des *baby*, des *babies* ou des *babys* ; un *whisky*, des *whisky*, des *whiskys* ou des *whiskies*. Seuls pluriels incorrects : *bébés* et *babis*.
Exemple : « Mrs Perle Mesta, qui représente les États-Unis au Luxembourg, s'amuse toujours

énormément à ses propres parties. » (*Le Monde*, 10 novembre 1959.)

b) Substantifs en -*s* et en -*x* :

Invariables en français, selon la règle : un *chas*, des *chas*, un *phlox*, des *phlox*, les substantifs du sabir qui se terminent par les mêmes consonnes, lorsque par hasard ils prennent la marque du pluriel, forment ce pluriel en -*es*. Exemple : alors qu'en français on dit : une *bosse*, des *bosses*, on écrit en sabir : un *boss*, des *bosses*. Autres exemples : puisqu'en français le pluriel de *box* est *box*, on dira : un *box*, des *boxes* en sabir atlantic.

c) Substantifs en -*sh* et en -*ch* :

Le pluriel des substantifs en -*sh* et en -*ch* varie en sabir selon la valeur de l'objet considéré. Lorsque le substantif *sandwich* forme son pluriel en -*s*, le sandwich ne se vendra guère plus de 2 francs 50 ; avec le pluriel en -*es*, les sandwiches peuvent aller jusqu'à 5 ou 6 francs. Les *lunchs* se paient dans les 15 francs ; mais il faut lâcher 25 à 30 francs pour prétendre à des *lunches*. Conformément à cette règle, on devrait appliquer des tarifs dégressifs aux *matchs* de football, et progressifs aux *matches* de hockey. Les organisateurs de réunions sportives n'ont pas aussi bien assimilé que les restaurateurs la *valeur* du pluriel en sabir atlantic. Même remarque pour certains électriciens qui vendent au même prix leurs *flashs* et leurs *flashes*.

d) Pluriel des noms en -*man* et en -*woman* :

Les désinences -*man* et -*woman* tendant à

remplacer en sabir atlantic (voir ci-dessous : *dérivation et composition*) les désinences d'agent du type -*eur*, -*euse*, -*ier*, -*ière*, -*tier*, -*tière*, -*on*, -*onne*, etc., il importe d'en bien connaître le pluriel. Sous l'influence des langues anglo-saxonnes, on soutient parfois que les mots en -*man* et en -*woman* font leur pluriel en -*men* et -*women*. Il importe d'en finir avec cette illusion. Le sabir atlantic est une langue jeune, une langue nouvelle vague, une langue new look. Il a pour souci premier de ne causer aucun souci à ses fans, les teenagers, les pin-ups, les play-boys et les call-girls. En conséquence, et conformément à un usage solidement établi, il admet pour les mots en -*man* et en -*woman* quatre pluriels -*man*, -*mans*, -*men*, -*mens*, et les formes -*woman*, -*womans*, -*women* et -*womens*. Exemples : « Les tennisman européens ont été hospitalisés au Memorial Hospital » (*Tintin*) ; mais : « Sur le pont, un mélange de jeunes américains : hommes de loi, commerçants, bar mens » (*Rafales*). Langue riche, langue généreuse, le sabir atlantique propose donc, pour les substantifs en -*man* et en -*woman*, plus encore de pluriels que pour les substantifs en -*y*.

e) Pluriel des noms composés :

Conformément aux principes généraux qui le régissent selon un aimable fair play (et même un fantaisiste flair-play), le sabir atlantic attribue aux mots composés tous les pluriels imaginables. Conformément aux principes prospectifs, on dira donc des *hold-up*, mais, conformément à l'actuelle règle (voir ci-dessous, *place* de l'adjectif

qualificatif), on acceptera aussi des *hold-ups* :
« Quatre hold-up » (*Le Figaro*, 9 février 1962) ;
« Hold-ups à toutes les sauces » (*Le Figaro littéraire*, 18 août 1962). On dira donc, indifféremment, des *music-halls*, des *musics-halls*, ou des
music-hall (*X*. 13), des *hot-dogs*, des *hots-dogs*, ou
des *hots-dog*, etc. *Knock-down* admet, lui aussi,
trois pluriels sabiraux : *knock-down*, *knock-
downs* et (par une intéressante extension du
pluriel des noms en *-y*, *-sh* et *-ch*) *knock-downes*.
On aura d'une part « des *black-maria* » (*Le
Monde*, 11 juillet 1963), de l'autre, « des *tests
matches* » (*Le Figaro*, 1er juillet 1963) et des
« *test-matches* » (*Le Figaro*, 19 juillet 1961). On
peut avoir, en outre, des *test-match*, des *tests-
matchs*, des *tests-match*, soit six pluriels pour un
seul substantif !

Exercices :

1) *Sur le modèle des six pluriels sabiraux de test-
match, composer tous les pluriels possibles des
mots ci-dessous :*

> homme-sandwich — team-tag-match — rocking-
> chair — roll-back — teen-ager — ex-teen-ager —
> up-to-date ;

2) *Donner les pluriels sabiraux des mots français
suivants, terminés par -s ou -x (règle : un box, des
boxes ; un boss, des bosses) :*

> un as — un os — les us et coutumes — un lys — un
> flux — un X (polytechnicien) — un S.S. — un
> S.O.S. ;

3) *Compte tenu de la règle qui commande la chute de l'e muet en sabir atlantic et de celle qui définit les pluriels des mots en -man et -woman, donner tous les pluriels sabiraux des mots français suivants :*

kleptomane — mythomane — quadrumane — bimane — anglomane — brahmane — bibliomane — musulmane — ottomane — hippomane — Papimane — mégalomane — birmane — dipso- mane — pétomane — nymphomane.
(*Exemple : monomane :* monoman, pl. monoman, monomans, nonomen, monomens, monowoman, monowomans, monowomen, monowomens).

4) *Donner l'équivalent anglais des pluriels sui- vants du sabir atlantic :*

tennisman — tenniswomen — tenniswoman — tennismen — tennismens — tenniswomens.

III. *Dérivation en sabir atlantic.*

Quoique M. Jean Dubois ait publié chez Larousse, en 1962, une *Étude sur la dérivation suffixale en français moderne et contemporain,* cet ouvrage à beaucoup d'égards digne d'égards pèche grièvement contre le sabir atlantic, dont il semble contester (ne serait-ce que par omission) l'importance à notre époque.

M. Dubois reconnaît l'existence du suffixe *-ing,* mais il en appauvrit singulièrement la foison-

nante richesse. Il ne cite en effet que *tramping,
doping, footing, dancing, forcing* et *caravaning*. Or
ce suffixe, promis au plus fécond avenir, a donné
en outre, parmi tant d'autres, les substantifs
suivants : *alternating, bombing, cracking, curling,
darling, dropping, dry-farming, holding, learning,
matching, modeling, ooching, packaging, padding,
peeling, pressing, printing, pushing, putting, rating,
softing, storming, stripping, touring, training, trot-
ting, yachtine,* sans parler de *parking, rewriting* et
standing, ces trois mamelles de la France sabirale. Pareille omission ressemble fort à du *sabo-
ting, yachting,* sans parler de *parking, rewriting* et
*mot français signifiant une action, le résultat de
cette action et le lieu où elle s'accomplit doit
disparaître devant tout mot en* -ing, *anglais ou non,
qui prétend à sa succession.*

Parmi les plus heureuses innovations du sabir
atlantic, il faut compter la dérivation en *-er,* qui
indique l'agent, l'ouvrier, etc., ou encore l'instrument, la machine, etc. M. Dubois le mentionne,
mais ne lui rend pas meilleure justice qu'au
suffixe *-ing.* Il cite, chichement : *challenger,
container, docker, feeder, mixer, reporter, supporter.*
Comme ce suffixe, aussi vivace au moins que le
suffixe en *-ing,* remplacera fatalement, en sabir
atlantic, tous les substantifs d'agent ou d'ouvrier
en *-eux, euse, -ier, -ière, -tier, -tière, -on, -onne, -ien,
-ienne,* il aurait fallu mieux marquer son
empire : *sprinter, hurdler, stayer, jumper, hold-
uper, clipper, computer, scraper, starter, bulldozer,
tender, bust-rafermer, debater,* etc., nous en sont
déjà témoins. Puisque, sur *débat,* le sabir a su
dériver un *débater,* le jour est proche où l'on saura

corriger en *combater* le désuet *combattant*.
M. Jean Dubois a négligé de signaler cette ligne
de force. Vivent les anciens *combaters* !

Un des plus évidents avantages de la dérivation
en *-er* c'est que les noms d'agent prennent du
coup la même désinence que les verbes français
du premier groupe ; comme ces verbes sont les
seuls vivaces, on peut espérer que, sous
l'influence heureuse du sabir, tous les verbes
français en *-ir*, *-oir* et *-re* rejoindront le premier
groupe et pourront ainsi s'assimiler à l'équiva-
lence : *supporter*, un *supporter* ; *sprinter*, un *sprinter*. Le verbe *tendre* tendrait ainsi à *tender* et
pourrait, dès lors, composer avec un *tender* une
paire sabirale. L'exemple de *conclure*, constamment conjugué sur *concluer* en sabir (il *concluera*)
concluera heureusement et prospectivement ce
paragraphe.

La plus grave faiblesse de la thèse de M. Jean
Dubois, c'est l'ignorance ou le mépris qu'il manifeste de l'un des suffixes les plus originaux du
sabir : *-rama*. Le sabir atlantic étant une langue
jeune, une langue nouvelle vague, une langue
new look, se devait de développer le suffixe
-rama, que l'un des plus émouvants teenagers des
années '60, Arthur Rimbaud, savait déjà utiliser
à propos du « cosmorama arduan ». Prophétisant
comme il a fait toutes choses, il prophétisa et
même promut le sabir atlantic (ne parle-t-il point
de *pier*, de *wharf* ?). Celui qui n'hésitait pas à
signer *John Arthur Rimbaud* une lettre qu'il
écrivit en parfait sabir atlantic pour essayer de
s'engager dans la Navy U.S. a prévu la vogue du
suffixe *-rama*. De fait, une revue chinoise publiée

à Hong-Kong, *Tchong wai*, vient de tirer parti du suffixe sabiral si ingénieusement employé par le divin jeune homme et s'intitule en français *Cosmorama illustré.*

Sur ces illustres modèles, le sabir a mis au point, en quelques années, toute une série d'élégants substantifs, valables et rentables (ce qui n'est pas à négliger) : l'*amusorama*, le *babyrama*, le *bazarama*, le *cartechnorama*, le *catchorama*, le *chansonnierama*, le *cinérama*, le *cinépanorama* (plus discutable), le *circorama*, le *cityrama* (et son heureuse variante, le *cithyrama*), le *colorama*, le *conforama*, le *crédirama*, le *cuisinierama*, le *cuisinorama*, le *cyclorama*, le *diorama*, le *discorama*, le *drapeaurama*, le *filérama*, le *foodarama*, le *grosjeanrama*, l'*héraklorama*, l'*historama*, le *kinopanorama* (plus discutable), le *linguarama*, le *meublorama*, le *musirama*, le *musicorama*, le *parirama*, le *photorama*, le *restaurama*, le *sandorama*, le *sexyrama*, le *sonorama*, le *stick'rama* (voir *Ponctuation, l'apostrophe*), le *striperama* et le *stripperama*, le *tangorama*, le *télérama*, le *théâtrorama*, le *n'importequoirama*, etc. Si grande la vitalité du suffixe-*rama* qu'on le voit déjà produire ses adjectifs : ainsi le *Building Esders Econorāmique.* A quand le baby-sitter *babyramique*, le parirama *sexyramique*, le tangorama *musiramique*, ou le musirama *tangoramique* ? L'intérêt du suffixe -*rama* réside en ceci qu'on ne lui peut attribuer aucune valeur sémantique. C'est, en dérivation, l'heureux équivalent des lettres *y* et *k* (voir *Alphabet*). S'agissant par conséquent d'un suffixe *magic*, tous les espoirs lui sont permis.

Exercices :

1) *Sur le modèle :* supporter, *un* supporter, *composer le plus grand nombre possible de couples sabiraux, en utilisant des verbes français du premier groupe. (Exemples : sprinter, un sprinter ; mixer, un mixer ; reporter, un reporter.)*

2) *Sur le modèle sabiral :* un débat, un *débater, composer le plus grand nombre possible de substantifs en -er. (Exemples : un combat, un combater ; un ébat, un ébater ; un rabat, un rabater ; un célibat, un célibater ; un grabat, un grabater, etc.)*

3) *Étant donné la règle qui prévoit la chute de l'*e *muet final en sabir atlantic, restaurer en forme sabirale les mots français suivants ; en donner le ou les pluriels (exemple : phorminge — sabir : phorming, pluriel : phorming ou phormings) :*

linge — singe — méninge — sphinge.

4) *Étant donné la valeur magic du suffixe* -rama, *apprécier d'un mot anglais de trois lettres, commençant par* r *et finissant par* t, *le texte suivant :*

« Les demi-savants sont ceux qui forgent les mots en -*rama* ou qui se figurent qu'il suffit de couper un mot d'une apostrophe pour lui donner l'aspect anglais : ainsi « Lut'tia bar » *(sic !).* »
          Défense de la langue française, n° 10.

Apprendre par cœur, pour ne jamais l'oublier, cette proposition hérétique et blasphématoire. En

qualifier l'auteur d'un autre mot anglais commen-
çant par r *et finissant par* t.

5) *Étant donné la valeur magic du suffixe* -rama,
étudier avec soin la dérivation dans le texte sui-
vant :

« La récente invention du Diorama, qui portait
l'illusion de l'optique à un plus haut degré que
dans les Panoramas, avait amené dans quelques
ateliers de peinture la plaisanterie de parler en
rama, espèce de charge qu'un jeune peintre, habi-
tué de la pension Vauquer, y avait inoculée.

— Eh bien ! *monsieurre* Poiret, dit l'employé au
Muséum, comment va cette petite *santérama* ?
....

— Il fait un fameux *froitorama* ! dit Vautrin.
Dérangez-vous donc, père Goriot ! Que diable,
votre pied prend toute la gueule du poêle.

— Illustre monsieur Vautrin, dit Bianchon,
pourquoi dites-vous *froitorama* ? il y a une faute,
c'est *froidorama*.

— Non, dit l'employé du Muséum, c'est *froito-*
rama, par la règle : j'ai froid aux pieds.
....

— Ah ! ah ! voici une fameuse *soupeaurama*, dit
Poiret en voyant Christophe qui entrait en tenant
respectueusement le potage. »

Bien que ce texte de Balzac, dans Le Père Goriot,
soit inqualifiable du point de vue prospectif et
sabiral, vous le qualifierez aussi abondamment que
possible, avec des adjectifs du type : gagaramique,
zozoramique, cucuramique, *etc.*

Autres dérivations suffixales.

Décidément inférieure à sa tâche, la thèse de
M. Dubois néglige certains suffixes qui, moins
conquérants que les suffixes ci-dessus examinés,
commencent à prendre une judicieuse importance :

-ex. — Suffixe heureux en ceci qu'il peut donner
deux pluriels, l'un en *-es*, l'autre identique au
singulier. Après un départ prudent, ce suffixe
gagne du terrain ; toutes les nouveautés y aspi-
rent ; ainsi, en vrac, et dans tous les domaines :
*spontex, gerflex, duplex, movex, reflex, moulinex,
platex, focaflex, pelex, marketex, contex, glassex,
noveltex, rangex, cutex, pyrex, amarex, dynaflex,
sanitex, seralatex, zoomex, toe-flex, golflex.*

-or. — Suffixe qui rappelle à la fois l'anglais
-our, l'américain *-or* (*colour, color*), le comparatif
latin (*melior*), et qui évoque en plus, par son aura
française, l'*or*, métal précieux. Quoi d'étonnant
s'il rivalise ingénieusement avec *-ex* ? Outre le
senior et le *junior*, dont nous avons déjà parlé,
notons : *primior, visor, melior, pluvior, merigor,
sanfor, favor, flamor, motor, crylor, timor, anchor,
o'flor*, etc.

Degré zéro. — Last but not least, disons deux
mots de la dérivation par le passage au degré
zéro, c'est-à-dire par suppression de l'*e* muet final
du français, auquel, par un louable souci d'économie, répugne le sabir atlantic. De même que sur
le français *Odette*, le sabir dérive soit *Odett'*, soit,
plus sabireusement, *O'dett'*, on peut espérer que
prospéreront de plus en plus les formes du genre :

cadonett, fournett', chauff'assiett' ; ou encore *scan-dinav, nyltram* (trame de nylon), *babyliss, plastiss,* etc.

IV. *Composition en sabir atlantic.*

A. *Composition par préfixe.*

Moins riche peut-être que la dérivation suf-fixale, la composition préfixale du sabir met en vedette trois formations prometteuses :

a) *Super-* : un supergéant, un supermarket, trois super best-sellers, les supergadgets améri-cains, « Nancy a pris Paris pour thème de son super-mois », le super-total, le super-boy, la supersûreté, le superman, le superfan (qui voile sans contrainte), le super-avantage spécial, un super-hôtel européen (*Top*), les super-jouets (*Tin-tin*), les super-pâtes La Lune, la supérette, super-remise, super-show à l'américaine, la super-quin-zaine galeries, les super-grands du cinéma, une super-surprise, etc.

Remarque : le préfixe *super-* a déjà produit une super-dérivation : le trisuper Antar, le carburant trois fois supérieur.

b) *Auto-* : au siècle de l'automatisme, de l'au-tomobile et de l'automation (seul mot sabirale-ment tolérable), quoi d'étonnant si le préfixe *auto-* forme un très grand nombre de substantifs. Il est d'autant plus utile qu'il peut signifier aussi bien *relatif à l'automobile* et *relatif au sujet*.

Autodidacte, en français, désigne celui qui s'instruit soi-même ; *automobile*, une voiture qui se meut par ses propres moyens. En sabir, l'*auto-route* est une route pour autos ; l'*auto-école* est l'école où l'on apprend à conduire une auto ; un *auto-hall* n'est pas un hall qui se construit lui-même, mais un marché, une halle où l'on vend des autos ; un *auto-permis* n'est nullement un permis qu'on se décerne soi-même, mais un permis de conduire les autos ; l'*auto-stop* n'est pas l'art de s'arrêter soi-même, mais celui d'arrêter l'auto d'autrui ; les *autophobes* ne sont point ceux qui ont peur de soi, mais ceux qui détestent maladivement l'auto et les automobilistes ; l'*auto-démolition* n'est pas le suicide, mais un cimetière d'autos. De la sorte, un préfixe de sens figé comme *auto-* reprend un second souffle, confirmant que le sabir atlantic est une langue jeune, une langue nouvelle vague, une langue new look.

c) *Self-* : le sens réfléchi de *auto-* tendant à se perdre en sabir atlantic (voir ci-dessus), la notion de ce que véhiculait *auto-* tend à s'exprimer en sabir par une forme neuve : *self-*. Outre *la self*, digest ingénieux pour bobine de self-induction, le franglais compte désormais *le self*, beaucoup plus vivace, digest non moins habile de *self-service*. D'où cet excellent raccourci : « Le self des selfs » (restaurant le Rallye, boulevard des Capucines). Sur *self-*, on a construit notamment : self-adap, self-assertiveness, self-beauté, self-contrôle et self-control, self-estime, self-feeling, self-fixing, selfleurs, self-gouvernement et self-government, self-made-man, self-made-woman, et self mac

woman (Albertine Sarrazin), self performing pre-
diction, self-pity, self-rating, etc.

Par une tendance digne d'être notée, le *self-* est
parfois employé en sabir comme suffixe. Ainsi
batiself, qui signifie self-service de bricolage.

Exercices :

1) *Réduire au degré zéro, pour les sabiriser, les
mots ou expressions suivantes — l'apostrophe,
facultative, est recommandée (exemple :* homme,
homm *ou* homm') :

> Ma pomme — faire un somme — c'est une
> somme ! — un mec à la gomme — Joseph Prud-
> homme — le conseil des prudhommes — foi de
> gentilhomme ! — Sully Prudhomme — Jacques
> Bonhomme — la bataille de la Somme — je te
> prends par la barbichette — elle a taillé une bonne
> bavette — conter fleurette — c'est de la piquette
> — *l'as-tu vue, la casquette, la casquette, l'as-tu vue,
> la casquette au père Bugeaud ?*

2) *Trouver en sabir atlantic trois traductions de :*

> « Surhomme vaut bien superman. »

3) *Commenter sabiralement le texte suivant relatif à la composition par le préfixe* super- :

> « Partout le super est roi. Que ce soit dans le
> domaine sportif ou dans le domaine économique,
> nous sommes écrasés par la surpuissance ou la
> surproduction. Nous avons des superpaquebots et

des super-avions, pilotés par des super-as, de même que nous avons des superproduits, depuis le supercarburant jusqu'au superdentifrice. Nous avons aussi des supergarnements mués en super-gangsters, puis des superpatriotes devenus super-activistes, qui nous promettent un supergouvernement avec des superbombes dispensatrices d'un supersommeil. » (François Baillot, *Le Monde*, 24 avril 1962.)

B. *Composition par scissiparité et agglutination homogène.*

Sous l'impulsion de la Seconde Guerre mondiale, le vocabulaire américain, soucieux de brièveté et d'efficience, composa un très grand nombre de mots par scissiparité et agglutination : *visibrella* (un parapluie : umBRELLA, à travers lequel on a une bonne VISIon) ; *warphan* (un orphelin, orPHAN, de guerre, WAR) ; *swimando* (un comMANDO de soldats qui savent tous nager, SWIMm) ; un *whaleburger* (un hamBURGER à la viande de baleine, WHALE ; ou, selon une interprétation erronée, un hamBURGER énorme, gros comme une baleine, WHALE). Les *motels* (hôTEL pour automobilistes, MOTorists) se sont développés durant et après la guerre.

Outre qu'il adopta tels quels le *motel* et le *cheeseburger* (hamBURGER au fromage, CHEESE), le sabir atlantic s'efforce d'en accroître l'heureuse famille. Ce procédé de composition convient parfaitement aux teenagers et même aux babies, puisque les enfants fabriquent spontanément ce genre de mots-valises. Certains babys appellent en effet *melletates* les seins de leur mère (maMELLES + TÂTer ou TÉTer). C'est ainsi qu'on a pu inventer l'*univerchelle* (une éCHELLE UNIVERselle). Les *télébrités* (célé-BRITÉS de la TÉLÉvision) font les beaux jours de *Paris-Jour*; c'est une rubrique fort recherchée. *Chocorêve* est évidemment le CHOCOlat dont RÊVEnt les enfants. Particulièrement réussi, *récurbross* combine la composition par scissiparité et agglutination homogène (RÉCURer-+BROSSe) avec la dérivation par degré zéro pour mettre en valeur la double consonne finale, si richement sabirale. Enfin, on ne saurait trop louer le cercle philatéliste des A.F.C. qui conseille à ses adhérents d'envoyer leurs *mancolistes*, au sens évident.

Parmi les plus jolies réussites de cette composition homogène à partir non plus de thèmes français, mais anglo-américains, je ne citerai que le *horstel* (hoTEL qui loge à HORSe, c'est-à-dire à cheval) et le *catalo* que nous promettent certains restaurants up to date; il s'agira, évidemment, d'un steack, steeck ou steck haché, contenant de la viande de vache (CATtle) et de buffle (buff-ALO). D'où : *catalo*guer ?

C. *Composition par scissiparité et agglutination hétérogène.*

Promis à un bel avenir en sabir atlantic, ce mode de composition n'en est qu'à ses premiers succès, fort encourageants du reste. En même temps que le *horstel*, on lançait en effet le *hippel* (grec HIPPos, cheval + anglais hotEL). Pour les promesses qu'ils tiennent déjà, saluons le *minicar* (latin MINImus, tout petit + anglais CAR, voiture), le *microcar* (grec MICROs, petit + anglais CAR), le *minicare* (latin MINImus + anglais CARE, souci), le *microflash* (grec MICROs + anglais FLASH), le *bodygraph* (anglais BODY, corps + grec GRAPH), le *cinétimer* (grec CINÉ + anglais TIMER), etc.

Vœu :

Veuillent les hommes et le ciel qu'une mode si jeune, si nouvelle vague, si new look, enrichisse désormais, et systématiquement, le sabir atlantic ! Quelle rapidité d'expression elle permettra ! Au lieu de *pare-soleil*, on dira un *pareil* ; le *self-service* s'exprimera aussi bien, sinon mieux, avec économie d'une syllabe : *self-vice* (or *time is money*), etc.

D. *Composition par gémellation ou juxtaposition.*

Langue jeune, langue nouvelle vague, langue new look, le sabir atlantic se devait d'adopter le mode de composition si caractéristique de l'allemand, de l'anglais et de l'américain, et que le système français, qui abuse des prépositions, n'accepte qu'avec répugnance, dans un nombre restreint de mots du type : *timbre-poste*, *hôtel-dieu*.

Or, de même que les substantifs anglo-saxons composés par scissiparité et agglutination homogène (type *spasur* : SPAce + SURveillance) ont produit en sabir les résultats que j'ai dits, les mots anglo-saxons du type *peace offering* ou *peace-pipe*, c'est-à-dire, respectivement : offrandes propitiatoires, calumet de paix, deviennent en sabir, plus concisément, plus expressivement : *offrandes propitiation* ou, mieux, *offrandes-paix*, et *calumet-paix* ou *paix-calumet*.

L'avantage essentiel de cette composition sabirale, c'est que non seulement elle exprime sémantiquement et syntaxiquement la solidarité politique, culturelle et militaire qui unit la France aux pays anglo-saxons, mais que, du même coup, elle manifeste la réconciliation de ce pays avec son ex-ennemie héréditaire, l'Allemagne ; en effet, les tours du genre *peace offering* ou *peace-pipe* ont en allemand leur équivalent exact : *Gœthe-Institut*, *Frauenliebe*, *Soldatenlied* (en Français : l'Institut Gœthe), l'amour (*Liebe*) des femmes (*Frauen*) ou : amours de femmes, la chanson (*Lied*) martiale (*Soldaten*).

En quelques années, le sabir atlantic a exploité les possibilités prospectives de ce mode ingénieux de composition. Parmi des centaines, voire des milliers d'autres, voici quelques exemples :

Actualité-enquêtes, appétit-tricot, arts-informations, boîte-essai, cape-cabine, crédit-vacances, chapeau route-plein air, coin éponge, confort-fraîcheur, crédit-travaux, détails-mode, efficacité nouveauté, élégance-chapeau, élégance-pluie, élégance-soleil, équation manteau, équipement-vacances, examen-fenêtre, examen vacances, expulse-sport service, garantie mode, garde-robe-pilule, guide raisin, latin disques, latin papier, leçon-cuisine, relax-tilleul, match-

beauté, messages-vacances, modes-soleil, mode
toile, pause-café, pluie-confort, pschitt-bonbons,
réseau Jet, rouge-soins, succès-chanson, sélec-
tion-vacances, shopping cadeaux et shopping-
cadeaux, surface-rangement, etc., etc.

On observera, non sans profit :

1° Que chacun de ces mots peut s'écrire avec
ou sans trait d'union (voir ci-dessous : *Ponctuation, trait d'union*) ; ainsi *shopping-cadeaux* et
shopping cadeaux, examen-fenêtre et *examen
vacances* ;

2° Que l'ordre des mots est presque toujours
interchangeable, comme l'indiquent les exemples : *confort-fraîcheur*, qui se dirait aussi bien
fraîcheur-confort, ou *chanson-succès*, qui pourrait
fort bien doubler *succès-chanson* ;

3° Que rien, le plus souvent, ne permet de
préciser le rapport logique des deux mots
accolés, encore que parfois on puisse supposer,
que fidèle à la composition allemande et anglo-
saxonne, le sabir ait tendance à antéposer le
complément : *actualité-enquêtes* pouvant signifier enquêtes *d'*actualité, ou *sur* l'actualité ; à
l'*élégance-soleil* s'oppose le *pluie-confort*, confort
par temps de pluie. Malheureusement, un certain
nombre de mots ainsi composés gardent l'ordre
des mots en français et se bornent à supprimer la
préposition ou les mots qui exprimeraient en
clair le rapport logique : *messages-vacances*, en
français : messages de vacances ; *guide raisin*
signifiant guide *pour* la consommation du raisin,
soit au naturel, soit en jus ;

4° Que, par une innovation heureuse, les mots
sabiralement composés n'ont parfois aucun rap-

port logiquement décelable : *équation manteau* paraît en ce sens un chef-d'œuvre ;

5° Que, fidèle au système de composition par scissiparité et agglutination hétérogène, la composition par gémellation et juxtaposition aime à combiner un élément anglo-saxon et un élément français : *shopping-cadeaux, réseau Jet, relax-tilleul, expulse-sport service.*

Parmi les plus méritoires créations de ce type, honorons d'une mention particulière l'*Orly-system* (système bien français, qui bénéficie à la fois : 1° de la valeur *magic* de l'*y*; 2° de la composition sabirale avec antéposition du complément ; 3° de l'hétérogénéité anglo-française, *Orly* était un mot français, et *system* un terme anglo-saxon), ou encore la composition sabirale en trois temps du type : *problèmes équipement-vacances*, ou *problèmes-équipement vacances*, ou *problèmes-équipement-vacances* ; enfin, et surtout, la composition par juxtaposition à trois temps combinée avec la composition par scissiparité et agglutination homogène ou bien hétérogène : *Bloc-constats-accidautos* (ingénieusement abrégé en *B.C.A.*).

Exercices :

1) *Selon le modèle chocolat + rêve qui pourrait donner, outre chocorêve : chove, récho, lave, etc., composer par scissiparité et agglutination homogène le plus grand nombre possible de mots-valises sabiraux à partir de :*

un chapeau de paille d'Italie.
(*Soit : hôtel de ville : vitel, hoville, telvil, elle*, etc.)

2) *Selon le modèle hippel, minicar, composer par
scissiparité et agglutination hétérogène autant que
possible de mots-valises sabiraux à partir de :*

    manpowerisation et industrialisation — city-
shopping-center et visite.

(*Exemple : pick-pocket* et *arrestation*, qui donnent : *pickpockar*, ou *pickpocktion*, ou *pickpocksta-
tion*, ou *pickpockarrest*, ou *pickarrest*, ou *picksta-
tion*, ou *picktation*, ou *picktion*, ou *pickar*, dont on
louera la brièveté.)

3) *Sur B.C.A. qui signifie en sabir le bloc-
constats-accidautos, composer tous les mots possibles du même type, qui combinent la composition
par juxtaposition et quelques variétés de composition par scissiparité et agglutination homogène ou
hétérogène :*
(*Exemples : bloc-constats-accidavion, bloc-cons-
tat-accimoto, bloc-constats-accydravion, bloc-
constat-adultère* [*bloc-constadultère*], *base-
contrôle-avions, baby-confort-avion,* etc.)

Des substantifs magic.

Le sabir, qui dispose de deux lettres *magic* : *k* et
y, et d'un suffixe *magic*, *-rama*, jouit dès maintenant de plusieurs substantifs *magic*, dont il
convient de dire quelques mots.
scotch. — Mot *magic*. En français, mais *sans
aucune valeur magique*, ce mot signifie écossais.

Demandez à un ami : « un Bourbon ou un Écossais ? » ; par bonheur, il ne vous comprendra point. Si, par malheur, il vous comprenait, il aurait sujet de vous mépriser : *magiquement*, un *scotch* est sans commune mesure avec un *écossais*. Comme d'autre part Minnesota de France fabrique les rubans adhésifs *scotch*, qui bénéficient du prestige des *whiskies scotch*, et que les usines européennes n'ont commencé que tout dernièrement à fabriquer des rubans adhésifs : *rubafix* ou *tesa*, capables de concurrencer la production américaine, le mot *scotch* a doublé sa valeur *magic*. Voyez du reste *L'Express*, 21 décembre 1961 : « J'entrepris de fixer les bouquets de houx sur les portes. Avec des nœuds de satin rouge. — Maman, comment vas-tu les faire tenir ? — Mais avec du scotch ! » Ou encore Simone de Beauvoir dans *Le Monde* du 3 juin 1960 : « On lui fixa des électrodes au bout des seins avec du papier collant Scotch. »

Désormais, non seulement un alcool et un ruban adhésif bénéficient de ce caractère *magic* du substantif *scotch*, mais la bière, l'eau, les tampons à récurer ont compris la puissance merveilleuse de *scotch* : le *scotch* est désormais une eau qui accompagne le scotch ; on boira donc bientôt du *scotch* au *scotch* ; comme il existe une bière Véga-*scotch*, on pourra demander bientôt, dans nos cafés : « Garçon, une scotch, un scotch et du scotch pour scotcher une enveloppe qui ferme mal. » Enfin, telle est la valeur de *scotch* que le tampon à récurer *scotch brite* « dure dix fois plus » ; c'est la publicité qui le dit, et l'on sait qu'elle ne ment jamais. Par quelle négligence, qui confine à l'aberration, se trouve-t-il encore des commerçants pour vendre de l'*écossais* ? Étant donné la vogue des *plaids* et des *tartans*, n'importe quel *scotch* se vendrait beaucoup plus cher que du tissu écossais. Je ne vends pas l'idée ; je la donne, par dévotion au sabir atlantic.

RELAXATION. — « Le problème de la « détente » (de la « relaxation » comme disent les Anglo-Saxons et les gens à la page) est au centre du problème de la survie. » (*Candide*, 29 mars-5 avril 1962.) Le Dr Sournia aura beau prétendre que la relaxation n'est rien d'autre que la détente, et M. Étiemble nous opposer un vers de Molière :

> *L'esprit veut du relâche et succombe parfois*
> *Par trop d'attachement aux sérieux emplois*

il est patent que, magiquement, la *détente*, ou le *relâche*, n'ont rien, mais rien à voir avec la relaxation, sport jeune, sport nouvelle vague, sport new look, qui s'exprime sabiralement par toutes sortes de mots bénéficiant de la valeur *magic* de *relaxation*. Essayez donc de vendre un *fauteuil de détente*, ou de *relâche* ! mais baptisez-le *rocking-chair de relaxation*, aussitôt on se l'arrachera. Le seul inconvénient de *relaxation*, c'est que, selon Piéron (*Vocabulaire de la psychologie*), il s'agit d'un mot français ancien qui signifie *relâchement* et qui fut repris de l'anglais. Comme d'autre part, du fait de sa valeur *magic*, il avait été « galvaudé, paraît-il, par les marchands de disques, de fauteuils et les instituts de beauté » (*L'Express*, 13 août 1959), il s'est heureusement abrégé en *relaxe* (masculin ou féminin) et en *relax*.

Depuis lors, sous ces formes syncopées, il a pris un puissant essor : si, dans n'importe quel *depart- ment store* (nom sabiral des grands magasins), vous commandez un *relax*, ou un *rilax*, on vous offrira une chaise, un sommier, un fauteuil, des chaussures, du café, un appareil à transistors qui vous permet d'entendre votre téléphone en haut-parleur, etc.

Telle en vérité la puissance *magic* de *relaxation*, et de *relax* ou *relaxe*, que ce substantif a déjà donné par dérivation sabirale (simple ou com- plexe) toutes sortes de mots intéressants : des *relaxants*, des *relaxeurs*, des *relaxators*, des *relax boots*, des *relax-tabs*, etc., sans parler de l'adjectif et de l'adverbe *relax*, *relaxe*, *rilax*, et du verbe *relaxer*.

Exercices récapitulatifs sur le nom :

1) *Donner toutes les prononciations, toutes les accentuations et tous les pluriels possibles des mots sabiraux suivants :*

> cow-boy, — team-tag-match — starting-block — swingman — self-made-woman.

2) *Sur le principe de scissiparité et agglutination homogène* (*hôtel de passe* = pastel ; *bordereau d'hô- tel* = bordel), *composer vingt mots-valises sabiraux et savoureux.*

3) *Rechercher les mots sabiraux commençant par la lettre* s *et qui, prospectivement, ont valeur magic ; en faire l'étude sommaire.*

4) *Sur le modèle pressing, renoving, composer à partir des verbes suivants des substantifs en -ing, et dire quel ou quels substantifs français ils doivent désormais remplacer (exemple : bouffer donnera le* bouffing, *au lieu de la bouffe) :*

puer — suer — muer — tuer — ruer — entrer — gaffer — gonfler — gifler — duper — tromper — roter.

5) *Établir la liste de tous les substantifs du sabir atlantic qui peuvent et donc doivent se terminer en -ing et en -rama.*

6) *Résoudre l'expression :*

« L'équation manteau. »

7) *Répondre sabiralement à cette question d'un grand hebdomadaire :*

« Avez-vous fait l'épreuve-salade ? »

8) *Traduire en français les expressions sabirales ci-dessous, attestées dans les comics de nos teens et teenettes :*

Super-boy survole le motel — Europressjunior communique — j'appartiens au Club S.L. auto-flash — à bord de son pédajet — les texas-rangers font irruption dans les chambres rustiques des Sheriff's office — chaque radeau est monté par un équipage de six raftmen — Les space-nefs font du space-sport — le cow-puncher préparait son

breakfast au barbecue — quelques décès par
crackifications — l'uppercut du rancher ploya le
comingman — en sweater au far-west !

9) *Traduire en sabir atlantic :*

Le Magasin pittoresque — il se repose, il se détend
— *Idée sur le roman* — *Vues générales sur les
fonctions fuchsiennes.*

10) *Traduire en français :*

train-pantalon — auto-jupe — scooter-coat.

LES PRONOMS PERSONNELS

Reine du monde libre, du monde de la libre
entreprise, la publicité, support principal de
cette langue jeune, de cette langue nouvelle
vague, de cette langue new look qu'est le sabir, a
fort bien compris qu'il n'y a de publicité payante
que celle qui personnalise l'individu inconnu en
client, en acheteur éventuel.
Elle a donc transfiguré deux pronoms, sans
valeur en français, celui de la première personne
du singulier, et celui de la seconde personne du
pluriel. Chacun obtient du coup l'importance
qu'avait su se décerner Arthur Rimbaud : *Miracle
de cet être-ci : moi !*
Comme enfin le sabir atlantic ne l'emportera
sur le français que grâce aux teen agers, le
pronom de la première personne du singulier

accuse le caractère jeune, vraiment baby, de cette langue. En effet, voyez les poupées qui s'annoncent dans les magasins, pour une affichette du genre : « Je m'appelle Maryse », ou « Mylène », ou « Ghyslène ». *Marabout-Flash*, collection sabirale à souhait, propose des titres qui préfigurent prospectivement l'avenir du pronom *je* : *Je cuisine vite, Je nettoie tout, J'élève mon chat, Je me maquille, Je connais tous les vins, Je conduis mieux*. En un siècle où il importe, sous peine de mort, de penser comme tout le monde, de s'habiller comme tout le monde (*Faites comme tout le monde : Lisez France-Soir ; Faites comme tout le monde, Mademoiselle, utilisez une fermeture Éclair*), la valorisation du pronom de la première personne du singulier était *impérative*, comme dit fortement le sabir (alors que le français dit mollement : *nécessaire, indispensable, inéluctable, fatale*, ou encore : *s'imposait*).

Les spécialistes US du marketing ont depuis longtemps compris que, pour vendre à un particulier un produit standard tiré à des millions d'exemplaires, il faut que le vendeur valorise le pronom de la seconde personne et, ce faisant, personnalise l'acheteur du point de vue du vendeur : *English is good for you*. C'est pourquoi un journal soucieux de beauté, de produits de beauté, doit s'appeler *Votre Beauté* ; une rubrique publicitaire de *Marie-France* s'intitulera donc *Choisi pour vous*. « Waterman a créé, spécialement pour vous, la plus grande cartouche du monde. »

En personnalisant, par l'emploi systématique du *je* et du *vous*, chacun des objets identiques jetés sur le marché, le sabir atlantic contribue, et non médiocrement, à rendre au monde actuel, robotisé qu'il est, nivelé, bulldozerisé, le « supplément d'âme » qui lui manque en français.

Corollaire :

Les adjectifs possessifs de la première et de la seconde personne acquièrent du coup, en sabir, une valeur *personnalisante* qui leur manque en français. C'est ainsi qu'on dira en sabir : *sur vos mesures*, alors que le français disait : *sur mesures*.

Exercice :

Traduire en sabir atlantic et personnaliser les pronoms personnels ou les adjectifs possessifs :

C'est mon homme ! — Ma pomme — Beauté, mon beau souci — Notre Père qui êtes aux cieux — Mon Légionnaire — Tristesse d'Olympio — Je suis le ténébreux, le veuf, l'inconsolé — Mon âme est une infante en robe de parade — Je suis un cimetière abhorré de la lune — Mon âme est un trois-mâts cherchant son Icarie — Mon Dieu, mon Dieu, pourquoi m'avez-vous abandonné ? — Morceaux choisis — Poèmes choisis — Veuillez agréer, Monsieur, l'assurance de mes sentiments choisis —

Vous êtes si jolie,
O mon bel ange blond,
Que ma lèvre amoureuse,

> *En baisant votre front,*
> *Semble perdre la vie !*
> *Ma jeunesse, mon luth*
> *Et mes rêves ailés,*
> *Mes seuls trésors hélas,*
> *Je les mets à vos pieds.*
> *Vous êtes si jolie ! —*
>
> *J'suis ta nénesse,*
> *Je suis ta gonzesse,*
> *Tu es mon Julot. —*

J'ai versé cette goutte de sang pour toi — La bise de Grignan me fait mal à votre poitrine (Madame de Sévigné) — Car celui-ci est mon fils bien-aimé en qui j'ai mis toute mes complaisances —

> *Oui, oui ! c'est mon amant,*
> *Quand je le vois, j'ai le cœur bien aise !*
> *Oui, oui ! c'est mon amant,*
> *Quand je le vois, j'ai le cœur content !*
> *Quand je le vois, j'ai le cœur content !*

L'ARTICLE

1) Conformément à la théorie du substantif en sabir, l'article masculin singulier *le* et l'article féminin singulier *la* sont très souvent interchangeables, le genre des substantifs tendant à varier selon que l'on pense au genre du mot anglais ou à celui du mot français. *Exemples : Le* Southside School (dans *Le Troisième Goal*) et *la* School for social Research ; *le* ou *la rocking-chair*, *le* ou *la* grouse, etc.

2) Confirmant le symbolisme politique de sa grammaire, le sabir pose en principe, selon l'usage anglais, américain et allemand, que l'apposition est signalée par un article indéfini. *Exemples :* Sir Winston Churchill, *a* jolly good fellow ; Mac Carthy, *a* great American patriot ; *eine* grosse Schauspielerin. Au lieu de : *Grammaire abrégée du sabir atlantique, thèse complémentaire pour le doctorat d'État*, on dira donc en sabir : *Grammaire digest du sabir atlantic, une thèse complémentaire.* Au lieu de : *Le sabir atlantique, essai de langue dernier cri*, on traduira : *Le sabir atlantic, un essai de langue new look.* Ainsi : « Fumer la pipe, un art masculin ; écrivez à Tabac Clan » ; *Les poésies de Blondel de Nesle, une étude du lexique ; Cinq colonnes à la une, une émission de P. Lazareff.*

3) Par une façon de compensation, alors que le sabir atlantic exige l'article *indéfini* devant le substantif en apposition — *une* innovation qui nous change heureusement du français —, il supprime l'article *défini* dans plus d'un cas où le français l'exigerait : « Avez-vous déjà entendu parler de Target Zero ? », « Il faut que j'avertisse Señor Uno », etc.

La syntaxe de la publicité a déjà compris que, sabiralement parlant, l'article ne paie pas ; il n'est donc pas valable. On dira désormais : *après-shampooing, après-vente, anti-pluie de poche, anti-taches*, alors que le français s'attarde à écrire *contre les taches*, etc.

On peut donc espérer voir bientôt disparaître en sabir cet accessoire inutile, qui n'a rien d'un gadget new look : l'article.

Exercice :

Traduire en sabir les appositions suivantes :

Paris, reine du monde — Paris, capitale de la
France — Dieu, être suprême —
Rome, l'unique objet de mon ressentiment (Cor-
neille).

L'ADJECTIF

I. MORPHOLOGIE

1) Du point de vue morphologique, le fait
dominant est sans doute la substitution à la
désinence *-ique* d'une désinence sabirale en *-ic*.
Non seulement toutes les salles parisiennes de
cinéma ont suivi la nouvelle vague, le new look,
et portent comme enseigne : Artistic, Atlantic,
Atomic, Celtic, Magic, Majestic, Olympic, Pacific,
mais on peut tenir que le jour est proche où la
désinence *-ic* aura complètement éliminé la désinence *-ique*. Tout le monde boit de la *tonic*-water,
porte la ceinture *anatomic*, utilise une glacière
frimatic, se rase au *rollectric* ou au *lektronic*, porte
des créations *nautic*, utilise une huile visco-*static*,
joue de la guitare *supersonic*, couche sur une
literie *micromatic*, adopte l'allure *dynamic*, etc.
Le prestige des objets auto*matiques* explique
aussi que, parmi les adjectifs sabiraux en *-ic*,

ceux qui se terminent en -*matic* progressent très
rapidement, si rapidement qu'on peut leur attribuer la valeur *magic* dont sont affectées les
lettres *k* et *y*, le suffixe -*rama*, les mots *scotch*,
relax et *relaxe*, etc. Parmi les adjectifs *magic* en
-*matic*, notons seulement, à titre d'information :
aquamatic, baby-matic, conformatic, la montre
daymatic, la caméra B 8-duamatic, l'essuimatic,
la caméra instamatic, la bille crayomatic, la tête
giromatic, la technique mascaramatic, la lentille
metermatic, l'ensemble odonmatic, la technique
memo-matic ou plimatic, la boucle reglomatic, la
Chambord rushmatic et le Rojanet Top'matic, où
l'apostrophe ajoute un caractère sabiral (voir
Ponctuation, l'apostrophe).

Une autre désinence de l'adjectif aspire au
caractère *magic* et pourrait fort bien l'obtenir :
-*omatic, o-matic* ou -*o'matic*. Exemples : le rasoir
Pal injectomatic, la brosse magique novelta-o-
matic, l'embarcation Shark-o-matic qui doit
avoir adopté cette valeur *magic* pour détourner
les requins (*sharks*).

Mention spéciale pour « le bar Otomatic »
d'Alger, qui avait su rénover le préfixe *auto* en le
confondant ingénieusement avec le grec *oto*
(oreille), qu'on retrouve dans ce joli mot : *otorhi-
nolaryngologie*. Pierre Lagaillarde et Ortiz l'hono-
raient de leur présence.

Signalons enfin une tendance timide encore,
mais heureuse, qui consiste à amputer de la
première syllabe, quand elle n'est pas prononcée en anglais, les adjectifs de ce type : *lectric
shave* (au lieu de : *electric*), *lektronic* (au lieu de :
electronic).

La présence du *k* dans *lektronic* nous invite à mentionner l'initiative de certains pionniers. Poussant à son extrême conséquence la morphologie générale du sabir, ils ont proposé de modifier en *-ik*, *-matik* et *-o-matik les désinences en -ic*, et *-o-matic*. L'*Indian Tonic* un jour paraîtra démodé si le costume *Tonik* l'emporte sur les costumes qui ne sont que *tonic*, et si la coiffure *Attik* de Rebe (voilette avec perlage cristal et rose de satin rouge) efface le souvenir du sel *attique* et même du sel *attic*.

Vœux :

Pourquoi ne pas faire bénéficier la désinence par excellence *magic* de l'appoint que ne manquerait pas de lui apporter l'*y* au lieu du *i* ? La prospective commande de l'espérer : l'avenir sera *tonyk* ou ne sera pas.

Certains puristes m'ayant fait remarquer que la finale ou séquence *-ck* ayant sabiralement valeur plus efficace encore que la finale *-k* — toute *magic* que soit celle-ci (ainsi Vladivosto*ck* pour Vladivosto*k*) —, il serait opportun de prendre modèle sur le vers de Laurent Tailhade :

> *Hélas, et je manque de mise*
> *Pour bluffer au* pocker *le soir.*

Le poète y manifeste que la séquence *-ck* lui semble plus magicienne encore que sa seule consonne *-k* (cf. air-wi*ck*). Dès lors ne pourrait-on former un second vœu :

Pour mettre en pleine valeur les désinences *magic ic*, *-matic*, *-o-matic* et autres, apparentées morphologiquement, souhaitons que les usagers du sabir adoptent désormais la graphie la plus chargée de magie, celle qui remplacerait la désinence française *-ique* par la désinence sabireuse *-yck*.

(*Remarque :* On a suggéré que non seulement les adjectifs, mais les substantifs en *-ic* puissent bénéficier de cette majoration, ce qui se conçoit d'autant plus aisément qu'en sabir atlantic, en atlantyck, les substantifs sont employés souvent comme adjectifs, et vice versa.)

Exercice :

Transposer en sabir atlantic idéal, c'est-à-dire en sabir atlantyck, les mots ou expressions suivantes :

A la trique — une pointe Bic — un tic de langage — la bombe atomique — *sic* — air-wick — gin-tonic — un alambic — instamatic — ultramatic — aboule ton fric ! — sekonic dualmatic — un joyeux loustic — mystique.

2) L'autre fait qui domine la morphologie de l'adjectif, c'est l'emploi délibéré de sigles : un marine U.S. ; la navy U.S. ; les call-girls U.S. ; les gangsters U.S. ; ou encore le K.K.K. US ; l'US air-force ; les cover-girls US ; les marshals US. Grâce à la graphie US, de plus en plus fréquente, l'adjectif qualificatif se confond avec le pronom personnel de la première personne du pluriel en

fonction objet : « .come with *us* ! » (par malheur,
celui-ci se prononce *eusse*, et l'adjectif *uèsse*).

Sur cet illustre exemple, le sabir atlantyck a
mis au point toute une série de sigles qui jouent
le rôle d'adjectifs qualificatifs. *Exemples :* les
délégués C.G.T., C.F.T.C. et F.O. ; le voleur du
Mans était un agent O.A.S. ; le crédit bj ; les
drapeaux OAS ; les maires U.N.R. (sur lequel on a
construit un adjectif *zuénère*) ; les journalistes
R.T.F. ; la seconde chaîne T.V. ; le Gibbs S.R. (non
pas service de renseignements, mais super-rafraî-
chissant) ; le Bar B.Q., etc.

GENRE ET NOMBRE DES ADJECTIFS QUALIFICATIFS

Les lois de la morphologie sabirale nous orientent vers celles qui régissent le genre et le nombre
des adjectifs qualificatifs. L'adjectif le plus pres-
tigieux de tous, *U.S.* ou *US*, étant invariable, ne
pouvait pas ne pas agir par son exemple spécifique.

Dès maintenant, on peut poser en règles :

a) Les adjectifs qualificatifs sigleux (OAS,
UNR, TV) sont invariables, sur le modèle de US.

b) Les adjectifs en *-ic*, *-matic* et *-o-matic* ont
tendance à devenir invariables.

c) Un fort pourcentage des substantifs composés selon la règle de gémellation ou de juxtaposition ayant fonction d'adjectifs qualificatifs (le
stick *double-fraîcheur*, l'assurance *sécurité-santé*),
ces expressions, évidemment invariables, jouent
le rôle d'adjectifs.

Enfin, la plupart des adjectifs de couleur étant anglo-saxons en sabir atlantyck : Romany red, African violet, mandarin orange, black, pink, rosy, blue, ils agissent eux aussi, invariables qu'ils sont, sur la morphologie prospective de l'adjectif sabiral.

Il en résulte un juste mépris du sabir pour les variations de l'adjectif selon le genre et le nombre. On dira donc, pour parler correctement : « tous les Korrigan junior » ; les « sweaters junior Crylor » ; « Manby vous présente cette saison une mode junior », « une jupe culotte très bermuda ».

Mais comme le sabir atlantyck est une langue jeune, une langue nouvelle vague, une langue new look, il n'hésite pas à conférer le *-s* du pluriel aux adjectifs anglais, théoriquement invariables, quand ils sont employés sabireusement. On lira donc : des *hots*-dogs (quartier latin), des gangsters « groggies » (*Le Parisien libéré*, 27 juillet 1963), des crédits *swaps*, les chapeaux *gags*, les tailles *standards* et, par conséquent, dans *Le Monde* (14 juillet 1963) : « les journalistes ouest-allemand ».

CE FAISANT, LE SABIR S'ALIGNE SUR CETTE LIGNE QUE NOUS AVONS DÉJÀ SOULIGNÉE DANS LE CHAPITRE QUI TRAITAIT DU SUBSTANTIF. IL SE PLACE DÉLIBÉRÉMENT SOUS LE SIGNE ET DANS LE CADRE DE LA LIBERTÉ, CAR, NE L'OUBLIONS PAS, LE SABIR ATLANTYCK, C'EST LA LANGUE DU CAMP DE LA LIBERTÉ, CELUI DE FRANCO, DE SALAZAR, DE TCHIANG KAI-CHEK.

Exercices destinés aux lecteurs femelles (female readers) :

1) *Définir en quatre mots français (au maximum) la nuance exacte du fard que vous choisirez sur la liste suivante, établie d'après deux sabiraux catalogues :*

African Violet — Beige Tone — Bimini Coral — Black — Black Pearl — BocaBoca Red — Brown — Cape Canteloupe — Castilian Gold — Cracker-jack — Darling Red — Doll Pink — Exotic — French Blue — Gold Peach — Gold Rose — Gold Tan Etrusque — Golden Cognac — Green — Hot Red — Mango Pink — Morning Pink — N. Y. Pink — Palmy Pink — Paris Red — Peachbloom — Pink Flare — Port-au-Pink — Romany Red — Rosewood — Teahouse Rose — Tender Pink — Turkish Coffee — Velvet Red.

2) *Traduire en sabir atlantyck les noms suivants de couleur :*

Azalée — azur — aubépine — clair soleil — ciel — ambre nacré — capucine — coq de roche — cuisse de nymphe émue — dahlia — romarin — réséda — rose — rose franc — rose cendré — turquoise.

FORMATION DES ADJECTIFS RELATIFS À LA GÉOGRAPHIE PHYSIQUE ET POLITIQUE

Le français disait : l'Afrique occidentale, et même l'Afrique occidentale française, l'Afrique orientale anglaise, le sud-est de l'Afrique, l'Afrique française du Nord, mais : le nord de l'Espagne, le sud de l'Espagne, le sud-est de l'Afrique, le nord de la Syrie, le sud de la Syrie, distinguait l'Allemagne de l'Ouest de l'ouest de l'Allemagne, et l'Allemagne de l'Est de l'est de l'Allemagne, la Corée du Nord et la Corée du Sud étant pour lui tout autre chose que le nord de la Corée et le sud de la Corée. Par *nord de la Corée, sud de la Corée*, on désigne, en géographie physique, la portion de la presqu'île de Corée qui se trouve au nord, en gros, ou au sud, en gros, de cette presqu'île, et ainsi pour le nord, le sud, l'est ou l'ouest d'une nation. En géographie politique, on appelle *Corée du Nord*, *Corée du Sud* deux États, politiquement divisés par certain parallèle, au nord duquel prévaut le communisme, au sud duquel gouvernent les États-Unis.

Langue jeune, langue nouvelle vague, langue new look, le sabir atlantyck a changé tout cela. Il parle du Sud-Cameroun, il étudie les populations païennes du Nord-Cameroun, l'évolution sociale des montagnards du Nord-Indochine. Dans ces complexes, c'est le point cardinal qui détermine le genre, de sorte que tous les noms de pays, qu'ils soient masculins ou féminins, deviennent alors masculins. Le Nord-Corée, le Nord-Cameroun, le Nord-Laos, le Nord-Indochine peuvent désigner à la fois une notion de géographie physique et une situation politique, même et surtout si elles ne coïncident pas : langue jeune, langue nouvelle vague, langue new look, le sabir atlantyck se devait de confondre ce que, dans sa manie analysante, le français s'obstinait à sotte-

ment distinguer. Sur le modèle de l'*Est-Sud afri-
cain* (*Le Figaro littéraire*, 27 février 1960), peut-on
espérer entendre bientôt parler sabiralement de
l'*Est-Sud français* et de l'*Ouest-Nord français*, qui
remplaceraient avantageusement le sud-est et le
nord-ouest de la France (avec la majuscule de
rigueur en anglais pour les points cardinaux).
Puisqu'on parle des montagnards du Nord-Indochine, il est navrant de lire : « Les mineurs du
Nord de la France sont en grève. » Osons parler
des mineurs du Nord-France, et la question
sociale sera en grande partie résolue.

LES DEGRÉS DE COMPARAISON

Langue jeune, langue généreuse, langue prodige, langue prodigue, le sabir atlantyck considère que le degré positif de l'adjectif qualificatif a
fait son temps. Il a quelque chose de mesquin, de
sordide et d'avaricieux. Essayez donc, en 1963, de
lancer un restaurant avec pour devise « Chez
Dupont tout est bon », ou encore une marque
d'apéritif en jouant sur les mots « Dubo, Dubon,
Dubonnet ! » On vous rira au nez, à juste titre. En
sabir atlantyck, tout est *mieux*, ou *le meilleur* ;
mais ici, une capitale remarque est impérative.
En français, il existe trois degrés de l'adjectif
qualificatif : le positif, le comparatif, le superlatif, celui-ci subdivisé en superlatif relatif et
superlatif absolu. Non content d'avoir aboli le
degré positif, le sabir atlantyck estime que le
comparatif vaut mieux et plus que le superlatif.

En effet, si vous prétendez qu'une cigarette, un tissu, un relaxator, un mixer sont *très bons*, superlatif absolu, vous ne dites pas qu'ils soient les meilleurs du monde ; mais quand vous affirmez d'une marchandise quelconque qu'elle est mieux, comme vous vous gardez scrupuleusement de préciser : *mieux que ceci*, ou *que cela*, vous signifiez implicitement qu'elle est meilleure que tout, y compris le *très bon*, et que *le meilleur du monde*.

En conséquence, le sabir atlantyck considère qu'il n'existe, dans une perspective prospective, que deux degrés de l'adjectif qualificatif : le superlatif, degré équivalent au positif du français, et le comparatif, qui absorbe toutes les valeurs du superlatif, et pour ainsi dire les transcende.

Lorsque l'adjectif positif est employé en sabir atlantyck, il convient de le revigorer, de lui restituer son sens au moyen de l'adverbe *vraiment*, souligné de préférence. Exemples : *vraiment* blanc, *vraiment* économique. On écrira donc en sabir : à dire *vraiment* vrai ; pour de *vraiment* vrai ; il est *vraiment* vrai que, etc.

Le superlatif relatif est la forme courante de l'appréciation, surtout quand il est suivi de l'expression *du monde*. En vertu de l'adage américain que tout ce qui est US est « le plus quelque chose *in the world* », Waterman propose « la plus grande cartouche du monde », le slip-nylon hélios devient : « le plus parfait du monde », votre bébé « le plus beau baby du monde » et Maurois « l'écrivain français le plus traduit du monde » (*Paris-Match*, 21-28 août 1954). Encore

que la compagnie Air France prétende utiliser
« les deux meilleurs jets sur le plus grand réseau
du monde », et que nulle autre jusqu'ici n'ait
contesté ce superlatif, toute compagnie aérienne
peut se dire « la plus expérimentée du monde »,
toute marque de cigarettes, pour la même raison,
sera « la meilleure du monde » pour la gorge et le
cancer. Bref, grâce à l'adjonction de *du monde*,
tout superlatif relatif devient un superlatif
absolu. Le superlatif *le plus total* offre un autre
ingénieux superlatif relatif absolu.

Le sabir possède néanmoins un superlatif
absolu, signalé le plus souvent par le préfixe
super-, qui valorise tant de substantifs. Quand on
parle des *super-grands*, par exemple, pour désigner les États-Unis et l'Union soviétique, il s'agit
d'un adjectif superlatif employé substantive-
ment. *Super-familial* et *super-économique* vont de
soi ; mais le sabir innove audacieusement quand
il porte au degré superlatif, grâce à ce préfixe, des
adjectifs qui, autrement, ne l'admettraient pas :
super-hermétique, *super-permanent*, *super-central*,
super-total.

Remarque :

En créant *supérette*, c'est-à-dire en combinant
le préfixe du superlatif absolu et le suffixe par
excellence diminutif, le sabir défriche une voie
neuve, déjà frayée à Chicago : « Le plus grand
petit théâtre ».

Exercices :

Porter au superlatif absolu les adjectifs français soulignés ; leur attribuer ainsi une valeur sabirale :

> École normale *supérieure* — Le Père *éternel* — Un nombre *infini* est-il pair ou impair ? — Un ovaire *supère* — « Entre nous, ce sont choses que j'ai toujours vues de singulier accord, les opinions *supercélestes* et les mœurs *souterraines* » (Montaigne) — « La langue française n'aime point les exagérations, parce qu'elles altèrent la vérité ; et c'est pour cela sans doute qu'elle n'a point de ces termes qu'on appelle *superlatifs*, non plus que la langue hébraïque » (Le P. Bouhours).

En dépit du précédent US, il faut reconnaître que l'expression du superlatif est devenue en sabir de plus en plus difficile, car les clients le sont de plus en plus. On a donc inventé d'autres formules : *100 %, total, intégral, absolu.* Encore convient-il de les multiplier pour ainsi dire l'un par l'autre. Nyl-neige sera *total* lui (ou elle) aussi ; l'automaticité sera évidemment *absolue* ; mieux vaudra pourtant, comme PYL, se dire *100 % actif efficacité totale,* ou garantir une *vraie garantie totale.*

Devant cette difficulté d'exprimer le superlatif, qui s'use à une rapidité vraiment 100 % totale — à preuve cette publicité dans le métro de Paris : « le lait instantané *le plus rapide* » (il faut avouer qu'il est malaisé de porter au superlatif la notion d'*instantané*) —, le sabir atlantyck a décidé judicieusement d'utiliser de préférence à cette fin le degré comparatif, à cause de ce vague précisément de la notion qu'il comporte. On dira donc, *en évitant toujours de préciser à quoi on compare* : vendre plus beau à meilleur prix ; la lampe crypton éclaire mieux et plus blanc ; une pastille pour une digestion meilleure ; voulez-vous thermocopier mieux et à meilleur marché ? pour une meilleure compréhension ; chauffez-vous mieux, dépensez moins ; les recettes pour mieux vivre de la femme à la page ; la meilleure intelligence des problèmes actuels ; la meilleure connaissance de la criminalité.

Lorsque le comparatif précise ce à quoi il compare quelque chose, ce ne peut être qu'à *tout* : « Tide bout plus blanc que *tout* », ou, par un tour qui évoque habilement le comparatif d'une part et, de l'autre, la totalité : « *Marie-France* vous en dit *plus* sur *tout*. »

Remarquons, pour finir, que le comparatif lui-même tend à perdre de sa valeur superlative, de sorte que, sur le modèle des comparatifs renforcés ou *supercomparatifs* de la grammaire publicitaire US, le sabir atlantyck s'est forgé des *supercomparatifs* du genre : Tide get clothes *even* cleaner. Exemples : *encore* plus de confort ; Superpersil lave *encore* plus blanc (on soulignera le plus souvent possible l'élément de renfort). L'autre procédé sabiral : *l'huile Lesieur, 3 fois meilleure,* offre quelque danger car nul ni rien ne peut empêcher une marque rivale de se déclarer, et du coup de se prouver, 4, 5, ou 10 fois *meilleure*.

Le mot *mieux* tend donc à obtenir en sabir atlantyck une valeur *magic*. Témoin le fait suivant : pour l'emporter sur un café qui affichait

Bar ya bon, un astucieux concurrent de Montpellier, qui vivait porte à porte, affiha *Bar ya mieux*. Alors qu'en français *ya mieux* signifie *moins bon que ya bon*, la valeur *magic* du mot *mieux* joue en sabir, secondant le magicotropisme positif de tous ceux qui emploient cette langue jeune, cette langue nouvelle vague, cette langue new look : Supphose, bas miracle ; le jet magique de la bombe américaine spray-net ; tissus magiques ; la magie Scherk ; l'ouvre-boîte miracle ; les remèdes-miracles ; le seau à ordure électro-magic ; Silibrille 2 fois magique.

Exercices :

1) *Montrer le caractère atlantyck du comparatif sabiral en commentant le texte suivant de J.-P. Vinay et J. Darbelnet, dans leur* Stylistique comparée du français et de l'anglais :

« L'anglais [...] met l'adjectif au comparatif alors que le français le laisse au positif. [...] La réclame anglaise ou américaine fait un large usage de ces comparatifs — ou superlatifs — implicites :
— The best coffee in town.
— Stays clean longer.
— They (the cigarettes) are milder, smoother, taste better.
Évidemment, on pourrait traduire chacune de ces annonces littéralement, mais il semble plus naturel de dire sans comparatif :
— café de toute première qualité ;
— n'est pas salissant ;

— elles sont douces, n'irritent pas la gorge et
sont fort agréables au goût.
Dans la publicité française, on lit désormais :
— Reynolds c'est mieux ;
— une voiture qui fait encore plus plaisir ;
— Omo fait mieux encore qu'Omo ! »

2) *Traduire en sabir atlantyck :*

Un bon point — une mauvaise note — *Au bon
beurre* — bon à tirer — bon an mal an — le mieux
est l'ennemi du bien, et le pire, l'ennemi du mal —
c'est assez bon — c'est bon — c'est très bon — c'est
parfait — une bonne sœur — sa sœur est bonne —
le bon Dieu, ce n'est pas un mauvais diable.

3) *Classer, selon leur efficience atlantyck, les
comparatifs sabiraux suivants :*

20 % plus élastique — 40 % d'écriture en plus —
frites Végétaline 2 fois plus faciles à digérer — les
frites Lesieur, 6 fois meilleures — Charrier, 12 fois
plus pure — l'ail médicinal est 500 fois plus actif
que la plante — Spic nettoie tout 3 fois plus vite —
le stylo 303 contient 4 fois plus d'encre — tout est
meilleur (devise de Codec).

4) *Classer selon leur efficience sabirale les superlatifs atlantyck suivants :*

Cornuel, 100 % pure laine — 100 % français —
Taraflex 100 % plastique — rangez 100 % pratique — 100 % moderne — Spontex 100 % nouvelle
— Moi, je suis Prémaman à 100 % — Full Epil
épilation définitive 100 % scientifique — 100 %
pur cachemire — 100 % pur cashmere — 100 %
pur Kashmere — 100 % pure Kashmere.

II. SYNTAXE

PLACE DE L'ADJECTIF QUALIFICATIF ÉPITHÈTE

Règle générale. — Parce qu'en français l'adjectif qualificatif épithète se place généralement après le substantif qu'il qualifie, l'antéposition éventuelle de l'adjectif épithète permet au français des distinctions fâcheuses, et compliquées, du genre : un grand homme, un homme grand ; un méchant homme, un homme méchant ; une sale garce, une garce sale ; un foutu cochon, un cochon foutu. Sagement inspiré par l'usage anglo-saxon, le sabir affirme au contraire que l'adjectif épithète doit précéder le substantif qu'il qualifie. Exemples : *a nice guy, a tough guy.* Les comics destinés aux teenagers ont très bien compris cette orientation prospective. On y lit donc : « une urgente mission » (*Sidéral*) ; « ces bêtes bonshommes » (*Météor*) ; « le très moderne runabout » (*Tintin*). La publicité elle aussi fait son devoir : « Chic Bar » ; « le propre caractère [...] des dents naturelles » (*Vivodent*) ; Familial sac (blanchisserie de Saint-Omer) ; International service (*Flaminaire*). La grande presse enfin sabirise à plaisir : « l'entière population française » (Guy Mollet, *Le Figaro*, 2 juillet 1962) ; « cette hebdomadaire sollicitude » (*L'Express*, 5 juillet 1962) ; « aucun qui n'essaie, à sa personnelle façon, de refaire le monde » (*L'Express*, 17 novembre 1960). Voyez aussi : « amicale action », les « romantiques ballets ». *France-Observateur* nous présenta prospectivement, le 10 septembre 1959, « la scientifique composition de l'idéal équipage » qui devait raconter, aux U.S.A., ses « cosmiques impressions ».

Actuel est à cet égard une épithète-pilote, un adjectif témoin. Conformément à l'usage anglais : « the present administration », il n'est pour ainsi dire plus jamais placé après le substantif. On dira donc, obligatoirement : « l'actuelle situation », « l'actuelle session », « l'actuel ajournement », « l'actuel régime », « l'actuel gouvernement », « l'actuel comité central », « l'actuelle législation », « l'actuel droit canon ».

Vœu :

Que tous les actuels adjectifs suivent l'actuelle ligne de l'adjectif actuel, ligne de force à ce point irrésistible que le général de Gaulle qui, malheureusement, ne passe point pour favoriser le sabir atlantyck, a pu dire, a dû dire, pour se faire comprendre de ses auditeurs : « J'ai proposé au pays l'actuelle constitution » (20 septembre 1962).

Cas particulier de deux adjectifs qualificatifs :

Une difficulté se propose pour exprimer en sabir atlantyck les tours anglo-saxons du type : *the British supersonic jet*. Le sabir toutefois y réussit, et parfaitement, en plaçant toujours l'adjectif épithète à côté du mot qu'il ne qualifie pas. Pour traduire « le ministre norvégien des Affaires Étrangères », on dira donc, en sabir atlantyck : « le ministre des A.E. norvégien », puisque *norvégien* qualifie *ministre* et non pas *Affaires Étrangères* (sigleusement et sabiralement abrégé en A.E.) ; on dira, de même : « les constructeurs automobiles internationaux » (puisque, de toute évidence, *internationaux* qualifie *constructeurs*), et « l'avion à réaction supersonique H.P. 115 anglais » (alors que *supersonique* qualifie *avion* et non pas *réaction*) ; mieux encore : « les fards à paupières liquides » (*Marie-Claire*, avril 1960), puisque *liquides* ne s'applique probablement point à *paupières*.

C'est un des cas où l'adjectif épithète peut se placer en sabir après le substantif. Un cas analogue se produit lorsqu'il s'agit d'exprimer les tours anglais du genre : *American liberal Christian Trade-Unions*. Pour n'avoir pas encore su imposer *les Américains libéraux chrétiens syndicats*, le sabir tolère provisoirement qu'on dise et même écrive : *les syndicats chrétiens libéraux américains* ; mais on prendra grand soin d'inverser l'ordre anglo-saxon des adjectifs afin que le lecteur ou l'auditeur puisse reconstituer sans faute le schéma de la phrase originelle.

ADJECTIFS NUMÉRAUX

En sabir atlantyck, la syntaxe de l'adjectif numéral, ordinal ou cardinal, s'inspire directe-

ment de la grammaire anglo-saxonne, selon le
tableau suivant :

FRANÇAIS	ANGLAIS	SABIR
les *cent derniers* mètres	the *last hundred* yards	les *derniers cent* mètres
les *deux derniers* jours	the *last two* days	les *derniers deux* jours
les *quinze dernières* années	the *last fifteen* years	les *derniers quinze* ans
la *troisième* firme américaine	the *third greatest* U.S. firm	la *troisième plus grande* firme U.S.
la *quatrième* performance du monde	the *fourth best world* performance	la *quatrième meilleure* performance *mondiale*
le *quarantième* anniversaire de *leur* mariage	their *fortieth* wedding anniversary	*leur quarantième* anniversaire de mariage (il s'agissait du général et de Mme de Gaulle)

Ainsi de suite. « Le Trou du vent » deviendra
donc « le quatrième gouffre mondial » (où *mondial* exprime sabiralement l'expression US *in the
world*).

Exercices :

1) *Traduire en sabir atlantyck les expressions
suivantes (en mettant l'adjectif qualificatif devant le
nom) :*

Un sire triste — une tête forte — un poète méchant — un repas maigre — un homme brave — un homme grand — le clair obscur — la femme sage — l'homme prude — l'homme gentil — une canaille fière — un lapin chaud — une femme chic — un salaud beau — un succès certain — un homme seul — un homme galant — un sein blanc.

2) *Noter (de 0 à 20) une première fois à la française, une seconde fois sabiralement, ce sujet proposé en juillet 1963 à l'écrit de l'examen probatoire (ex-bachot 1re partie) ; justifier en moins de dix mots l'une et l'autre de vos notes :*

La télévision occupe une place de plus en plus importante dans la vie familiale française.
Dites ce que vous en pensez, en précisant les mérites et les dangers de ce moderne instrument d'information et de culture.

L'ADVERBE

Généralités. — Langue jeune, langue nouvelle vague, langue new look, le sabir atlantyck se devait de rénover la forme et la syntaxe de l'adverbe, comme il fait celle de l'adjectif, et d'une façon analogue. De même que, dans les expressions sabirales du type « messages-vacances », « coloris-pilote », « tabliers cuisine », les noms *vacances, pilote, cuisine* ont valeur et fonction d'adjectif qualificatif, ainsi le sabir emploie en fonction adverbiale l'adjectif du fran-

çais. Ce faisant, il s'affirme courageusement
atlantyck : en anglais et en américain, l'adjectif
s'emploie souvent tel quel en fonction adverbiale.

Exemples : « poudrez-vous transparent » ;
« habillez-vous pratique » ; « traité irrétrécis-
sable » ; « il écrit économique ».

Le sabir a su transformer en adverbe jusqu'au
substantif. *Exemples :* « pensez conserves » ;
« pensez fermeture éclair » ; « pensez qualité » ;
« pensez gaz » ; « buvez *Coca-cola* ».

Assurément, le fameux « boire frais » du français préparait le *mangez frais*, le *vivez gai* du
sabir, mais le français n'a pas mieux su tirer parti
de ce tour que de l'emploi adverbial des sigles.
Exemples : « voyagez PLM » ; « volez KLM » ;
« crashez TWA ».

Autre dominante de l'adverbe sabiral : son
caractère impérativement ou confirmatif ou
superlatif :

a) *Adverbe de valeur confirmative :*
« Castrol suractivée économise *réellement* votre
essence, permet *vraiment* des démarrages éclair,
protège *intégralement* votre moteur. » Dans ce
cas, le verbe n'acquiert son sens que par la vertu
de l'adverbe. Ou soutiendrait sans paradoxe
qu'en sabir, lorsque l'adverbe a valeur confirmative, c'est lui qui, d'un *négatif* (le verbe), développe un *positif* (le complexe *verbe + réellement*,
verbe + vraiment, etc.).

On trouverait l'analogue dans certains emplois
sabiraux de l'adjectif qualificatif, du genre :

« dose complète pour un litre », alors qu'en français *dose pour un litre* signifie *dose complète*.

b) *Adverbe de valeur superlative :*

En plus de sa valeur confirmative, *intégralement* a de toute évidence valeur superlative dans « Castrol suractivée protège *intégralement* votre moteur ». Les adverbes superlativants les plus efficaces sont aujourd'hui : *étonnamment, incroyablement, incomparablement.*

Remarque :

Notons le succès de l'adverbe *pratiquement* (déduit de l'anglais *practically*) : il a définitivement supplanté le français *quasiment, assez, à peu près, comme qui dirait,* etc.

Exercices :

1) *Remplacer l'adverbe français souligné par l'adverbe sabiral qui s'impose :*

> Il est *assez* grand pour être sage — il est *très* grand pour son âge — je vous remercie *infiniment* — Dieu est *infiniment* bon, *infiniment* aimable, *infiniment* parfait — ce dispositif est *assez* pratique — il pratique *quasiment* tous les sports.

2) *Sur le paradigme* mangez frais, buvez Coca-Cola, *traduire en sabir les expressions soulignées :*

> Vous ferez peu défaut, *mourez sans vous en faire* (B. Brecht) — Socrate fut condamné à *boire la ciguë* — Ils n'ont pas de pain ? qu'ils *mangent de la brioche.*

8

LE VERBE

Principes généraux. — Alors qu'on peut poser en
principe qu'en français une phrase était d'autant
plus belle qu'elle comportait un plus grand nombre de verbes employés à un mode personnel, le
sabir atlantyck, langue jeune, langue nouvelle
vague, langue new look, inverse la constante et
invertit cette valeur. Une phrase sabirale sera
d'autant plus sabirale qu'elle comportera moins
de verbes à un mode personnel, et plus d'infinitifs
ou de participes présents. *Exemples :* « Sevabust
(seins parfaits) formule raffermissante » ; « Dulcine, si bien assaisonnante » (en français, on
dirait : Sevabust *affermit* les seins ; Dulcine *assai-
sonne* agréablement).

Quant à l'infinitif présent actif, il s'emploie
sabireusement avec toutes sortes de sens, implicites : sur l'anglais *ready to wear*, la mode française abuse des expressions du genre : *prêt-à-
porter* (où *porter* signifie *être porté*) ; tours français,
oui, mais prodigués par esprit sabiral. *Génie, la
lessive qui lave sans bouillir* propose un infinitif
plus intéressant encore puisqu'il signifie *qu'on
ait besoin (qu'il soit nécessaire) de faire bouillir le
linge.* Admirons ici l'extrême concision du sabir !

Certains seront tentés de rapprocher cet
emploi de *poser* et de *porter* avec un sens passif de
certains participes présents du français qui ont le
sens passif : du lait *trayant* (pour : du lait qui
vient d'*être trait*). Ils auront tort car il s'agit, en

français, de vestiges désuets, stériles. Et surtout les emplois en sabir de l'infinitif et du participe ont pour fin évidente l'élimination de tous les temps et de tous les modes du verbe au profit des seules formes impersonnelles.

Cela vaut mieux, du reste, car le sabir, langue jeune, langue new look, ne peut exiger de ses fans, les teenagers et les pin-ups, les play-boys et les call-girls, qu'ils gaspillent leur précieux temps à étudier les conjugaisons des modes personnels. Quand on pense que, si l'on doit conjuguer le verbe *twister* à l'indicatif présent, on peut hésiter entre *je twist* et *je twiste*, *tu twist* et *tu twistes*, *on twist* et *on twiste*, et que le verbe *to hully-gully* commence à subir l'influence pernicieuse du français au point qu'on devait lui concéder quelques formes bâtardes dans *Elle*, le 24 juillet 1963 : « je hully-gully, tu hully-gullys, il et elle AMOUREUSE-MENT hullient-gullient » (alors que la tendance du sabir eût été de conjuguer : je, tu, il, ils hully-gully), qui n'approuverait la méfiance des fans, teens et teenettes pour les formes personnelles ?

Applications. — Dans leur *Stylistique comparée du français et de l'anglais*, J.-P. Vinay et J. Darbel-net constatent que « par contraste avec l'affinité du français pour la forme pronominale, nous constatons celle de l'anglais pour la voix passive. De ce fait, bon nombre de passifs anglais ne peuvent se rendre en français sans transposi-tion ». En effet, le passif de l'anglais se rend très souvent en français par un *verbe pronominal* ou par le pronom indéfini *on*, sujet d'un verbe actif. Soit : *He was denied the American visa* ; on dirait en français : *il se vit refuser* (ou bien : *on lui refusa*) *le visa yanqui*. La fréquence du passif en anglais s'explique en partie par ce fait qu'un verbe intransitif peut, dans cette langue, être employé passivement. Soucieux comme toujours d'imiter la grammaire anglo-saxonne afin de mieux obéir aux impératifs de la défense commune (« trouvez une expression commune et bientôt vous penserez de même », exigeait le colonel J. Ricard), le sabir atlantyck a donc renoncé aux formes pronominales du verbe, et de surcroît au gallicisme que représente l'emploi de *on*. Félicitons la presse, la radio et l'administration françaises qui n'emploient presque plus ni le *on*, ni les formes pronominales. *Exemples :* « les savants atomistes soviétiques n'étaient pas intéressés par les essais atomiques souterrains », *Le Monde*, 9 novembre 1961 (le français aurait dit : *ne s'intéressaient pas à*) ; « il a été aussi récupéré dans la vase », *France-Soir*, 21-22 avril 1963 (en français : *on a également récupéré*) ; « il était demandé aux candidats d'étudier avec soin cette définition », *Le Monde*, 11 juillet 1962 (au lieu de : *on demandait aux candidats*, d'un français déjà dépassé) ; « la direction de l'hôpital Saint-Louis a déclaré à la police qu'il avait été dérobé », *Le Monde*, 29-30 janvier 1961 ; « il est conseillé également de ne vacciner qu'avec les plus grandes précautions », *France-Soir*, 10 mars 1962 ; « a été particulièrement remarquée une robe de lainage citrouille », *Le Monde*, 21 juin 1962 ; « ils ont emporté la décision du général Franco quand il fut montré que l'accord... », *Le Monde*, 11-12 février 1962 ; « il peut aussi y être emprunté [...] et il peut également y être acheté », *Le Monde*, 18 septembre 1962 ; « il a été créé depuis longtemps, au sein de l'administration... », *Le Monde*, 2 novembre 1961 ; « le ministère des Affaires Étrangères communique : Il est possible aux familles des ressortissants français internés en Tunisie de faire parvenir à ces derniers des nouvelles à caractère strictement familial. Il devra être utilisé à cet effet la formule réglementaire », *Le Figaro*, 19-20 août 1961 ; « ce que deviendra ce héros [...] bafoué par la vie, il est laissé au lecteur le plaisir de la découverte », *Bulletin de la nrf*, février 1961 ; « il sera procédé de manière identique dans les affaires criminelles », *Revue française de sociologie*, janvier-mars 1961 ; etc.

Si nous avons cité, outre le journal de France le plus lu, certains journaux ou périodiques qui atteignent les Français les plus cultivés, c'est pour manifester aux fans du sabir quelles sont déjà la puissance et la vogue de leur conception du verbe, et à quel point de décomposition en est enfin le système français des conjugaisons, principal obstacle à la *sabirisation intégrale*. Le gouvernement français a compris qu'il ne pouvait pas manifester plus activement son esprit atlantyck qu'en s'exprimant passivement. Ainsi : « l'ambassadeur de l'U.R.S.S. à Paris était convoqué par le ministre des Affaires Étrangères. Il lui était fait observer que le cessez-le-feu n'avait pas modifié la situation juridique de l'Algérie », *Le Monde*, 27 mars 1962 ; ou encore, ce beau doublé officiel publié par *Le Monde* du 27 octobre 1961 : « Le gouvernement est assuré que les personnels des entreprises publiques, qui ont donné bien des

preuves de leur sens de l'intérêt national et de
leur dévouement au service public, ne feront rien
qui puisse compromettre la solution d'un problème dont il n'est pas contesté qu'il est aujour-
d'hui posé. » Supposez en effet que le gouvernement ait dit, à la française : « la solution d'un
problème dont lui-même (à savoir le gouvernement) ne conteste pas qu'il se pose », cela signi-
fierait clairement et distinctement que le *gouvernement* reconnaît que la grève des services
publics pose un problème de salaires ; le tour
passif *il n'est pas contesté* ne précise nullement
que c'est le *gouvernement* qui ne conteste pas ; ce
peuvent aussi bien être les syndicats, les usagers,
qui sait qui ? Comme quoi, outre qu'il exprime
admirablement l'esprit atlantyck depuis 1945, le
passif épargne au gouvernement et à l'administration de jamais se compromettre ; le *il* de ces
passifs constitue un sujet *neutre, indéfini, abstrait,
élusif*, et par conséquent *inattaquable*.

Exercices :

   1) *Traduire en français le passif sabiral suivant :*

      « Il est beaucoup parlé du fait que la France
      rajeunit » (*Le Midi libre*).

   2) *Critiquer, du point de vue sabiral, l'analyse
   grammaticale suivante, tirée de* Rôle de plaisance,
   par Jacques Perret :

      « Presque aussitôt la décision fut prise de mettre à
      la cape. C'est à dessein que j'emploie la forme

passive qui traduit mieux le caractère unanime de cette décision. Elle n'a peut-être pas jailli à l'instant de notre bouche comme un chœur à deux voix spontanément accordées, mais cela revient au même. »

3) *Analyser les éléments sabiraux de la phrase ci-dessous, afin de montrer que le tour passif convient admirablement au contexte :*

« Il avait été promis aux monteurs de films, en février 1960, que leurs traitements seraient bientôt au même niveau que ceux des caméramen, des assistants-réalisateurs et des script-girls. » (*L'Express*, 12 juillet 1962.)

4) *Montrer en quoi le texte suivant prouve que l'emploi du passif en sabir répond aux exigences du patriotisme atlantyck, et par conséquent de la manière française de vivre :*

« La fréquence du passif en anglais [...] s'explique aussi par une attitude de la langue vis-à-vis de la réalité. Il y a une certaine objectivité anglaise qui se plaît à constater un phénomène sans l'attribuer à une cause précise, ou qui ne mentionne la cause ou l'agent qu'accessoirement. On ne peut s'empêcher d'établir un rapport entre cette construction et la répugnance des Anglo-saxons à formuler tout de suite un jugement ou même une opinion. » (Vinay et Darbelnet, *Stylistique comparée du français et de l'anglais*.)

LA PRÉPOSITION

Le français, qui perdit au cours des siècles les rares vestiges de déclinaisons qu'il avait hérités du latin, avait mis au point, pour compenser, un système complexe de prépositions, grâce auquel il exprimait aisément toutes les fonctions exprimées par les *cas* dans les langues à déclinaisons. On peut donc tenir pour acquis que le bon usage des prépositions contribuait à donner au français cette précision tatillonne qui lui valut — on se demande par quelle aberration ! — de rester longtemps la langue diplomatique de l'Europe.

Langue jeune, langue dynamique, langue nouvelle vague, langue new look, le sabir atlantyck a fort bien compris qu'il importait par conséquent de briser ce système figé, qui ne correspond plus aux exigences d'un monde fluide, d'un monde en évolution permanente, d'un monde où les incertitudes existentielles, s'ajoutant aux exigences de la politique et au libre arbitre de l'électron, démontrent péremptoirement que rien n'est plus obscur qu'une langue claire, plus imprécis qu'une syntaxe précise. Avec une obstination méritoire, le sabir a donc décidé que, chaque fois qu'une préposition française n'est pas celle qui, en anglais ou en américain, régit le complément dont il s'agit, on optera pour la préposition anglo-saxonne.

Le sabir atlantyck pose donc deux principes généraux qui gouvernent l'emploi de la préposition :

1° Autant que possible (or impossible n'est pas sabiral), on supprimera purement et simplement la préposition laissant à nos teens et teenettes toute licence d'interprétation.

On dira donc, sabiralement : un problème encombrement ; un problème rangement ; une boîte-essai ; un sachet-potage ; une chemise ville ; une station vacances ; des messages-vacances ; la mode-toile ; l'examen-fenêtre, alors que le français, diffus et méticuleux, s'égarait à écrire : l'examen *devant* la fenêtre ; la toile est *à* la mode ; les messages *de* vacances ; une station *pour* les vacances ; une chemise *de* ville ; un sachet *de* potage, ou bien à potage (selon qu'il s'agit du contenu ou du contenant, complication superflue pour nos call-girls et cover-girls) ; une boîte *d'*essai ; des difficultés *de* rangement (ou : *pour* ranger), enfin : *de* l'encombrement (ou : *du* désordre). Bref, l'idéal sera : « notre service travaux ciné ».

2° Autant que possible (or impossible n'est pas sabiral), on remplacera la préposition du français par un préfixe employé en qualité de préposition, de locution prépositive ou de substantif précédé d'une préposition. D'un produit *contre* le dérapage, ou *contre* le glissement, on fera en sabir un *produit antislip*, une *Diamantine « anti-gliss »*. Alors que le français proposait des produits à employer avant la barbe, après la barbe, ou encore : avant de se raser, après s'être rasé, le sabir, fidèle à la sensibilité atlantyck (*pre-shave*, *after-shave*), transforme en préfixes les prépositions *avant*, *après*. Ainsi : *avant-rasage, après-rasage, après-shampooing démêlateur*. Un produit français contre les odeurs déplaisantes deviendra en sabir du *contre-odeur*, etc.

3° Lorsque le sabir n'a pas réussi à supprimer la préposition ou à la réduire à la fonction de préfixe, il pose en règle absolue que toute préposition française, quand elle diffère de la préposition qu'emploierait l'anglais pour exprimer la même idée, sera remplacée en sabir par la *traduction* la plus approchée de cette préposition anglaise. On aura donc le tableau suivant :

FRANÇAIS	ANGLAIS	SABIR
sur commande } sur demande }	at request	à la demande
contrat avec	under contract	sous contrat
sur l'invitation	at s.o.'s invitation	à l'invitation
sur mesures	to measure	à vos mesures
à temps	in time	en temps
sous la main	at hand	à la main
Conseil des Relations étrangères	Council on Foreign Relations	Conseil sur les Relations extérieures
échanger contre	to change for	changer pour

« Ne quittez pas la table *avec* votre faim », titrera donc *France-Soir* le 6 juin 1962 (le français disait : « ne quittez pas la table *sur* votre faim ») : lors même que le sabir ne calque pas ses prépositions sur celles de l'anglais, il évite avec le plus grand soin la préposition française. Fût-elle étrangère à l'usage anglo-saxon, toute préposition vaut mieux que la française traditionnelle. Enfin, lorsque le français n'emploie pas de préposition et que les langues anglo-saxonnes en exigent une, le sabir, fidèle avant tout aux exigences de l'alliance atlantique, adopte la préposition anglaise : « Une conférence officielle s'ouvrirait *dans* les prochains jours », titre fort bien *Le Monde* du 2 mars 1962, alors que le français eût écrit « les jours prochains » ou, mieux, « ces jours-ci » ; mais l'anglais dirait « *within* the next few days », c'est-à-dire, en mot à mot sabiral : « dans les prochains jours ».

Notons enfin la valeur *magic*, ou pratiquement telle, de la préposition *sous* (*under*) en sabir. *Exemples :* « un appartement de haut standing s'achète *sous* la marque Residential » ; « Fumez... mais *sous* hydergine ». « Je suis *sous* contrat pour sept ans » (*under contract*) remplacera donc le français : « j'ai un contrat de sept ans avec... ». Le sabir avoue enfin un faible très puissant pour l'expression « *sous* contrôle » et ne saurait trop approuver *Le Monde* qui, sur le modèle de l'anglo-saxon *under the control of*, ou *under control*, écrivait le 2 octobre 1962 : « La situation est loin d'être sous contrôle en ce moment ». L'expression sabirale est d'autant plus satisfaisante que l'anglais *to control* a un sens très différent du français *contrôler*. Ne dit-on pas d'un homme qui se trouve sous la coupe de sa femme : « he is under the control of his wife ». Dans la mesure où elle ne veut rien dire de précis en français, l'expression « *sous* contrôle » est d'autant plus précieuse en politique atlantique : on comprend que le sabir l'ait adoptée. On peut se demander si la vogue actuelle de l'expression « sous la selle » dans les comptes rendus des courses de chevaux n'est pas un effet de cette valeur *magic* de *sous* en sabir : le français distinguait en effet du trot *attelé* le trot *monté*; on lit aujourd'hui : « jument [...] qui pourrait encore triompher tant à l'attelage que *sous la selle* » (et non plus *attelée* ou *montée*).

Remarque :

N'oublions pas de signaler ici un emploi extrêmement heureux, encore que trop rare, des locutions prépositives : « c'est *pour* et *à cause de* lui qu'elle est partie » ; « elle a donné, *grâce* et peut-être *malgré* les mathématiques, des esprits supérieurs » ; « *à cause* — ou *malgré* — ses qualités littéraires ». M. Le Bidois eut d'autant plus grand tort de condamner les tours de ce genre dans sa chronique du *Monde* (4 octobre 1961) qu'il explique judicieusement que ce sont emprunts à la syntaxe anglo-saxonne : « Je me bornerai à citer cette phrase qui semble traduite de l'anglais : *Sur le plan de la politique, le double refus de l'obsession exclusive du, et de l'indifférence au, progrès économique caractérise notre situation.* » Pourquoi diable ajouter hargneusement : « L'éminent sociologue qui a écrit cette phrase m'excusera de ne point la qualifier comme elle le mériterait », alors qu'il s'agit tout simplement d'un judicieux emprunt aux lois qui régissent en anglais le bon usage de ces locutions. On est fondé à se demander si M. Le Bidois ne serait pas un crypto-communiste.

Soucieux que nous sommes de supporter le

camp de la liberté, nous affirmons au contraire qu'il importe de généraliser cet emploi de la double locution prépositive, surtout lorsque le français le réprouve, car le sabir cette langue jeune, cette langue nouvelle vague, cette langue new look, doit se méfier des bolchevicks croulants, à la Le Bidois.

Exercices :

Apprécier sabiralement les hypothèses hérétiques ci-dessous :

« Le grand vaincu de l'américanisation du langage, c'est donc le verbe, autour duquel s'organisait autrefois la phrase française. En anglais, il n'existe souvent qu'à l'état de copule : les substantifs, les prépositions et les participes se partagent le rôle qu'il joue dans une langue analytique. [...] Ainsi privée de verbes et de mots de liaison, la phrase française perd ce souci de logique et de précision qui la caractérisait. Elle devient donc « *super concentrée, efficace et facile* » puisqu'elle est réduite au seul nom et au seul adjectif, étroitement soumis l'un à l'autre, jusqu'à ne former qu'un seul concept, jusqu'à n'exprimer plus que l'objet lui-même. » (Nelly Shklar, *L'américanisation de la publicité*, 1945-1961.)

« Je refuse de prendre part au « concours Renault Pschitt bonbons ». Je refuse de lire les *livres vacances* que me conseille *Record*. Je refuse de lui renvoyer ses « réponses Tour de France » et de participer à son « concours photo ». Ceux qui écrivent ces injures contre la syntaxe du français ont tellement perdu l'habitude d'employer des prépositions qu'ils en viennent à écrire en charabia. » (Bernard Chapeau, *L'américanisation de la presse illustrée en France.*)

L'INTERJECTION ET L'ONOMATOPÉE

Mot invariable fréquent surtout en style parlé, sans aucun rôle de liaison dans la phrase, l'interjection est parfois une onomatopée, parfois un substantif ou une expression, divertis de leur emploi ordinaire : Ah ! O ! Oh ! Hé ! Ohé ! Pst ! Aïe ! Fi ! Pouah ! Ouf ! Holà ! Hue ! Allons ! Diable ! Ciel ! Mince alors ! Fichtre ! Bah ! Hem ! Hum ! Hélas ! Ouais ! Ouille ! ouille ! ouille ! Ouais ! Vlan ! Boum ! Patatras ! Brrr ! Hourrah ! Diantre ! Palsambleu ! Morbleu ! Peste ! Bigre de bougre ! Kss kss ! Foutre ! expriment rudimentairement des sentiments élémentaires. Il y a donc un système d'interjections propre à chaque langue.

Le sabir atlantyck se devait donc de rénover le système du français. Il y a très bien réussi, comme on peut le vérifier en examinant la liste suivante des interjections qu'enseignent à nos teens et teenettes les comics qui les forment au sabir prospectif. Le *gush !* de Donald Duck a fait beaucoup de petits : a-hoo ! awrr ! gnap ! hips ! grompf ! smack ! glouck ! wwwooooooooo ! honck ! how ! hurrah ! miaaaw ! ow ! waf ! waou ! whipee ! whou ! wha ! whump ! wouf ! yeepee ! browm ! clak ! click ! clok ! clonk ! crakh ! crash !

klak ! klik ! klok ! klonk ! klop ! krak ! paw ! plak !
plash ! plink ! tok ! twang ! vlock ! vroawrr !
waaawm ! whoum ! woosh ! wroaw ! ziwww !,
autant d'onomatopées passées en interjections,
jeunes, nouvelle vague, new look.

On remarquera également que toutes ces onomatopées ou interjections du sabir se prononcent
en tenant compte de l'alphabet anglo-saxon, et
non plus de l'alphabet français. Progrès d'importance, puisque l'essentiel du vocabulaire de nos
écoliers est déjà composé d'onomatopées de ce
type. C'est dire qu'ils seront admirablement préparés à utiliser le vocabulaire général du sabir.
Voyez notamment le *click* et le *clack* qui remplacent avantageusement « *ses cliques* et ses *cla-
ques* », le *yeepee* qui prépare le teenager à prononcer correctement une *jeep*, un 3 000 mètres *stee-
ples* et surtout le *miaaaw* qui relègue enfin le
miaou au musée des langues mortes.

*Les onomatopées des comics jouent donc un rôle
décisif dans l'apprentissage du sabir.*

Vœu :

Que soient définitivement proscrites, dans les
bandes illustrées et autres ouvrages destinées
aux teenagers, les interjections et onomatopées
qui pervertissent la prononciation de nos babys,
baby, babies, teens, teenettes. A titre transitoire,
que les onomatopées survivantes du français
soient notées (comme *miaou* qui devient *miaaaw*)
en tenant compte rigoureux de la prononciation
sabirale (voir ci-dessus : *Prononciation*).

Exercices :

1) *Transcrire en orthographe sabirale les onomatopées ou interjections suivantes du français :*

Hou hou ! — Ouf ! — Coucou ! — Pipi ! — Zut !

2) *Trouver un équivalent sabiral pour les interjections françaises soulignées :*

> Après « Agésilas », *hélas !*
> Mais après « Attila », *holà !*
>   (Boileau)
> *Hé !* laissez-nous. *Euh ! euh !*
>   (Racine)
> La chair est triste, *hélas !* et j'ai lu tous les livres
>   (Mallarmé)
> *Ta ma ra boum di hé !*
> La grammaire ça me fait suer !

ABRÉVIATIONS USUELLES

Le sabir atlantyck n'a rien négligé pour faire de cette langue jeune, de cette langue nouvelle vague, de cette langue new look, un système complet, cohérent, super-total. Il a donc prévu un certain nombre d'abréviations ou de libellés sabiraux. Témoin le tableau ci-dessous, tout à fait provisoire :

FRANÇAIS	ANGLAIS	SABIR
M. Un Tel	Mr So and So	Mr. Dupont
MM. les étudiants	Messrs X & Y.	Mrs. les étudiants
Mme Une Telle	Mrs So and So	Me. ou Mrs. Durand
Mlle Une Telle	Miss So and So	Miss France, Miss Paris
X. frères	Smith Bros	Durand Bros
Aux bons soins de M. Un Tel	care of (c/o) Mr So and So	c/o Mr. Dupont
Franklin Delano Roosevelt	F.D.R.	
Pierre Mendès-France	P.M.F.	

PONCTUATION

L'art est une question de virgules, a dit voilà beau temps le poète français Léon-Paul Fargue ; fort de ce jugement éclairé, le sabir, soucieux de promouvoir une langue d'art, une langue poétique elle aussi, a élaboré une ponctuation qui lui est propre, et qui se signale par trois particularités entièrement étrangères au français :

1° *L'apostrophe.* — Alors qu'en français l'apostrophe, d'emploi discret, a pour fonction de signaler l'élision d'une voyelle, conformément à un petit nombre de règles précises (*l'*anglais, mais *le* français ; *l'*héroïne, mais *le* héros ; *l'*héroïne, mais *la* cocaïne ; *l'*Italie, mais *la* Chine), le

sabir atlantyck, généralisant l'usage de quelques
chansonniers qui, pour la rime ou le rythme,
élidaient l'*e* muet final et le remplaçaient par une
apostrophe, signale parfois la suppression de l'*e*
muet par une apostrophe qui évoque gracieusement l'usage anglais. *Exemples :* la ceinture
super-élastique *accroch* ; venez visiter *équip'hôtel
61* ; *Pièc'auto* occasion (région de Grenoble) ;
Pressing *renov'net* service (Sèvres). Une des plus
efficaces réussites de ce genre me paraît le lacet
blanc *Kin'Kas'Pah* (où le sabir utilise avec force
les lettres *magic k* et *h* en les combinant avec
l'apostrophe anglophile) ; un bon point également à *Mouss'ski* qui crée une succession vraiment nouvelle vague de consonnes : *ss'sk* (avec
emploi judicieux de la lettre *magic k*) ; un point
d'honneur à *La Chaum'inn* !

De plus, le sabir utilise volontiers l'apostrophe
pour marquer une sorte de cas possessif. Alors
que, dans *Le Voltair's*, l'apostrophe signale simultanément l'élision et le cas possessif, *Berl's* ou
Chez Loui's proposent des cas possessifs à l'état
pur ; dans le cas de *Lewi's laverie*, on peut se
demander si Lewi représente un *Lévi* ou un *Loui*-
sabirisés. Agréable ambiguïté qui, s'ajoutant à
l'apostrophe du cas possessif, compose une
enseigne extrêmement sabirale.

Plus rarement l'apostrophe indique en sabir,
mais capricieusement le pluriel. *Exemples :* les
sheriff's office, les *Jerry Lewis Fan's*.

Il arrive même au sabir de placer une apostrophe finale quand il n'y a ni élision, ni cas
possessif, simplement parce que l'apostrophe a,
en soi et *magiquement*, un caractère sabiral.

Exemples : Fleurs' Dupont (enseigne de la région parisienne) ; *Herbs'omelette.*

Enfin, pour manifester le caractère *magic* qui permet à l'apostrophe de se placer n'importe où en sabir, je citerai quelques beaux exemples, dignes de proliférer : *petit four's* ; *laverie automati'c* ; *bar Lut'tia* ; *bar j'esso'if* (dans un poste d'entretien).

A côté de l'apostrophe simple, il convient de signaler également le goût du sabir pour *O'* (qui évoque les célèbres *Discours du colonel O'Grady*). Par bonheur, on ne compte plus les cafés qui s'appellent désormais *O'Bon coin* ; signalons la blanchisserie prospective *O'Net* (boulevard de Clichy), *O'Bull* l'eau pétillante, et le restaurant *O'Cabanon.* Peut-être ces expressions gagneraient-elles toutefois en force persuasive si elles ajoutaient une apostrophe finale : *O'Bull'* et *O'Nett'* (avec la double consonne sabirale).

Exercices :

1) *Conformément à la règle :* Odette = Odett', *transposer en sabir atlantyck les mots français soulignés :*

> Il a une drôle de *binette* — Célimène est une *coquette* — il porte des chemises de *finette* et des gants de *filoselle* — en guinchant dans une *guinguette*, la *midinette* perdit sa *talonnette* — videz-moi cette *tinette* ! — il travaille en *salopette* — l'enfant de chœur portait les *burettes* — il s'est tué à la *roulette* russe — *Yvette* y est-elle ?
>
> je m' la lave dans la *cuvette*
> *dominaminette* dominamino !

fais *risette* — fais *minette* ! — fais ta *toilette* et va aux *toilettes* — quelle ravissante *voilette* ! — Dix sous les *violettes* de Parme !

2) *Transcrire en sabir atlantyck les mots ou expressions ci-dessous :*

Au secours ! — Au feu ! — Au fou ! — Au voleur ! — Au revoir ! — Au diable ! — Le coche arrive au haut (La Fontaine).

2^0 *Le trait d'union.* — Étant donné les systèmes de composition et de dérivation en sabir, le trait d'union prend une importance croissante dans les mots composés soit avec les préfixes *super-*, *self-*, *auto-* (exemples : *self-destruction*, *auto-hall*, *super-mois*, *super-jouet*), soit selon la règle *examen-fenêtre*, *appétit-tricot*, soit encore avec les suffixes *-matic*, *-o-matic* et *-rama*.

On remarquera toutefois que, langue jeune, langue nouvelle vague, langue new look, le sabir répugne à formuler des règles strictes et laisse à l'initiative des teens et teenettes le soin de mettre ou d'omettre le trait d'union. On dira donc, en excellent sabir, dans le même journal, et le même jour : *prêt à porter* et *presque-prêt-à-porter*, *messages vacances* et *messages-vacances*, *shopping cadeaux* et *shopping-cadeaux*, *auto-attentat* et *problèmes « beauté »* (exemple exemplaire en ceci, celui-ci, qu'il pose à la fois le *problème-trait-d'union* et le *problème guillemets*).

3° *Les guillemets prophylactiques.* — En français, les guillemets introduisent une citation, ou bien mettent en évidence un tour vicieux, un provincialisme, un mot étranger ; en ce sens, ce

sont des garde-fous, des panneaux avertisseurs :
ce genre de guillemets prophylactiques signifie
en effet : POISON, DANGER DE MORT POUR LA LANGUE.
En ce cas, on remplace parfois les guillemets par
l'italique. *Exemples :* « le repas était pour moi le
seul moment de *privacy* » ; « je crois donc utile,
avant tout commentaire, de définir ce mot rare :
stress » ; après la sortie de son médiocre
« remake » ; ce culte (celui des teenagers) « est
donc beaucoup [...] moins mythologisant que
celui du " star-system " ». Pour plus de sûreté,
deux précautions valant mieux qu'une, on peut
guillemeter les italiques : le « *star-system* ».

Langue jeune, langue dynamique, langue nouvelle vague, langue new look, le sabir a tôt
compris le danger de ce système. L'une des fins
du sabir était d'introduire dans ce qui fut le
français, afin de le sauver par renoving-modeling,
le plus grand nombre possible de mots et de tours
anglo-saxons (voir ci-dessous : *Stylistique*), le
sabir devait impérativement inverser la règle du
français. En conséquence, et sous peine d'indi-
gnité atlantyck, il interdit l'emploi des guillemets, des italiques, ou des guillemets et italiques
combinés, chaque fois qu'il s'agit d'un mot ou
d'un calque anglo-saxon ; en revanche, afin de
bien montrer aux teens, teenettes, play-boys,
call-girls, cover-girls et autres fans qu'il importe
d'en finir avec les idiotismes du français, ces
idioties, chaque mot trop français, chaque
expression de saveur populaire ou littéraire, chaque terme enfin qui ne figure pas sur la liste du
basic français seront obligatoirement signalés
par des guillemets ; ainsi, les lecteurs seront

prévenus d'avoir à les éviter autant que faire se
peut, en attendant la super-sabirisation intégrale
100 % pure. Par malheur, beaucoup d'écrivains
sabiraux négligent encore d'appliquer constamment cette règle majeure : on a pu lire dans le
même journal et dans le même article, le 14 août
1961 : *Seul un k.-o ; un bon ouvrier du ring*, mais
hélas ! : *Annex manque de « punch »*. Par une
coupable étourderie, le 2 décembre 1961, un
autre journal, qui écrivait correctement : *les spé-
culateurs et bâtisseurs de buildings*, lâche, hélas !
et dans le même article : *les plus puissants « buildings » de la capitale*. Cette façon d'affecter d'un
signe péjoratif d'excellents mots comme *punch* et
building est 100 % inacceptable.

En revanche, il faut louer le journaliste sabiral
qui, le 6 septembre 1961, écrivait à quelques
lignes d'écart : *par le commode procédé du flash-
back* et *il ne tardera pas à « rempiler »*. Regrettons
par conséquent que *France-Soir*, qui écrit parfaitement le 30 mai 1962 : *M. Paul Viel a tenu à
driver lui-même sa pouliche*, s'égare le 22 novembre 1961 jusqu'à guillemeter le même verbe
sabiral : *il se contentait de « driver » une demi-
douzaine de jeunes et accortes jeunes femmes*.
Regrettons surtout que ce journal, généralement
mieux ponctué, semble condamner *drugstore* les
18-19 février 1962. Il est vrai qu'il se réhabilite le
6 juillet 1963, à propos de la visite de S. M. le Roi
du Maroc *au Drugstore des Champs-Elysées* (avec
un *D* d'anoblissement).

Conformément aux règles de la ponctuation
sabirale, approuvons par conséquent sans
réserve les guillemets suivants, qui signalent des

tours français qu'il y aurait lieu de remplacer par des expressions anglo-saxonnes : *opérer dans une « atmosphère » nucléaire, les premières « morasses » du journal ; le « clou » de la réunion ; le courant nous a « drossés » sur la gauche ; pour être très « à la page » ; Limoges et Perpignan sont « de taille » ; l'équipe de France, menée à la « mi-temps » ; quatre « doublés », mais le gain du match ; 25 000 enfants sont « convoyés » de la sorte ; elle a seulement permis aux « retardataires » de terminer leur mise au point ; toutes ces robes font « jeune » ; Vaillant ne fera qu'une « bouchée » du boxeur saharien ; transporter en « pièces déta-chées » ; le tir de la « volée » ; deux « premières mains » ; la chemise « de classe » ; on est saturé de « logique »*, etc.

Autant d'exemples qui montrent à merveille que des termes aussi rares que *morasses, convoyer, drosser* ou *volée*, que des expressions aussi évidemment idiomatiques que *être le clou, être à la page, ne faire qu'une bouchée de, une première main*, ou des notions telles que *de classe* et *logique* n'ont rien à voir avec le sabir, doivent en être proscrits au plus tôt et y être signalés provisoirement, d'ici leur complète élimination, par des guillemets isolants et prophylactiques.

Lorsque tous les mots anglais et tous les cal-ques de l'anglais ne porteront plus de guillemets dans la presse, mais que tous les mots français en seront enfin affectés, et signalés de la sorte à la méfiance des teens, au mépris des teenettes, alors seulement le sabir aura vaincu. D'ici là, wait and see.

Vœu :

Se trouvera-t-il parmi nos sous-teens et nos mi-teenettes un esprit assez dévoué au sabir pour préparer un fichier qui étudie l'évolution du guillemetage entre 1945 et 1963 ? Il s'agirait de calculer, d'année en année, le pourcentage des mots anglais et des mots français guillemetés. So help us God !

Exercices :

1) *En vous inspirant de la règle sabirale pour l'emploi des guillemets, noter d'un A (parfait) ou d'un F (failure) les mots soulignés (pour ce faire, barrer la lettre qui ne convient pas) :*

Les emplacements des stations de « *poursuite* » qui ont été utilisés pour le vol de Cooper (A-F) — dispositif de *tracking* chargé de suivre le vol de la fusée (A-F) — la première catégorie de prostituées est celle des « *street-walkers* » (A-F) — l'équipage va revoir les « States » (A-F) — l'*ex-teenager* (A-F) en *short* (A-F) — les *trackers* suivent le satellite (A-F) — c'est en feuilletant un *magazine* (A-F) américain que M. Steinberg a trouvé l'idée de ses *sea-karts* (A-F) — sont-ils nombreux les « *leaders* » d'attaque de classe ? (A-F) — vous serez toujours « *au courant* » (A-F) et « *dans la note* » (A-F) — en 1952, le *gang* (A-F) de la boxe faisait la loi sur les *rings* (A-F) américains — le « *boxing-business* » (A-F) était champion du monde toutes catégories avec, à sa tête, des « *patrons* » (A-F) comme Frankie Carbon — le développement très rapide du « *know how* » (A-F) — grève des « *hôtesses* » (A-F) et *stewarts* (A-F) d'Air-France — *sweater-look* le jour... *sweaterlook* toujours (A-F).

2) *Faire la liste de tous les mots français qui, ne faisant point partie du basic français, doivent désormais être signalés dans tout texte sabiral par des guillemets prophylactiques.*

3) *Même exercice, portant cette fois sur les tours français.*

EXERCICES GÉNÉRAUX DE RÉCAPITULATION

1) *Traduire d'un seul mot sabiral l'expression suivante de Mallarmé :*

Le flot sans honneur de quelque noir mélange [...]

2) *Traduire en français le chapitre « Histoire pas drôle » sur lequel s'ouvre ce volume.*

3) *Traduire en sabir atlantyck les deux vers suivants de Racine :*

Toi qui, de Benjamin comme moi descendue,
Fus de mes premiers ans la compagne assidue.

4) *Juger, au point de vue sabiral, cette phrase
d'Henri Calet dans* Le Bouquet :

> « Il y a ceux qui parlent, qui chantent les guerres
> — les poètes — il y a les supporters des guerres,
> qui battent des mains aux bons endroits, et il y a
> ceux qui les font, qui les supportent depuis un
> temps immémorial. »

TROISIÈME SECTION

Stylistique

Les principes de la stylistique sabirale sont simples, précis, cohérents et prospectifs.

1° Chaque fois que faire se peut, le sabir contaminera un mot français du sens que porte le mot anglais qui lui ressemble; autrement dit, il considère que tous les *faux amis*, condamnés par les grammaires, les stylistiques comparées, les manuels du traducteur, sont de vrais, de très bons amis. A titre strictement indicatif, voici quelques exemples :

FRANÇAIS	ANGLAIS	SABIR
contrôler	*to control*	*contrôler*
= vérifier	= diriger	= diriger
trivial	*trivial*	*trivial*
= rebattu, commun	= futile, insignifiant	= futile, insignifiant

FRANÇAIS	ANGLAIS	SABIR
routine	*routine*	*de routine*
= procédé mécanique ou usage consacré	= service courant	= normal, ordinaire, courant
réhabilitation	*rehabilitation*	*réhabilitation*
= action de rétablir quelqu'un dans ses droits	= rééducation, réadaptation reclassement	= rééducation, reclassement réaménagement
éducation	*education*	*éducation*
= formation intellectuelle et morale	= instruction	= instruction
diète	*diet*	*diète*
= alimentation très réduite	= régime	= régime
irresponsable	*irresponsible*	*irresponsable*
= qui n'est pas responsable	= léger	= léger
éduqué	*educated*	*éduqué*
= de bonnes manières	= instruit	instruit
monnaie	*money*	*monnaie*
= menues pièces d'argent, de billon, de nickel	= argent (en général)	= argent (en général)
suite	*suite*	*suite*
= escorte d'honneur	= appartement luxueux dans un hôtel	= appartement luxueux dans un hôtel
offense	*(offence offense)*	*offense*
= injure de fait ou de parole	= délit	= délit
vice	*vice*	*vice*
= l'opposé de vertu	= débauche, prostitution	= débauche, prostitution

FRANÇAIS	ANGLAIS	SABIR
vilain = roturier	*villain* = gredin	*vilain* = gredin
approche = action de s'approcher ou d'être approché	*approach* = point de vue	*approche* = point de vue
désespéré = au désespoir	*desperate* (heed) = très grand	*désespéré* (besoin) = très grand
sévère = sans indulgence	*severe* = rude, grave	*sévère* = grave
réaliser = rendre réel	*to realize (realise)* = se rendre compte de	*réaliser* = se rendre compte de
supprimer = faire disparaître, omettre	*to suppress* = étouffer (une révolte)	*supprimer* = étouffer (une révolte)
actuellement = présentement	*actually* = en réalité	*actuellement* = en réalité
pratiquement = de façon pratique	*practically* = quasiment	*pratiquement* = quasiment
admettre = faire entrer	*to admit* = reconnaître, avouer	*admettre* = avouer (à l'exclusion de toute autre acception)

Ces quelques exemples montrent dans quel sens travaille le sabir. On compte déjà plusieurs centaines de mots français pour lesquels le transfert de sens s'est déjà effectué, ou s'effectue.

Vœu :

Que tous les mots français qui ressemblent à un mot anglais prennent (et ne prennent que) le ou les sens de ce mot en anglais.

2° Chaque fois que faire se peut, le sabir remplacera un mot français par un mot anglais de sens identique, même si ce mot ne lui ressemble en rien. Voici quelques suggestions prospectives :

FRANÇAIS	ANGLAIS	SABIR
diriger un orchestre, une délégation	*to conduct* an orchestra, a delegation	*conduire* un orchestre, une délégation
arriviste	*carrierist* = arriviste	*carriériste* (avec le sens de *arriviste*)
secte, confession (religieuse)	*denomination* = secte, confession	*dénomination* (avec le sens de *secte* ou de *confession*.)
location (de place)	*reservation* (de place)	*réservation* (avec le sens de *location*)
réacteur	*jet*	*jet* (avec le sens de *réacteur*)
ruée	*rush*	*rush* (avec le sens de *ruée*)

3° Pour favoriser les glissements de sens indiqués en 1° et 2°, le sabir atlantyck a mis au point une figure de rhétorique dont l'emploi général devrait en bonne justice être obligatoire sous astreinte : le *glissing* (l'ensemble des *glissings* formant le *glissrama* du sabir). Quelques exemples, pour éclairer l'étudiant : « Par bonds successifs, l'aéronef progressait de toit en toit entraînant avec son « guiderope » (sorte d'ancre) un chapelet de cheminées » (*France-Soir*, 30 septembre 1959) ; « la petite partie de window-crash, le lèche-carreau familial » (*Le Monde*, 26 décembre 1959) ; « Sir Gladwyn Jebb, ambassadeur de Grande-Bretagne à Paris, a un nouveau *hobby* (violon d'Ingres) » (*France-Soir*, 25 avril 1959) ; « Les derniers « gallups » (sondages) indiquent que les deux grands partis sont pratiquement à égalité » (*Ibid.*, 6 octobre 1959) ; « marqué pour la mort en expiation de deux kidnappings ou enlèvements » (*Ibid.*, 1-2 novembre 1959) ; « la « purchase-tax », c'est-à-dire la taxe à l'achat » (*Ibid.*, 21 janvier 1960) ; « Il était propriétaire de trois « saloons » (établissements à boire) » (*Le Figaro littéraire*, 12 novembre 1960) ; « il n'était pas difficile de reconnaître en eux des intellectuels, « longs hairs » (cheveux longs) comme les G. I. les appelaient avec une nuance de mépris » (*France-Soir*, 9 février 1961).

Il n'y a donc qu'à généraliser le procédé et à faire suivre désormais chaque mot anglais ou sabiral du terme français correspondant. Louons par conséquent *Fail Safe Point-limite, le roman du téléphone rouge*. Voilà un titre prospectif !

4° Chaque fois que le français exprime une idée par une image, et l'anglais ou l'américain par une autre, le sabir optera délibérément pour l'image anglaise :

FRANÇAIS	ANGLAIS	SABIR
donner libre car-rière	to give the green light (mot à mot : donner le feu vert)	donner le feu vert
laisser en ins-tance ou laisser en souffrance	to keep in the ice-box (mot à mot : gar-der à la gla-cière)	laisser à (dans) la glacière
prendre un virage	to negociate a curve (mot à mot : négocier un virage)	négocier un virage
c'est pour (à) moi (de payer)	it's on me (mot à mot : c'est sur moi)	c'est sur moi

etc.

5° Le sabir veille particulièrement à éliminer tous les idiotismes français, pour les remplacer par l'idiotisme anglo-saxon (et de préférence américain), correspondant, selon le schéma ci-dessous :

FRANÇAIS	ANGLAIS	SABIR
je m'appelle Dupont	my name is Smith	mon nom est Dupont
décliner une invi-tation	to curb an invita-tion	courber une invi-tation
de ce genre, de ce type, de la sorte, de cette nature	such a (an)	une telle invita-tion, un tel individu, etc.

FRANÇAIS	ANGLAIS	SABIR
ce serait folie mortelle de	*it would be suicide to*	*il serait suicide de*
d'occasion	*second hand*	*de seconde main*
reprendre haleine	*to take one's second breath*	*prendre un second souffle (sa respiration seconde)*
que puis-je faire pour vous ?	*may I help you ?*	*puis-je vous aider ?*
Kennedy élu !	*It's Kennedy !*	*C'est Kennedy !*
Montini élu !	*It's Montini !*	*C'est Montini !*
qu'est-ce qui ne va pas dans la police anglaise ?	*what's wrong with the English police ?*	*qu'est-ce qui ne va pas avec la police anglaise ?*
il y en avait en tout...	*they were altogether...*	*elles étaient en tout...*
repousser les exigences	*to ignore the demands*	*ignorer les demandes*

6° Afin toutefois de manifester qu'il reste une langue jeune, une langue dynamique, une langue new look, une langue pour teens et teenettes, le sabir encourage et développe des tours plus américains que nature, ce qu'en rhétorique sabirale on appelle des *superaméricanisings*. Il s'agit là de mots qui ou bien n'existent ni en anglais ni en américain, ou bien de mots qui n'existent point en anglais avec ce sens-là, ni en américain :

a) *Superaméricanisings* par création pure :

FRANÇAIS	ANGLAIS	SABIR
néant	*hitch-hiking*	*auto-stop*
poignée de main	*handshake*	*shake-hand*
table	*switchboard*	*standard* (téléphonique)
navire du même type	*sister-ship*	*brother-ship*
joueur (-euse) de tennis	*tennis-player*	*tennis-man* ou *tennisman* ; *tennis-woman* ou *tenniswoman*
livret ou *carnet d'adresses*	*directory*	*press-book*
annonceur (à la radio)	*announcer*	*speaker*
préposé	*attendant*	*service-man*
annonceuse	*female announcer*	*speakerine*
étrangleur	*choke*	*starter*
danseuse	*chorus-girl*	*girl*
champoing	*shampoo*	*shampooing*
réparation, remise à neuf, raccommodage	*repair*	*renoving*
partie de chasse	*hunt, hunting*	*chasse-partie*

b) *Superaméricanisings* par *glissings* sémantiques :

FRANÇAIS	ANGLAIS	SABIR
vestiaire	*dressing-room* (cabinet de toilette)	*dressing* (au sens de vestiaire)

FRANÇAIS	ANGLAIS	SABIR
marche	*footing* (situation, pied, condition)	*faire du footing*
s'attendre à	*to anticipate*	*anticiper*
costume du soir	*smoking* (fumant)	*un smoking*[1] (au sens de costume du soir)
bal	*dancing* (danse; ex. *tap-dancing*)	*dancing* (au sens de bal)
de luxe	*standing* (réputation, durée)	*grand standing* (appartement de)

7° Bref, et pour résumer finalement les principes simples, précis et cohérents de la rhétorique sabirale, on peut dire qu'en sabir : *a*) le genre et le nombre des noms, des adjectifs, seront laissés à la discrétion des usagers ; *b*) l'orthographe et le sens de tous les mots, pourvu que par quelque biais ils combinent librement quelques usages anglo-saxons, seront également laissés à la discrétion des pin-ups, teenagers, play-boys, call-girls (ainsi sera enfin résolu, sans douleur, *le problème de la communication*, insoluble en français comme on s'en convainc en lisant — si on le peut — les écrivains contemporains les plus vantés).

Langue de la libre entreprise, langue concentrée du camp de la liberté, le sabir est donc fier de

1. On sait que l'anglais appelle *dinner-jacket* et l'américain *tuxedo* le *smoking* du sabir.

pouvoir résumer sa grammaire et sa stylistique en cinq mots : *en sabir tout est licite,* en cinq lettres : e. s. t. e. l. Donc : *Sabir = Estel.*

Appendice :

Langue prospective, le sabir a déjà mis au point son art épistolaire, dont nous donnerons ci-dessous les règles les plus utiles :

A. — *Enveloppes :* au lieu de *M. Un Tel,* on mettra toujours : *Mr. Sot and Sot,* selon l'usage américain, et sans oublier les deux prénoms : *Mr. Pierre B. Durand, Mr. Jacques H. Dupont* ; après le numéro de la rue ou de la place, on n'oubliera pas la virgule, selon l'usage américain : 4, *Place Jeanne d'Arc* (si possible : Four, Place Jeanne d'Arc[1]) ; au lieu de *aux bons soins de, c/o* s'impose. Tout autre libellé de l'enveloppe sera jugé inconvenant et suspect d'hostilité aux principes de la libre entreprise.

B. — *Corps de la lettre :* s'agissant de lettres officielles ou d'affaires, on mettra en haut à gauche :

From : État-Major des forces armées en Algérie[2]
To : X

et, le cas échéant, TOP SECRET.

---

1. Sur le modèle d'une lettre « Seven rue de la Paix ».
2. D'après une lettre datée de mai 1962.

Chaque lettre comprendra au minimum trente mots choisis sur la liste des mots par excellence sabiraux, liste que l'auteur de ce volume se réserve le privilège de fournir sur demande, moyennant une honnête rétribution. Il donnera toutefois quelques mots gratuitement : *baby, background, barbecue, barmaid, bermuda, best-seller, birth control, bowling, blue jeans, boom, boss, brain-storming, brain-trust, brain-washing, briefing, building, bulldozer, businessman, call-girl, camping, clash, clearing, cocktail, compact-car, cow-boy, crooner, deterrent, dissuasion, digest, dollar, doping,* etc. (pour les mots du premier type) ; *concerner, contraceptive, conventionnel, coopérer, défi, définitivement, délivrer, différent, développement, efficient, emphase, environnement, exploratoire* (pour les mots du deuxième type).

Dans une lettre sabirale, on n'omettra jamais de placer au minimum cinq mots *magic*, à choisir sur une liste que l'auteur de ce volume sera fier d'envoyer sur demande moyennant une superhonnête superrétribution. Il en donnera toutefois pour rien quelques-uns, y compris la façon de les combiner. Soient les *mots-magic : auto, baby, boom, flash, standing, twist, yachting.* On obtient facilement : *baby-auto* et *auto-baby ; auto-flash* et *flash-auto ; baby-boom* et *boom-twist ; twist-flash* et *flash-twist ; standing-flash* et *flash-standing ; standing-yachting* et *yachting-standing ; babyyachting* et *twist-yachting,* etc.

Il importera enfin de remplacer les expressions françaises périmées par les expressions sabireuses correspondantes :

FRANÇAIS	SABIR
Monsieur, Madame, Mademoiselle	*Cher Mr. Dupont. Chère Me* ou *Mrs. Dupont, Chère Miss Dupont* ou mieux : *Cher ami* (surtout si vous ne connaissez pas votre correspondant)
par retour du courrier	*par courrier tournant*
dès que vous le pourrez	*à votre meilleure convenance*
votre collaboration ou *votre bienveillance* ou *votre appui*	*votre coopération*
le plus vite possible	*dans les meilleurs délais*
vous convenir	*rencontrer vos convenances*
toutes formules de politesse	*sincèrement vôtre*

N.-B. — Dans les lettres privées, on pourra tolérer une formule du genre *votre affectionné cousin*, mais il y a là comme une affectation d'anglicisme qui pourrait choquer nos amis américains. *Sincèrement* est le mot jeune, le mot nouvelle vague, le mot new look. Conformément à la règle énoncée p. 213, on pourrait toutefois sabiriser en *vraiment sincèrement vôtre*.

Exercice :

Noter les phrases suivantes de 0 à 20, puis de A à F, (A, B, C, D, F [1]) selon leurs mérites stylistiques :

Boire Évian — maillots de bain, polos, tee-shirts, pull-overs, lingerie — il est bon qu'une chrétienne initiative nous l'ait rappelé — ils sont ainsi classés au rang des meilleurs par les « fans » du rock — ainsi les « Schtroumphs », les « Jimmy's Guitar », les « Gardians », les « Milords », « Michèle et ses Wouap » sont-ils appréciés — tous, et spécialement les chrétiens, quelle que soit leur situation sociale, doivent se sentir concernés par un tel événement — buvez vins de Savoy — la France, vainqueur de la Yougoslavie — les privilèges et la demi-indulgence dont bénéficient encore les frères Anastasia sur toute l'étendue des docks de l'Hudson sont en passe de faire pâlir les dîmes du « racket » dans les speakeasies d'Al Capone — le stade olympique principal, l'actuel stade de Meiji, élargi pour pouvoir accommoder cent mille spectateurs — vous croyez être dans un night-club quand l'atmosphère est hot et swinging — les athlètes n'auront, incidemment, aucun problème de nourriture — buvez Côtes de Provence — ne buvez pas Coca-Cola — buvez vins de Savoie — ne buvez pas Vivi-Cola — buvez Bordeaux — si vous ignorez nos demandes — une fille colorée cède sans se faire violence ni que violence lui soit faite à un Blanc plus jeune qu'elle encore — ne buvez pas Pepsi-Cola — buvez Bourgogne — ne buvez pas ginger-beer — saoulez-vous vin pour vous consoler de corriger cet exercice et d'avoir lu cette grammaire.

1. A = très bien ; B, bien ; C, assez bien ; D, passable ; F, collé.

QUATRIÈME PARTIE

Pourquoi sabirons-nous atlantique ?

Et vous, sages Anglois, vous sçavez tout
franchir
Pour maintenir vos droits, et pour vous
enrichir.
Continuez. Déjà par un ample pillage,
Vous avez annobli votre docte langage.
. . . .
Et nous établirons pour chercher l'abon-
dance
Un commerce de mots sans change, ni
tarif.

Destouches, *Sur la langue française.*

CHAPITRE I

Impérialisme yanqui
et pacte atlantique

Certes, l'anglicisation de notre langue ne date point d'hier. Dès le XVIIIe, nous eûmes nos anglomanes : *baby, club, haddock, highlander, lord, non-resistance, nutcake, paddock, pilchard, plaid, tornado* entrent chez nous entre 1700 et 1710 ; *chester, flip, miss, non-jurant, non-sens,* entre 1710 et 1720 ; *Christmas-box, Christmas-porridge, cricket, drawing-room, entertainment, food pads, have care, law, merry Christmas, milady, pickpocket, rosbif, toast,* entre 1720 et 1730 ; *meeting* est attesté en 1733 et *plum-pudding* en 1745. Jusqu'à la fin du XVIIIe siècle, il ne s'agit pourtant pas encore d'une invasion. Le grave, déjà, c'est qu'on emprunte toutes sortes de mots inutiles : un *pickpocket,* c'est un tireur, un voleur à la tire : un *paddock,* c'est un enclos — maintenant, celui du pesage ; un *toast,* c'est une rôtie. Plus grave encore : les anglomanes refusent dès lors de transposer en français les mots anglais : fini, le temps où Hamilton, écrivain irlandais de langue française, parle de *boulingrin ;* le temps approche du *bowling.* Même durant le conflit qui dressa contre Napoléon la puissance anglaise et ses alliés du continent, nous empruntâmes outre-Manche : *bitter, clam, fashionable, fellow, gentleman, happy few, home, shopping, spencer, turtle* nous conquièrent sous le Premier Empire. Admirateur de Napoléon, Stendhal sera l'un des plus obstinés anglomanes. Non content de piller Hazlitt, il jargonne anglais dans la *Vie d'Henri Brulard :* « la même idée d'écrire *my life* » ; « un *truism* » ; « les journaux qui le poffaient (*to puff*) » ; « le plus fripon des *Kings* » ; « le grand *drawback* (inconvénient) d'avoir de l'esprit » ; « le *dazzling* des événements » ; cela, en quelques pages. Dira-t-on qu'il s'agit là de notions neuves, irréductiblement anglaises, et que, lorsque Stendhal écrit « mon âge de *fifty two* », il exprime plus et mieux que *cinquante-deux ans ?*

A mesure que l'Angleterre, victorieuse de Napoléon, étend son empire et devient la première puissance de la planète, les mots anglais font en français des irruptions plus indiscrètes : ils se font plus nombreux, de plus en plus, et tels quels, toujours. Alors que le *punch* s'écrit *ponge* en 1653, *ponche* en 1667, *ponche* de nouveau en 1698, entre 1701 et en 1722 il doit lutter contre l'anglais *punch* qui apparaît dès 1698, revient en 1708, et triomphe chez Voltaire, puis chez J.-J. Rousseau en 1761.

Au xixᵉ siècle, on ne prend plus la peine de naturaliser les intrus. On est fier de les incruster,

kystes hideux, dans la graphie du français. Des
mots aussi peu tolérables que *water-closet, touring, bungalow, lunch, match, reporter, cow-boy,
crackers, boarding-house, speech, high life, stick,
rumsteak, darling* pénètrent tels quels entre 1820
et 1850, suivis d'une centaine d'autres entre 1850
et 1900, toujours plaqués sur le tissu français. A
tel point que Remy de Gourmont, vers la fin du
siècle, devra consacrer à l'anglicisme une part
importante de son *Esthétique de la langue française.*

   Or, il n'avait rien vu ! C'est nous qui pâtissons
pour de bon, et qui allons en crever, pour peu que
ça continue. Deux guerres en trente ans, où nous
fûmes alliés des Anglo-Saxons, précipitent notre
asservissement. Pour triompher de l'Allemagne,
s'il faut que la France abandonne sur les champs
de bataille, outre des millions de cadavres, le
cadavre de sa langue, à quoi bon tant de sang,
tant de ruines, tant de bêtise ? Vers 1920, on
pouvait à la rigueur se borner, comme Proust, à
ridiculiser en quelques lignes le jargon anglici-
sant de Mme de Forcheville : « Son langage à elle
était pourtant, plus encore qu'autrefois, la trace
de son admiration pour les Anglais, qu'elle
n'était plus obligée de se contenter d'appeler
comme autrefois « nos voisins d'outre-Manche »,
ou tout au plus « nos amis les Anglais », mais
« nos loyaux alliés ». Inutile de dire qu'elle ne se
faisait pas faute de citer à tout propos l'expression de *fair play* pour montrer les Anglais trou-
vant les Allemands des joueurs incorrects, et « ce
qu'il faut, c'est gagner la guerre, comme disent
nos braves alliés ». Tout au plus associait-elle

assez maladroitement le nom de son gendre à tout ce qui touchait les soldats anglais et au plaisir qu'il trouvait à vivre dans l'intimité des Australiens aussi bien que des Écossais, des Néo-Zélandais et des Canadiens. « Mon gendre Saint-Loup connaît maintenant l'argot de tous les braves *tommies*. Il se fait entendre de ceux des plus lointains *dominions* et, aussi bien qu'avec le général commandant de base, fraternise avec le plus humble *private*. » Nous n'en sommes plus à ces bénins ridicules.

Depuis la fin de la guerre de 1939, il y eut le Pacte atlantique ; la mise au point, et au pas, d'une armée « intégrée », l'implantation du S.H.A.P.E. en France, comme on dit en beau français (vous observerez à ce propos que, si l'on a fait l'effort de traduire en sigle français *O.T.A.N.* le sigle anglo-saxon du Pacte atlantique, *N.A.T.O.*, on n'a pas jugé nécessaire, ou poli, de nous gratifier d'un *S.H.A.P.E.* à la française).

La France Libre s'étant organisée à Londres, il était fatal que les troupes du général de Gaulle employassent un peu d'anglais. A l'occasion d'un reportage rétrospectif sur la libération de Paris, un témoin qui vit arriver à la gare Montparnasse l'État-Major du général Leclerc exprimait ainsi sa surprise dans *Combat*, le 19 août 1959 : « Ils utilisaient un langage à eux, les mots de l'armée d'une autre planète : *jeep, half-track, stick, commando*. » D'une autre planète ? Que non ! D'un autre pays, ça oui. S'agissant de soldats formés dans les circonstances que l'on sait, la contamination du vocabulaire allait de soi, et nous aurions fort mauvaise grâce à leur en faire grief.

Paris valait bien dix anglicismes et, pour mettre les nazis K. O., j'accepte deux ou trois O.K. Mais une fois la France libérée, quelles raisons avions-nous de persévérer dans cet usage délétère ? Mais voyons ! Le besoin de *comprendre* nos protecteurs.

M. Alfred Sauvy était donc fondé à formuler ainsi ses inquiétudes : « Une armée européenne étant créée, il faut pouvoir se parler et se comprendre. Alors que la France est la puissance continentale la plus importante, que la lutte peut se dérouler sur son sol, nos représentants ont capitulé au point que l'on exerce aujourd'hui les militaires français à parler entre eux en anglais, au cours de divers exercices. » (*Le Monde*, 6 août 1953.) M. Sauvy n'exagère nullement, puisque, dans la revue *Forces aériennes françaises* de décembre 1951, le colonel Ricard traitait en ces termes ce qu'il appelle *Formes rédactionnelles et formalisme :* « Dans l'Union occidentale du Pacte Atlantique, il se pose un problème de langue et une certaine difficulté d'échanges verbaux. Ainsi, vers la fin des opérations de la deuxième guerre mondiale, le Groupe français d'aviation était le *Squadron* anglais et américain, le *Group* américain était sensiblement le *Wing* anglais. Certains gros *Wings* américains correspondaient au *Group* anglais et une « U.S.A.F. Base » était une « R.A.F. Station ».

« Il est éminemment souhaitable que Group ou Groupe, Base ou Station, et même Wing servent à désigner des éléments analogues. Il s'agit d'être entendu et compris [...]. A l'unité et à l'interchangeabilité, chaque allié doit faire le sacrifice d'une habitude. C'est à ce prix que tomberont les barrières de langage et, plus pernicieuses encore, les barrières de pensées.

« Ainsi chacun sera facilement entendu et compris d'un bout à l'autre de l'Union, et une véritable homogénéité sera donnée aux forces occidentales. Ce n'est pas là inverser les rôles. Ne dites pas : *pensez d'abord de même, vous trouverez ensuite une expression commune. Non, trouvez une expression commune et bientôt vous penserez de même.* »

On ne nous l'envoie pas dire : nous devons parler anglais, ou mieux américain, afin de *penser comme* des Yanquis, et de nous laisser évaporer sans rechigner par « la manière américaine de vivre », *the best in the world.* Et si, moi, j'ai horreur de voir des vaches sacrées mâchonner du chewing-gum, et même du chouine gomme, et même de la gomme à mâcher ? Et si, moi, j'ai horreur du Ku Klux Klan et de la « ségrégation » ? Et si on m'a foutu à la porte d'un restaurant, près de Chicago, parce que je m'y trouvais en compagnie d'une belle juive, mais au visage un peu marqué ? Et si j'ai failli me faire foutre à la porte de mon appartement, en plein Chicago, parce que j'avais exigé d'y recevoir *une fois* un de mes camarades français, professeur comme moi, mais Antillais ? Et si vingt autres valeurs de « la manière américaine » de *penser* me révoltent, le colonel Ricard me jettera-t-il au trou, en tant que je refuse de devenir buveur de Coca-Cola ou de Pepsi-Cola, bouffe-nègre, bouffe-juif et bouffe-indien ? Et si j'ai horreur des civilisations de l'argent, moi ? Pour servir proprement les desseins du *S.H.A.P.E.*, faut-il donc que les

Français commencent par avaler, langage compris, la civilisation cocalcoolique ?

La vérité, c'est qu'on nous fait jargonner américain afin de nous conduire à l'abattoir les yeux bandés. Témoin, l'emploi de *dissuasion*, *deterrent* et *missile gap*, trois belles acquisitions de notre vocabulaire, trois cadeaux précieux du *N.A.T.O.* et du *S.H.A.P.E.*

Le 5 décembre 1958, *La Vie militaire* publiait un article intitulé : *Quel est le vrai deterrent ?* « Depuis que l'O.T.A.N. s'est constitué, les Français ont appris le sens d'un mot anglais qu'ils emploient couramment : *Deterrent :* ce qui dissuade, dit le dictionnaire, incapable de trouver un substantif français qui corresponde directement au mot anglais. Aussi, la traduction par « pouvoir de dissuasion », ce qui au vrai n'est pas très clair : et l'on préfère se servir du terme britannique, qui est court, synthétique, n'a pas d'équivalent dans notre langue, et a tout de même une petite allure française. » Moins hypocrite, *La Revue maritime* de Noël 1959 avoue que *deterrent* « implique à la fois les notions d'arme suprême, de dissuasion, de représailles »; ce qu'avait laissé entrevoir *La Vie militaire* du 24 juillet 1959 : « Le bloc occidental est bien décidé à appliquer la politique de représailles, dite « deterrent », en cas d'attaque soviétique. » Sous le mot anglais dont on nous assurait qu'il n'a point d'équivalent français, voici donc poindre la *guerre atomique totale*. Cela, tout cela, rien que cela. Le bon gogo de public, lui, des années durant, il n'aura pas droit à ces explications. On le gavera de *dissuasion*, de *deterrent*, de *deter-*

rence. L'important, ce n'est pas qu'il comprenne. L'important, c'est qu'il ne comprenne pas. Cela importe d'autant plus que, le 8 janvier 1960, *La Vie militaire* avoue : « Il n'est pas très sûr que, dans quatre ans, et sur mer, ce soient encore les États-Unis qui possèdent le « deterrent » ou, pour parler français, la force de dissuasion. »

Or, quelques mois plus tard, M. André de Segonzac écrira de Washington, dans *France-Soir :* « Beaucoup d'Américains pensent que la première croisière armée du *George Washington* (sous-marin atomique pourvu de fusées Polaris), qui naviguera en plongée pendant deux mois, comble en partie le « Missile Gap », consolide les forces de dissuasion alliées et réduit le danger de guerre. » J'ai demandé à plusieurs Français, vers ce temps-là, ce que c'était que le *missile gap.* Ils n'en savaient rien. M. de Segonzac, lui, savait très bien de quoi il retournait, et les généraux français, donc ! puisque la *Revue de la défense nationale* publiait en mai 1959, p. 927, les lignes suivantes : « Les réalisations soviétiques dans le domaine de l'espace apportent évidemment des arguments aux partisans de l'existence d'un « *qualitatif gap* » *(sic)* : avance des Russes en matière de *moteurs-fusées.* »

Traduisons maintenant M. de Segonzac : « C'est pourquoi beaucoup d'Américains pensent que la première croisière armée du *George Washington* [...] comble en partie le retard des Yanquis dans l'ordre des armes atomiques, ajoute un peu aux forces alliées de représailles atomiques, réduisant ainsi le danger de guerre. » Cette phrase ne servira guère les intérêts du Pentagone.

Il faut donc la restaurer en sabir atlantique.

A mes cours de Sorbonne, j'avais expliqué cette escroquerie langagière, et j'avais annoncé qu'évidemment, si quelque jour les Yanquis croyaient avoir rattrapé leur retard, alors, mais alors seulement, on nous donnerait dans la grande presse le sens exact de *missile gap*. En novembre 1961, je lisais dans *Candide* : « *Notre force de riposte est capable de détruire l'adversaire. Les U.S.A. sont actuellement la première puissance militaire du monde.* Cette déclaration de Kennedy a annoncé la fin du dangereux « Missile Gap » — littéralement le fossé des fusées — c'est-à-dire le retard pris par les Américains dans la fabrication des fusées à longue portée, par rapport aux Russes. »

Le 9 août 1962, *France-Observateur* confirmait en ces termes le sens de *Missile Gap* : « L'époque du « missile gap » est bien révolue, et on a du mal à penser qu'elle ait été si récente [...]. Il n'est absolument pas possible de mesurer, même approximativement, le retard atomique américain à cette époque, ni même de savoir si ce retard était réel. »

Il se peut que ce ne soit pas possible. Reste que le N.A.T.O. et le S.H.A.P.E. ont imposé à une nation, pour la jeter les yeux bandés à l'abattoir atomique, trois mots qu'elle ne comprend pas, qu'elle ne peut pas comprendre, qu'elle ne doit pas comprendre : *dissuasion, deterrent* et *missile gap.*

Non content de ruiner la langue des officiers et des soldats français, le Pacte atlantique contribue d'autre part à nous coloniser, et ce quand nous sommes en proie aux soubresauts de la

« décolonisation ». Pauvres Français assez bornés pour s'imaginer qu'au xxe siècle on occupe encore des territoires ! Grâce au capitalisme, on peut se rendre maître *absolu* du pays en possédant 51 % des capitaux d'un certain nombre d'entreprises clés : banques, industrie lourde, etc. Plus malins que nous, chaque fois que les Yanquis colonisent un pays, ils le proclament indépendant : voyez les Philippines.

En 1957, les États-Unis investirent en France 457 millions de dollars pour la création d'usines nouvelles, soit 1,2 % de notre revenu national. Comparé à la masse des investissements yanquis au Canada (35,5 % du revenu national), c'est très peu, j'en conviens. Mais faites le compte des investissements américains en France depuis notre « libération » ; vous verrez qu'elle nous coûte cher, notre *libération*. Pour la seule industrie chimique, plus de vingt sociétés américaines s'étaient installées chez nous en 1960, cependant que dix autres étaient en train de s'installer. En 1961, la seule usine Ford investissait en Europe 220 millions de dollars, mais estimait « honteux » que la Régie Renault essayât de négocier un accord aux termes duquel Ford laisserait aux Européens le marché des petites voitures. Les États-Unis se proposent en effet de coloniser à leur profit l'économie européenne, et livrent, par exemple, une « guerre » sans merci à notre industrie de l'automobile, industrie dont on sait que, si elle s'effondre, c'est la ruine des pays européens. Pour que les Français prennent un instant conscience du péril, il leur fallut apprendre, la même semaine, que les Yanquis venaient d'acheter

Simca, et que Libby's entendait « contrôler »
dans le Midi 20 000 hectares de cultures maraî-
chères et fruitières. S'en souviennent-ils aujour-
d'hui ? Oui, pour quelques jours, parce que le
dollar vient de nous déclarer *la guerre des poulets.*

Ces investissements déséquilibrent l'économie
française en ce sens que les capitaux yanquis
(souvent camouflés en Suisse ou au Liechtens-
tein), non seulement refusent de tenir compte du
Plan économique élaboré par notre gouvernement, mais s'efforcent de le contrarier ; en ce sens
également que, fort insoucieux, et pour cause, de
la classe ouvrière française, les négriers yanquis
de Remington licencient à Caluire, et ceux de la
General Motors à Gennevilliers, sitôt que le
rendement de S.M. le dollar exige qu'on licencie.
Tout cela pour la plus grande gloire de la « libre
entreprise » — libre en effet de ruiner la France
—, et sous prétexte de front commun contre le
socialisme ! Quand on sait, d'autre part, que,
pour remplir à bon compte ses boîtes de
conserves, la United Fruit n'hésite jamais à faire
et défaire les potentats de l'Amérique espagnole,
avec l'appui désintéressé des fusiliers marins du
Pentagone (comme vient de l'avouer un officier
de cette honorable confrérie de tueurs), on comprend mieux la haine de Washington contre le
seul homme d'État européen qui, depuis la « libération », ose résister aux prétentions du dollar.
Puisque l'O.A.S. n'a pu l'en débarrasser, et puisqu'on ne peut pas l'acheter, la phynance américaine veut avoir sa peau en douceur.

Ah ! c'est beau, la « libre entreprise » ! Plus
besoin d'acheter les consciences du pays qu'on

veut conquérir, ou asservir : à quoi bon les
colons, les policiers, l'appareil administratif coû-
teux et impopulaire ? Il suffit d'acheter des
actions, de « contrôler » des sociétés. Les investissements des États-Unis en France ne font que
croître et M. Léon Gingembre, qui ne passe point
pour bolchévique, s'en inquiète. Voyez *Le Figaro*
du 2 mai 1962 : « On risque très rapidement, si
on n'y prend garde et s'il n'y est mis bon ordre,
d'aboutir à une véritable colonisation de notre
commerce, puis de notre économie, par les puissances financières internationales. » Bien élevé,
M. Gingembre ne parle point de capitalisme
yanqui. *Puissances financières internationales* lui
suffit ; grossier que je suis, je préciserai qu'il
s'agit du dollar et que, pour gagner tout à fait sa
partie, il faut que ce dollar tue notre langue :
aussi longtemps que les Français parleront
encore français et penseront selon Montaigne ou
Diderot, on ne pourra plus facilement leur faire
avaler comme autant de grives toutes les couleu-
vres de l'*American way of life*.

Pour coloniser le commerce et l'industrie françaises, il fallait donc saboter le français dans les
positions les plus fortes qu'il occupait encore :
comme langue diplomatique, et de culture. Je
vivais aux États-Unis lors de notre Sedan. J'ai
assisté à la curée. Comme on se réjouissait
de verser sur le français « langue morte » des
larmes de crocodiles floridiens ! Mes références ?
Hélas, avec les neuf dixièmes des notes que
j'avais accumulées en cinq ans pour écrire un
essai sur les États-Unis, elles ont disparu en
Alger dès l'arrivée de la valise diplomatique à

laquelle je les avais confiées en décembre 1943...

Nul n'ignore qu'à peine délivrée la France du nazisme, les Américains s'employèrent à éliminer le français comme langue de travail aux Nations Unies. Il ne passa que de justesse. Dans certaines organisations internationales, il est en butte aux attaques, aux intrusions — tantôt sournoises, tantôt insolentes — d'individus qui, ne le sachant pas, se permettent de le régenter selon les normes de la grammaire et de la stylistique anglo-saxonnes. Dès le 6 août 1953, M. Alfred Sauvy criait casse-cou : *De l'abandon linguistique à la servitude.* Cet article aurait dû alerter l'opinion et le pouvoir puisqu'il publiait l'évidence, à savoir que « les Américains manquent rarement une occasion de supplanter non seulement la langue, mais aussi la culture française ». De cela aussi je sais quelque chose, puisque, si j'enseignai longtemps à l'Université de Chicago, j'ai séjourné dans maint pays où j'ai pu vérifier à quel point sont fondées les craintes de mon collègue : dollars et calomnies conjugués font l'affaire, dans l'Indochine de feu Diêm par exemple, ou de ses héritiers yanquisés.

Selon la pertinente remarque d'un Jésuite (*Études*) : « le règlement des Nations Unies, qui impose l'égalité absolue du français et de l'anglais, est si peu observé qu'un étranger, M. Chauvet, délégué de la République d'Haïti, a prononcé le 31 janvier 1952, à l'Assemblée générale de l'O.N.U. (alors réunie à Paris), un discours dont voici des extraits : « *Des ouvrages très importants de notre Organisation sont édités en langue anglaise à l'exclusion de la langue française...*

l'Annuaire des Nations Unies, publié en anglais
tous les ans, n'a eu qu'une édition française, en
1948... En pleine capitale de la France, les pro-
grammes de nos séances sont affichés uniquement
en anglais... on pourrait se demander s'il ne s'agit
pas d'un plan systématique pour saboter *une*
langue qui, pendant des siècles, a été celle de la
diplomatie », que les nationalismes infantiles qui
gouvernent aujourd'hui l'humanité ne sauront
jamais juger techniquement, mais qu'ils haïront
pour ses qualités mêmes, rarement conjuguées
dans un seul idiome.

Confirmation significative : un beau jour, beau
pour l'impérialisme étranger, les Français reçu-
rent un passeport bleu, cartonné, plus résistant,
il faut l'avouer, que l'ancien torchon brun, mais
où ils durent déchiffrer, en première page : *Nom,*
surname ; Prénoms, Christian names ; Nationalité,
nationality ; Né le, date of birth ; à, place of birth ;
domicile, address. Seul subsistait en français le
mot *profession,* parce qu'il s'écrit de la même
façon dans les deux langues. Des passeports
passe-partout, pourquoi pas ? des passeports en
quinze ou vingt langues, ce serait joli ; mais à une
condition : la réciprocité. Depuis quand les Américains sont-ils contraints de lire sur leurs passeports : *Surname, nom ; Christian names, prénoms,*
etc. En nous octroyant ce passeport de colonisés,
la IVe République a bien mérité du dollar, elle a
bien mérité les dollars qu'elle mendigotait.

En même temps que nos gouvernants nous
imposaient ce passeport, ils ouvraient toutes
grandes nos frontières aux touristes américains,
producteurs de dollars, cependant que le pesti-

féré de Français, s'il désirait se rendre aux États-
Unis, invité comme professeur d'échange, par
exemple, on exigeait : 1° qu'il se mît à poil
devant douze émigrants ; 2° qu'il subît le Bordet-
Wassermann pour démontrer qu'il n'était pas
syphilitique ; 3° qu'il se rappelât toutes les
adresses auxquelles il avait séjourné depuis dix
ans (pour quelqu'un qui voyage beaucoup, l'erreur, donc le parjure, est inévitable); 4° qu'il
affirmât n'avoir jamais appartenu à un groupe-
ment hostile au fascisme.

Affranchi de tout souci de visa, lui, le *Superman*, voici donc déferler en France le touriste
yanqui, le même que j'ai vu ruiner en moins de
deux les valeurs les plus sûres de la culture
mexicaine. Je citerai encore M. Alfred Sauvy :
« Dans le désir de plaire aux touristes porteurs de
dollars, les textes anglais se multiplient en
France. Nous les voyons peu à peu apparaître
dans les gares et les lieux publics. Est-ce bien
nécessaire ? Tout Français voyageant en Italie ou
en Allemagne apprend très vite que « Uscita » ou
« Ausgang » signifient « Sortie ». La Suisse, bâtie
longtemps sur le tourisme anglais, n'a pas eu
recours à ces procédés. Voyagez dans le fond de la
Vendée, vous trouverez la fiche du voyageur
établie en deux langues. » Depuis le temps que
M. Sauvy écrivait ça, les Suisses, contaminés par
l'exemple français, se laissent à leur tour gâter. A
Genève, à Lausanne, on vous propose maintenant
de la (ou du) « City Information » !

Si nous nous bornions, dans les gares ou les
hôtels, à rédiger (mais en plusieurs langues — et
avec clause de réciprocité) les pancartes et les

formules indispensables, ce genre de courtoisie ne me semblerait point compromettre la République. Plus grave, la servilité de nos marchands qui, pour attirer le chaland et flatter sa paresse, multiplient à leurs enseignes, à leurs devantures, des mots anglais, américains, ou qu'ils supposent tels. Quand un lascar qui s'appelle *Louis* attire les G.I.'s et les touristes par un *Loui's*, quand nos restaurants, pour ne pas décourager les Yanquis, libellent en américain la moitié de leurs menus, quand un traiteur du Maine annonce *grapefruit cocktail, turtle soup, toasts, mixed grill, lobster cocktail* et *chicken à la King*, sans traduction française, quand un « restoroute » m'offre un *cheeseburger steack* (sic), des *hot-dogs*, un *club sandwich* et un *steack* garni, sans traduction, quand Odette Pannetier, pour recommander cent restaurants de Paris, emploie une centaine de mots anglais dont *eggburger* et *baby cochon de lait*, je dis que la France est bien près de devenir la fameuse *France éternelle* : bien près de crever.

Parce qu'enfin on croyait que la cuisine française restait ici une valeur sûre. Ouais ! cette intrusion du jargon et des mets yanquis coïncide avec une décadence marquée, chaque année plus évidente, et parfois scandaleuse, de la valeur moyenne des restaurants français. On ne débite pas impunément des *hamburgers*, des *cheeseburgers*, des *eggburgers* et autres saloperies que, pauvre, à Chicago, je ne mangeais même pas. *You are what you eat*, dit un livre yanqui de diététique. Dis-moi ce que tu bouffes, je te dirai comment tu fais l'amour, comment tu penses, com-

ment tu vis, comment tu crèveras. « *Have a coke ?*
Have a smoke ? » (une coca ? une sèche ?), voilà,
dans les dernières classes des chemins de fer
yanquis, les deux phrases d'entrée en matière ;
après quoi on passe au *petting*, au pelotage ;
enfin : « *Got a rubber ?* » (t'as une capote ?), et l'on
fait l'amour bêtement, honteusement, à la sauvette. Bien avant le rapport Kinsey, j'ai travaillé
la question à l'Université de Chicago. *Buvez coca
cola*, cela donc voudra bientôt dire : « *faites
l'amour à la cow-boy* ». Très peu pour moi. Enfin,
par les forces conjuguées de la contagion, de
l'ignorance et de la publicité, cela voudra dire,
cela dit déjà : « *buvez vins de Savoie, buvez côtes
de Provence* ». Tolérer que les gougnafiers qui
markètent une saloperie, une drogue comme la
Coca Cola, imposent aux jeunes Français, et
même aux Français adultes, des millions de
solécismes chaque jour, c'est réduire à néant
l'effort de tous les instituteurs, de tous les professeurs qui, dans les lycées, les facultés, essaient de
sauver ce qui se peut encore sauver de notre
langue. On commence par *boire Coca Cola*, puis
on *boit vin*, puis on *boit eau*. Bientôt, *l'article
partitif disparaîtra du français, pour que la Coca
Cola gagne en France beaucoup d'argent*. Quand
les militaires yanquis font rouler dans les rues de
Paris des voitures automobiles baptisées *bus
d'école* (parce que ça se dit, ces machins-là, des
school bus à New-Orleans, et bien que les Français aient pour cela un mot ou deux : *transport
d'enfants* et *ramassage scolaire*), force m'est de
constater que, s'ils torturaient et massacraient
les résistants, les nazis se donnaient la peine de

rédiger en vrai français leurs atroces tableaux
d'honneur.

Les businessmènes yanquis, eux, méprisent à
ce point les « cobayes » que sont pour eux leurs
clients (*400 Millions Guinea-pigs*, c'est le titre
d'un ouvrage qui parut là-bas là-dessus) qu'ils
leur infligent des placards publicitaires en charabia. Celui-ci, par exemple, de la *LOVABLE brassiere company* : « Nous sommes tous très fiers de
nos fabrications et de la place que nous occupons
dans l'industrie, et nous cherchons légitimement
à entrer en rapport avec une des grandes maisons
françaises qui a une grande tradition de service
et de production similaire à la nôtre. » Il y a
mieux : j'ai découpé des placards absolument
inintelligibles à des étudiants de Sorbonne,
quand je les leur proposai comme épreuve de
travaux pratiques. Traduisez en français le placard suivant, par exemple : « Voici le Republic
F. 105 Thunderchief, seul avion « Système
d'armes » commandé par l'U.S. Air Force pour
ses unités européennes. Cet appareil d'attaque au
sol « tout temps » est construit pour remplir sa
mission de base, qui est de servir au mieux les
intérêts de l'OTAN en décourageant l'agression.
Le rôle de Republic en tant que constructeur
d'avions est également vital : aider l'OTAN dans
la préparation de cette mission. C'est pourquoi
Republic a mis sur pied son « Plan de Mission »,
qui consiste à faire fabriquer en Europe cet
appareil supersonique à armement nucléaire par
différents constructeurs aéronautiques des Pays
de l'OTAN. L'emploi de F. 105 par les pays de
l'OTAN fournit à l'Europe le seul système

d'armes tactiques spécifique [1]. » Je défie qui que ce soit, s'il ne sait pas un mot d'anglais, de comprendre ce charabia où chaque mot, chaque expression calque grossièrement un terme ou un cliché du journalisme yanqui. Peu importe aux marchands d'outre-Atlantique. Ils ne veulent, une fois de plus, que nous préparer moralement à leur entreprise de *dissuasion* et de *déterrence*. Pour ce faire, ils martyrisent notre langue, mais fournissent à la presse de l'argent frais. Comme un journal, surtout s'il est honnête, ne peut guère vivre sans publicité — *Le Canard enchaîné* faisant seul exception, — nos quotidiens, et les plus estimables, acceptent de publier ces insolents placards de sabir atlantique.

Eh bien! moi, je n'ai pas envie de lire un peu partout en France ce que j'ai vu à la devanture d'un coiffeur de Francfort-sur-le-Main, en février 1962 : « AUGEN MAKE UP A LA CARTE » ; ni ceci, que m'offrit la même année un prospectus suisse : « Bütagaz für/pour le/for camping » ; ni ceci, que j'ai relevé en 1960 au col de la Furka : « Winter sport-d'hiver », formule qui peut se lire en bousillant trois langues, anglais, allemand et français ; et quel français! *sport d'hiver*, au lieu de *sports d'hiver*. Or je lis déjà, oui, dès aujourd'hui, cet atlantique (et même atlantyck) charabia :

_____

1. Ceux qui souhaiteraient connaître l'explication de ce document la trouveront au tome III de mes *Questions de Poétique comparée*, *Le Babélien*, Centre de Documentation universitaire, 1962.

« DEMAIN »
(aux U.S.A. TO-MORROW)
le soutien-gorge toujours
à vos mesures

Caveant Consules ! C'est-à-dire : *Fais gâfe, patron !*
Fais gâfe ! Et pas de gaffe !

P.-S. Au moment où je corrige ces épreuves
(27 décembre 1972) je lis dans *L'Observateur* :
« Aujourd'hui, de plus en plus, nous mangeons
franglais. Le bœuf miroton, ce jardin à la française, est supplanté par le hamburger, ce *parking
made in U.S.A.* » Ainsi de suite sur sept colonnes.
Une fois de plus, j'ai donc eu tort d'avoir raison
un peu trop tôt.

CHAPITRE II

Publicité et sabir atlantique

Pour se rassurer lâchement, certains Français
vous diront, surtout s'ils entretiennent des relations payantes avec l'ambassade des États-Unis
(qu'il convient d'appeler maintenant l'*ambassade
américaine*, sur le modèle de *American Embassy*) :
« Vous prétendez que l'économie française risque
d'être colonisée par le dollar. Ces craintes furent
en effet exprimées dans *Le Monde* par M. Duver-
ger. Comme ce chroniqueur exagère ! Les Américains, mais ils ne possèdent que 2 % du capital
industriel de la France. Convenons qu'ils sont
maîtres absolus dans le domaine des roulements
à billes, des ascenseurs, du lait concentré. L'indépendance nationale en a-t-elle jamais souffert ?
Et quand le pouvoir de décision serait transféré,
dans certains secteurs de l'économie, à des
groupes économiques qui gouvernent la politique
des États-Unis, en quoi cela nous changerait-il ?
Ne sommes-nous pas liés à la vie à la mort, aux

termes du Pacte atlantique ? Voyez les Anglais,
s'en portent-ils si mal que ça ? Or les Américains
détiennent 8 % de leur capital industriel. »

Le 21 novembre 1960, lorsque, moyennant un
milliard et demi de francs environ, qui devaient
être versés aux anciens actionnaires, la chambre
des Communes approuva la cession de la Ford
anglaise à la Ford américaine, je ne sache pas
qu'on ait pavoisé outre-Manche. Cette opération,
à la suite de laquelle la moitié de l'industrie
anglaise de l'automobile passa sous la coupe de
la finance yanquie, ne fut guère du goût de
l'expert financier de l'opposition travailliste,
M. Wilson. Les conservateurs eux-mêmes qui,
par obéissance aux consignes du Parti, devaient
approuver cette aliénation redoutable, qu'en
pensent-ils au secret de leur conscience ? L'*Esta-*
blishment, comme disent désormais nos anglomanes — autrement dit, les gens en place, les
deux cents familles — peuvent-ils sincèrement se
féliciter d'une mesure qui prépare leur asservissement à l'ancienne colonie ?

Après un récent séjour à Londres, voici du reste
quel fut à ce propos le diagnostic de Paul
Morand : « Pour comprendre l'anglais, il faudra
bientôt consulter le *Dictionary of Americanisms*
de Mitford Mathews, le *Dictionary of American*
slang de Wentworth et Flexner, le *Dictionary of*
American-English Usage de M. Nicolson [...]. Tout
arrive de New York ou de Hollywood : pour les
journaux, la façon de titrer, l'art de sélectionner
les nouvelles, la rédaction des rubriques sportives, etc. Enfin, toute la publicité nouvelle, en
Angleterre, est américaine [...]. On pourrait en

conclusion s'écrier : *America goes home* », c'est-à-
dire : les États-Unis reviennent chez soi. Un
écrivain qu'on ne saurait suspecter de bolché-
visme intellectuel manifeste donc la reconquête
de l'Angleterre par son ancienne colonie et cite à
ce sujet le président du *Board of Trade* (disons du
ministère du Commerce) : « Nous sommes au
plus fort de la plus grande invasion économique
de notre histoire. »

Nous aussi ; mais l'invasion s'aggrave chez
nous d'une contamination langagière plus dangereuse qu'en Angleterre. Quelque importantes
qu'on juge les différences d'accent, de vocabulaire et de syntaxe entre l'américain et l'anglais,
les deux langues sont plus proches que ne l'est du
français le jargon des publicitaires yankquis. Or,
ce qui opprime le français de 1960, ce n'est pas le
style de Thoreau, de Melville, de Walt Whitman,
de Mary Mc Carthy, de Paul Goodman ; non, c'est
celui des pires journalistes, et surtout, celui des
plus vulgaires marchands de publicité.

A la date du 26 décembre 1941, je retrouve,
dans les notes que j'ai gardées de Chicago, la
rubrique suivante :

Vocabulaire de la publicité :

— dramatic — romantic — thrilling
— buy and save — thrifty
— new, ultra modern, old fashioned
— individual, *you, your*
— *he, she, him, her*
— streamlined

— it's different
— individual piece of sugar (un morceau de sucre)
— dear friend (ignoble !)
— better than the best
— quick.

Un peu plus tard, datée du 8 mars 1943, cette autre indication : easy — quick — bigger — it's new — luscious — de luxe (prononcé dileuxe).
Beaucoup de ces notions, vous le constaterez sans peine, mais avec peine, sont maintenant devenues « bien françaises ». Le culte de la vitesse, qui perdra notre époque, nous avilit nous aussi. *Ici, on mange en trente secondes de moins qu'en face.* J'ai lu ça, ou l'équivalent, dans le centre de Chicago. Au *quick* de l'américain répondent les *Rapid' Lavage* et ces placards qui vantent la rapidité avec laquelle on fabrique du faux café, du faux thé, du faux lait, de faux potages. Cette religion de la vitesse nous vaut la vogue du mot *flash* (plus rapide, faut-il croire, qu'un *éclair*), et notamment le *flash-secrétariat* recommandé par *Immédiat-bureau*. La *facilité*, cette autre plaie du siècle, nous est aujourd'hui prêchée par tous nos publicitaires : *c'est facile, c'est si facile !* Toute chose, chez nous comme aux États-Unis, devient *unique* et *différente* : « Chez Droz, c'est autre chose. » Et comme les mœurs yankies ne tolèrent pas la singularité, les publicitaires surcompensent, « personnalisant » tout et n'importe quoi. Jusqu'au morceau de sucre, là-bas, acquiert une « individualité », la même, exactement, que celle du consommateur idéal. A quoi nous devons

le soutien-gorge à *vos* mesures, parce que *sur mesures* ne personnalise ni *vos* seins, ni *votre* soutien-gorge.

C'est encore à la publicité que nous devons l'abolition du degré positif de l'adjectif. Dès avant la guerre, nous avions *Oui... mais Rilby habille mieux !* La formule alors n'a si bien réussi que parce que la réclame, comme on disait encore, utilisait en ce temps-là le bon degré positif : je le sais pour avoir rédigé, des années durant, les annonces que placardait ma mère dans le journal local. Sous l'influence de *it's safer*, de *better than the best*, tous les margoulins désormais nous annoncent que *c'est plus sûr* d'acheter leur camelote, *la meilleure du monde*. Moi, je me contente d'acheter des objets de bonne qualité, et je fuis les marchandises *les meilleures du monde*, car je sais que le vendeur ne peut pas ne pas me mentir quand il s'exprime de la sorte. Mais je suis un mauvais esprit, un *beatnik*. Et puis je déteste les goujats qui m'assaillent au saut du lit par une lettre timbrée comme telle, que j'ouvre donc pour y lire : « Cher ami, Je suis fier de vous annoncer que je viens de mettre au point, *pour vous*, une chemise *no iron* de très grand *standing...* » *Pour moi*, l'amitié n'a rien de commun avec le *Dear friend* du trafiquant de liquettes.

Oui, « la publicité, un des grands maux de ce temps, insulte nos regards, falsifie toutes les épithètes, gâte les paysages, corrompt toute la qualité et toute critique » (Valéry). Ajoutons que, depuis qu'elle a remarqué qu'on vend mieux un objet en lui donnant un nom qui sonne, ou qui paraît yanqui (un *fauteuil relaxe* qu'une chaise de

repos, un *relaxerton* qu'un fauteuil de détente),
elle pourrit et s'efforce de détruire la langue
française. Au lieu d'occuper le rang que lui
assigne toute civilisation qui se respecte, le dernier, quand le marchand règne, pourquoi ne
tournerait-il pas ses regards, son espérance vers
le seul pays où l'empire de l'argent se manifeste
dans toute son insolence, le seul où nul souvenir
de monarchie, nul recrutement des élites au
concours, nulle considération pour les arts et le
savoir ne tempèrent la tyrannie de l'argent ?

Dans une thèse publiée en 1955 *sur la langue de
la réclame contemporaine*, M. Marcel Galliot examine le vocabulaire et la syntaxe des publicitaires français entre 1935 et 1950. Il y marque
une singulière indifférence, pour ne pas dire
complaisance, à l'égard de ceux qui jargonnent
en sabir atlantique. On croirait parfois qu'il reconnaît la gravité du mal, puisqu'il écrit, p. 216 :
« Voilà près d'un siècle qu'a débuté, dans la
langue publicitaire française, l'invasion du vocabulaire anglais, précédée — et semble-t-il déter-
minée — par l'invasion des termes de mode de
l'époque des dandies. Cette invasion est devenue,
vers la fin du XIXe siècle, un véritable raz de
marée, quand, à l'influence proprement britanni-
que, est venue s'ajouter l'influence américaine,
bien autrement puissante. Cette influence ne fait
que croître, et la récente victoire des Alliés n'a
pas peu contribué à la consolider, par son prestige en soi, par le grand nombre d'Anglo-Saxons
qu'elle a amenés en France, par la dépendance
économique où nous nous trouvons depuis à
l'égard des États-Unis.

« A tout cela, il convient d'ajouter une autre influence, permanente, mais en augmentation constante, celle du tourisme, qui attire chez nous des étrangers dont la portion la plus compacte est anglo-saxonne — clientèle riche, dont la présence incite certaines branches du commerce (hôtellerie, magasins de luxe), et des quartiers entiers de Paris, à parler anglais (*English spoken*), à se parer d'enseignes en anglais, à créer des noms de marque en anglais, parfois même à afficher leurs prix en livres et en dollars.

« Par un curieux phénomène de mimétisme, ce prestige de l'anglo-américain s'est également imposé, et dès le début, aux yeux du public français qui associe d'une façon quasi automatique l'emploi de l'anglais, dans la désignation des produits et des articles, à l'idée de luxe, de qualité. Enfin, l'instinct d'imitation et la mode ont répandu cette façon de faire des quartiers de luxe aux quartiers populaires, de Paris aux villes de province — bientôt peut-être elle atteindra nos campagnes. »

M. Galliot reconnaît même que les pages de nos journaux où la publicité s'étale contiennent une « incroyable variété de mots anglais, de mots pseudo-anglais, de tours anglais, d'anglicismes de toute espèce ». Cela dit, il se console en pensant qu'on parle aux États-Unis d'une Cadillac *de luxe*, d'une De Soto *de luxe*, et que les Yanquis, veulent-ils évoquer l'objet de qualité, ils recourent au français. C'est là réflexe de marchand, non point réflexion de linguiste, de grammairien, d'écrivain. Que des idiots, outre-Atlantique, paient plus cher leur Cadillac quand on l'étiquette *dileuxe*, pourquoi cela me consolerait-il des fichiers où j'ai classé les *milliers* de mots et de tours yanquis, ressassés chaque jour par la publicité, qui déplacent, puis remplacent autant de tours, de mots français ? Qu'un soutien-gorge s'appelle là-bas une *brassiere*, une gaine une *bien jolie*, une fleur un *corsage*, et qu'un restaurant me propose des repas *à la carte menue* (menu à la carte, et carte menue, en l'espèce !), qu'est-ce que ça peut me foutre si toutes nos donzelles refusent de porter gilets, chandails et tricots et n'ont d'yeux que pour les pulls, les cardigans, les pull-overs (fully fashioned, ou mock fashioned), les furover, les V-neck, les over-blouses, les sweaters et autres ignominies langagières ? C'est *tellement plus facile, tellement plus personnalisant, tellement plus new look* de porter un *gilet de sueur* (car c'est ça, un *sweater*, mes zozotes). Que les Anglais, que les Yanquis bousillent leur langue en y acceptant *tels quels* des mots français, c'est leur affaire et non la mienne. Parce que j'aime l'anglais, et même l'américain, j'en suis navré pour eux et je leur conseille de balayer aussi devant leur porte.

Comme trop d'historiens de la langue, M. Galliot vénère le moloch hégélien et admire tout ce qui est. Qu'on le pousse dans ses retranchements et qu'on lui explique notre syntaxe bousillée par les publicitaires : on a « si libéralement élargi la notion de règles », répondra-t-il, qu'il n'y a pas lieu de s'en faire. Désarmant. Désarmé.

M. Galliot se trompe, et grièvement. Insatisfait de son livre, j'ai chargé une étudiante, Mlle Shklar, d'étudier deux années durant l'américanisation du langage publicitaire entre 1945 et

1961. Le travail qu'elle a produit rend hélas un tout autre son : celui du tocsin. « On voudrait s'amuser, écrit-elle, de cette nouvelle alchimie qui procure tant d'or aux marchands, et rire comme d'un mauvais jeu de mots de cet *Athos' Saloon* (rue des Ciseaux), de ce *Jeanne d'Arc English Grill* à Rouen, ou encore de cet avis déjà ancien qu'affichait un foyer protestant : « Ici les jeunes filles seules trouvent un home. » Mais il est inquiétant que les mots puissent se vendre : « Le terme *visagiste* créé et déposé par Fernand Aubry est sa propriété commerciale. » Et quel crédit accorder à des mots qui ne signifient plus rien, à des mots usés jusqu'à la racine. On a beau les écrire en lettres grasses, les souligner et leur accoler un adjectif aussi vide de sens qu'ils le sont eux-mêmes (la *vraie* blancheur du propre — il y a donc une fausse blancheur ?), ils se taisent. Dans un numéro de *Elle* (1957), un astérisque suivait ce mot éculé *nouveauté*, qui renvoyait à cette note : *qualité de ce qui est nouveau (les dictionnaires)*. Les mots sont usés : *idéal ?* c'est une pâte à détacher (et que dire de l'*idéal-standard ?*) », qui veut dire, en effet, l'idéal-ordinaire, l'idéal-banal, l'idéal-éculé.

Mieux informée que M. Galliot, et plus lucide, Mlle Shklar a discerné le « mythe du mot étranger », ce mythe qui nous vaut cent âneries du genre : « Le mot shopping n'a pas d'équivalent en français, mais il désigne bien ce passe-temps aimable qui consiste à acheter des objets dont nous n'avons nul besoin. » Lorsqu'une Française fait des *emplettes*, il s'agit toujours de savon noir ou de serviettes hygiéniques ; une paire de gants,

une fanfreluche ne sauraient constituer une
emplette ! Mlle Shklar a relevé près de treize cents
mots anglo-saxons constamment employés dans
notre publicité ; oui, 1 300 (or, quel est le vocabulaire d'un citoyen français qui sort de l'école
primaire ?). Elle a compris que, généralement
incorrects, mais faciles à retenir, les « slogans »
de la publicité sabireuse sont en passe de se
substituer aux proverbes et à la sagesse populaire. *Do it yourself* devient *faites-le vous-même*,
quand ce n'est pas *douite yourselfe*. Elle a montré
que tous les principes de la syntaxe française sont
violés, *exprès*, par les publicitaires. *It's new, it's
different*, donc, ça fera vendre. « Articles et prépositions disparaissent, le verbe n'est plus qu'une
sorte de copule, et la phrase se réduit au substantif et à l'adjectif. Jadis apte à décomposer et
analyser le réel, la langue française devient à son
tour une langue synthétique, qui cherche à en
suggérer la sensation immédiate. La phrase se
réduit au mot et le mot à l'objet. Avant que le
verbe ne soit totalement supplanté par l'image, le
mot déjà n'est plus qu'objet. » Qu'importe à la
majorité de nos publicitaires ! *It's new, it's different*, donc ça tire l'œil ; donc ça fait vendre.
Voulez-vous vendre une robe ? yanquisez-la en
robe jumper, accolez-lui l'adjectif le plus inat-
tendu, le plus déplacé, celui en effet qu'on n'a
jamais lu, accolé à une robe : *malléable :* « Ici les
robes jumpers, sportives et malléables » (*Elle*,
15 août 1963). Tout à l'avenant.

Mieux, ou pis : Mlle Shklar observe que la
publicité essaie de nous « vendre » la notion de
« capital-temps », si précieuse aux lecteurs qu'a-

brutit le *Reader's Digest*, et grâce à quoi *Le Chasseur* qui se croit encore (ou du moins se dit) *français* allèche désormais les candidats au mariage : il leur fait miroiter la découverte « dans un temps record » de l'âme-sœur ou du con-frère. Avec le *capital-temps*, la publicité nous « vend » du *capital-santé*, du *capital-jeunesse*. Honni soit qui penserait qu'il s'agit ici de morale « capitaliste » ! Enfin, à renfort d' « ouvre-boîte miracle », de « jet magique de la bombe américaine spray net », de « tissus magiques », la publicité sabireuse joue sur le rouage, cependant qu'à renfort de « scientifique », et de « problèmes » toujours très vite résolus, elle joue simultanément sur le noir, flattant conjointement les deux religions des imbéciles : le scientisme et la magie. Ainsi partout s'insinuant, elle corrompt jusqu'au langage des culs-terreux, sur qui on pouvait compter jusqu'ici pour maintenir la tradition langagière. Lisez *La France agricole*. Il ne s'y agit plus que de tracteurs *spitfire*, d'outillage *workeasy* pour plumer les volailles, de forage *harvester*, de *ramasseuse-press new Holland super hayliner 68*, de semoir *sulkymaster*, de récolteuse à betteraves *beetmaster*, d'appareil à tailler les haies *jetcut*, d'élévateur à fourrage *crimper*, de planteuses-repiqueuses *super-prefer*, de *corn-picker oliver* pour l'épanouillage du maïs, des *cutipackers-seeders*, de l'aliment *protector* pour les poussins (qui seront, selon les cas, *black-red* ou *white-red*), du fameux gazon *blue-grass* qui ne se tond pas. N'espérez pas que, rentré chez lui, le cultivateur français puisse reprendre l'usage de sa langue. La publicité l'investit et le corrompt lui-même. Aussitôt qu'il aura ôté ses *blue-jeans* de travail il lui faudra prendre un *sunbeam standard* pour se raser tandis que sa femme utilise l'essoreuse *extra-dry* que lui suggéra Frigidaire. Souhaite-t-il ensuite prendre un peu de repos, qu'il choisisse entre un canapé *no-sag*, un *hop-sleeping erton*, ou un *relaxerton* sur lequel il pourra boire un *drink* sorti de son *super-freezer*. Petit-fils et neveu de paysans que je suis, je songe à la tête que ferait mon grand-père devant le tracteur *implematic*, le distributeur *discunic*, la table à repasser *sarninmatic* (« création française de classe »), la faucheuse *rekord*, le *cover-crop*, le *pulviculteur milpatt* ! Ça ne le ferait même pas rire, le pauvre vieux : il n'y entraverait que dalle, et je ne suis pas sûr qu'elles le feraient rigoler, elles non plus, les *sketcheuses hilarologiques* que *La France agricole* recommande à ses petits-fils, mes cousins. C'est dégrader la paysannerie que de lui enseigner, à coups de publicité sabirale, qu'elle *vivra mieux* en portant des bas *personnalisés* et en *conditionnant* les pommes de terre (plutôt qu'en les ensachant). *Vivez mieux*, recommande *La France agricole (for a better life)*. *Vivre bien*, ce n'est pas du tout *bien vivre*. Essayez donc de traduire cette nuance en sabir. Impossible.

Or, dans notre univers mercantile, la publicité est devenue *la* lecture, la seule, de la plupart des citoyens. Gratuite ; mais, hélas, obligatoire. Si je conduis ma voiture dans les rues de Paris, je ne puis, sans fermer dangereusement les yeux, échapper aux placards affichés sur les autobus, les camionnettes que je dois éviter ou doubler. Ai-je la prétention de me réfugier dans la nature ?

L'anglomanie m'y poursuivra sur les panneaux des routes, sur les murs aveugles des maisons isolées.

Quoi d'étonnant! J'ouvre le *Vade-mecum du rédacteur publicitaire*, que nous devons à M. Jacques Gérard Linze, et qui fut publié dans quatre livraisons de *Vendre*, en 1960. L'ouvrage est intelligent, mais quelle conception du langage! « On présentera les qualités réelles, vérifiables, mesurables du produit (*factual approach*) ou bien l'on énoncera les qualités tout aussi réelles, mais non évaluables, non comparables à quelque étalon, seulement appréciables par expérience (*imaginative approach*), caractéristiques des messages de forme anecdotique : nouvelles, *strips*, ou bandes dessinées, etc. » D'où je conclus que les techniciens de la publicité, en France, ne font que démarquer les recettes et le jargon des marchands yanquis, et que, pour eux, écrire français suppose toujours que, pour oser employer une expression, on puisse chaque fois se référer à un idiotisme américain correspondant. Le plus souvent, on préfère le mot anglais tout cru, tout nu : on écrira donc : « si le *layoutman* est habile », « le *feeling* du concepteur », « il faut sélectionner l'*appeal* ». Bref, voici la phrase type du publicitaire français : « Les *house-organs*, ou *journaux d'entreprises* [...] peuvent constituer d'excellents moyens de publicité directe, mais ils sont plus souvent utilisés au service des *public-relations*. »

Tel étant le style de ces messieurs entre soi, on peut leur faire confiance pour sabiriser en public, dans leurs placards! « Augmentez de 100 % votre standard de vie grâce à la méthode de mémoire

multiforme » ; « Allumeurs Électra durent plus
long que votre voiture » ; « Boeing hebdomadaire » ; « Trois banques individuelles » ;
« Agence internationale de publicité et marketing recherche un homme ou une femme d'une
trentaine d'années culture générale vaste même
non conventionnelle expérience inhabituelle de
la vie ». L'Amérique est désormais à la portée des
Parisiennes à la *bj*. On y découvre un avant-goût
de cet avenir *bj* : « Un parking à la mesure d'une
clientèle de plus en plus motorisée. Alors les
femmes pourront satisfaire leur passion du
« shopping » [...] en hésitant longuement entre
une petite toque de renard ou un pull de cashmere. » Bref, c'est le « shopping total ». N'est-il
pas scandaleux que, pour apprendre, ou rapprendre, la traduction française de *cashmere*, il faille
se référer à la publicité diffusée par *Old England*,
où je lis : « Basic French for fashion : In French
best is meilleur, Fashion is Old England, Cashmere is Cachemire. » Un pull de cashmere, c'est
donc un chandail de cachemire. Mais M. Loewy
s'en fout, lui, qui fit aux États-Unis sa fortune, et
qui aménage sabiralement la *bj*. Grâce au rayon
bodygraph, dont la barbarie gréco-yanquie
séduira le chaland, la *bj* gagnera plus de fric
encore. Quant au français, qu'il crève ! Que pour-
rait-il faire de mieux ?

Le Bowling et le Karting, ces deux réussites de
la publicité, démontrent cet axiome. Les milliards investis dans le *bowling* et le *karting* n'eussent pas rendu autant s'il se fût agi d'installer des
jeux de quilles, de courir sur modèles réduits. Les
pages de publicité qui furent prodiguées en 1961

par les philanthropes de l'A.M.F. (*American Machine and Foundry Company*) annonçaient « un placement sûr : le bowling », et la « transmutation d'un sport en industrie florissante ». Voici le ton : « C'est le *pinspotter* d'A.M.F. qui a permis au bowling de prendre la place prépondérante qu'il occupe parmi les sports mondiaux » ; « un sport praticable dans la cité même » (vous ne voudriez pas qu'on y joue même *en ville*. Non : *dans la cité même*, « in the city itself »). Il n'en coûte que 100 000 francs 1963 pour construire un *bowling* avec *snack-bar*. Une seule piste de *bowling* permet quelque 15 000 parties par an ; elle assure de très gros revenus. Faites du fric, puisque vous n'aimez que ça. Mais ne venez pas, messieurs les goujats, nous imposer à coups de millions que vous prélevez sur la laine de nos moutons, si heureux d'être bien ras par vous tondus, des mots qui ont cours chez vous, mais qui sont ici de la fausse monnaie. Un *bowling*, figurez-vous, c'est un *boulin*, chez nous, le *boulin* de *boulingrin* (*bowling-green*). MM. les publicitaires sont les mieux placés pour savoir que « publi-reportages est une marque déposée, propriété de *Paris-Match* », que *Frigidaire* est une marque déposée, et que le substantif « visagiste » appartient à un monsieur. Vous acceptez ça (qui me semble révoltant) ; ce nonobstant, vous feignez d'ignorer qu'en escamotant *boulin* et *quilles* pour les remplacer par *bowling*, vous nous tuez deux très bons mots français. Quoi ! le baron de Dampierre aurait le droit d'empêcher une marque de tricots d'utiliser le nom de sa famille, et moi, citoyen français, je n'aurais pas celui de jouer au *boulin* ?

Écrivain français, professeur de langue française, et si je vous faisais un procès, messieurs du *Bowling* ? Et ce n'est pas parce que vous avez investi deux milliards dans vos pistes, messieurs du *karting*, que ce mot aura chez nous droit de cité. Non, messieurs du *karting* et du *bowling*, ce n'est pas parce que la General Motors peut gaspiller pour sa publicité près de 170 millions de dollars par an (850 millions de francs) et quatre autres sociétés yanquises de 350 à 700 millions chacune, que j'accepterai, moi chétif, qu'elles détruisent ma langue, qui est celle de 120 millions d'hommes, et de quelques centaines d'écrivains accomplis. Ma langue, c'est le sang de mon esprit, comme l'a dit don Miguel de Unamuno, qui n'aimait pas beaucoup ni l'argent ni votre cher ami le général Franco. Ma langue, c'est le sang de mon esprit, et si vous prétendez me saigner à blanc, comptez que je me défendrai par tous les moyens de la défense légitime.

Quand la Jague se recommande à nos rupins par une phrase d'anglais : « A special kind of motoring which no other car in the world can offer », c'est son droit strict. Ce faisant, elle ne sabote pas ma langue. Mais quand l'Alcan, « premier exportateur mondial de lingots d'aluminium » (qu'il se dit), me vante ses deux usines canadiennes « séparées par quelques 80 km », qui le rend si hardi d'oser un solécisme que je n'aurais jamais commis à neuf ans, moi qui avais eu la chance d'un excellent instituteur, M. Jules Froger ? Dans *Le Figaro* du 8 mars 1961, lorsque Manby déploie une pleine page d'américanismes : « le new (imper) look », « karting le

blouson confort-pratique », « la folie-blazer »,
« classiquement trench », « patrol-coat en toile
plastifiée le confort sport 100 % imperméable »,
« new-trench le classique jeune fille », « en
manby color le cardigan », « pull slim », « doux,
doux, le lambswool », « en tweed veste spéciale », « new look le coton de ville », « tous les
slacks absolument tous », « nouvelle l'impression
twill », le tout, comme il se doit, « aux couleurs
américaines », suis-je pas fondé à penser qu'un
gouvernement qui se respecte ne permet pas
longtemps qu'on manque ainsi de respect au
français ? Car ceux mêmes qui se piquent de ce
vocabulaire ne savent pas écrire « velours *côtelé* »
et, pour une fois qu'ils emploient un mot français, ils l'écorchent en *cotelé*. Quand enfin la
chaîne Hilton gaspille ses dollars pour nous
enfoncer dans la tête son « slogan » (*Go international, stay Hilton*, lequel, tel quel, n'est pas
mauvais en anglais), de quel droit met-elle en
apposition « une escale moderne », alors que la
grammaire française lui prescrit « escale
moderne » ? De quel droit écrit-elle, avec deux
fautes, « au Caraïbes », pour ne pas dire *dans la
mer des Antilles*, ou *aux Antilles* ? « Il y devrait
avoir quelque coercion des lois contre les écrivains ineptes et inutiles comme il y en a contre
les vagabonds et fainéants » (Montaigne).

Il ne s'agit pas seulement de mauvais écrivains,
mais de décerveleurs professionnels. Selon l'aveu
d'un publicitaire, « la publicité ne s'adresse pas à
la raison raisonnante, mais aux sentiments, aux
instincts, aux passions, à la sexualité, à la peur de
l'ennui et de la mort ». En effet : Hitler est un

produit de la publicité. Or MM. les publicitaires ont pris conscience de leur pouvoir, qui ne tend à rien de moins qu'à nous asservir tous. Page 14898 du *Correspondant de la publicité*, « bulletin quotidien d'information et de documentation professionnelle », je lis en effet, à la date du 16 mai 1960, une certaine prophétie d'Octave Jacques Gérin. En voici le texte, dont je vous prie de savourer chaque mot : « Ce que tu feras, publicitaire, je vais te le dire. Hier, tu étais le dernier, tes efforts faisaient sourire, t'en souviens-tu ? Aujourd'hui, tu rencontres approbation et estime. Il est avéré que, derrière des dessins amusants et des textes en apparence anodins, il y a ta pensée qui séduit et convainc les masses tandis qu'elle enrichit qui te paie.

« Demain, quand, à force d'apprendre, tu auras maîtrisé la science d'agir sur les hommes [*maîtriser :* américanisme à la mode, avec le sens de *to master*], Littérateurs, Pédagogues, Hommes d'État même, viendront à toi. L'Écrivain t'achètera le secret de l'attention, le Tribun t'arrachera le secret de la domination.

« Alors, publicitaire, tu te sentiras puissant. Mais, conscient de ta force, fidèle à ta doctrine, tu dicteras les seules paroles capables de mettre à jamais, au cœur de l'homme, les pulsations de vérité, de paix, de justice. D'ici là, vends. »

D'ici là, vends. Un homme dont le métier officiel est de faire vendre — provisoirement — *n'importe quoi pourvu qu'on le paie*, voilà qui prétend gouverner la cité des hommes ! Un homme dont le métier consiste à n'employer que superlatifs imposteurs et à remplacer progressivement tous les mots français par le mot yanqui correspondant, voilà qui, en France, réclame le pouvoir suprême !

« N'achetez jamais dans les boutiques où il y a *English spoken*, cela veut dire : *ici on vole les Anglais* », conseillait à ses concitoyens, en 1885, un guide du parfait *globe-trotter* : *Paris in four days* (Paris en quatre jours). Je me garderai de condamner si durement les magasins de France où l'on affiche : *English spoken, Man spricht deutsch, Si parla italiano, Se habla español, Gavariat porousky* (ce qui parfois est le cas). Voilà une courtoisie que j'approuve et apprécie ; mais l'anglomanie de nos publicitaires a d'autres arrière-pensées ou, du moins, aura d'autres résultats : nous livrer, la cervelle congrûment lavée, aux *managers* (c'est-à-dire aux gestionnaires) de la General Motors, aux *marines* (c'est-à-dire aux fusiliers marins) de la United Fruit.

CHAPITRE III

Presse, radio et télé atlantiques

Si au moins les journaux français corrigeaient dans leurs diverses rubriques les méfaits de la publicité qu'ils accueillent pour survivre ! Je t'en fiche ! A part la chronique rituelle sur les querelles de langage, c'est à qui sabirera mieux. D'abord, les *rubriques*, ça n'existe plus ; nous avons enfin des *columns* à l'américaine, et le rubricard se promeut *columnist*. C'est plus sûr, c'est *new-look*. Il y a *le coin des teens*, les *flashes*, le *jumping*, les *jazz-records*, les *features*, il y a même une rubrique du *baby-sitting*. Les titres, désormais, s'inspirent de l'américain. Jadis, on titrait : *Poincaré élu*, ou bien *Wilson élu*. Sous prétexte que les Yanquis préfèrent *It's Roosevelt, It's Roncalli* (*c'est* Roosevelt, *c'est* Roncalli), nous eûmes droit récemment, et sur huit colonnes, à des *C'est Kennedy !*, *C'est Montini !* Je ne crie pas au solécisme ; je constate simplement, mais tristement, que, pour faire « new », les journalistes abandonnent délibérément tout ce qui garde une habitude, une saveur française. D'abord, saveur, arôme, ça s'écrit *flavour*, dans la presse (le *flavour* de votre *scotch*, ça ne vous rappelle pas quelque chose de déjà lu ?) Dans un mot croisé de *France-Soir*, en août 1963, l'une des réponses est *quick-freezing*.

Quelle que soit leur nuance politique ou leur périodicité, journaux et magasins pittoresques (comme on disait encore au XIXᵉ, quand on savait se passer de l'anglais *magazine*) sabirent à qui pis pis. Les moins dociles à la mode étant ceux qui, soucieux de ménager une clientèle provinciale et popote, se sentent provisoirement contraints de s'exprimer en français : *Le Petit Écho de la mode*. Mais *Le Chasseur français* étant déjà passé à l'ennemi, tout m'invite à redouter que le jour ne soit proche où les lectrices du *Petit Écho de la Mode* exigeront elles aussi leur *doping* au sabir. Soyez sûr qu'alors on ne les lanternera pas. Quelques revues strictement littéraires et peu lues essaient encore de perpétuer le français : dans *La Nouvelle Revue française* de décembre 1961, Audiberti s'offrait un pamphlet truculent contre le jargon yanqui. Hélas, cette revue y succombe : rares les numéros sans sabir. Soit celui de juillet 1963 : j'y trouve des *dockers* (alors que *débardeurs* ferait très bien l'affaire), des *comics strips* (des *bandes illustrées*, fi donc !), du *fading* (dans une scène de Shakespeare), des *racketeers* du passé (MM. Pauwels et Bergier, qui ne l'ont pas volé) et, pour finir mal, « une *happy end* » (pour ne pas dire que ça finit bien ; mais pourquoi *LA happy end* et *LE week-end* ?

De ce niveau, pour peu que nous tombions à celui des quotidiens, des hebdomadaires à grand tirage, selon que nous descendons, l'anglais se fait plus indiscret, ce qui ne veut pas dire plus sûr. La tentation est si forte que certains journaux, qui essaient de lutter contre elle, défaillent. A preuve, *Paris-Match.* Dans mes cours, naguère, j'eus l'occasion d'analyser certains numéros où par dizaines, je relevais les mots anglais, les américanismes clandestins. Or, en 1963, ce périodique décida de m'offrir deux pages où pousser un gueulement d'alarme. Depuis lors, il publia une caricature au moins, drôle et virulente, contre l'américanisation des rues de Paris, et j'ai constaté qu'il fait un effort (à mon sens fort utile, car on le lisait beaucoup) pour dévier de son ancienne ligne et retrouver le droit chemin. Non sans rechutes. Le 17 août 1963, j'y lus un article sur le « surf », ce nouveau jeu importé des îles du Pacifique. Nous avons droit à *surf, surfing* et *surf riding*, alors que *rase-vagues* ou *rase-rouleaux* (sur *rase-mottes*) disait excellement la chose. Ouais ! ce n'est ni angliche, ni amerloque, ni en *-ing* ! A partir de *surfing*, on te nous fabrique un *surfer* (le *surfer*), en vertu de la règle qui veut que tout substantif d'agent soit en sabir un mot en *-er*, dérivant si possible d'une racine anglo-saxonne. Bien. On nous apprend ensuite que ce jeu est plus dangereux que le ski nautique parce que le nageur n'y est pas tiré par une corde de « chryscraft ». Comme si *chriscraft* ne faisait pas assez sabiral, avec son *i*, on te lui attribue gratis l'*y* dont j'ai dit qu'il a valeur *magic*. Et vogue à des millions d'exemplaires ce très sabiral *chryscraft* !

Il y a plus beau. Le matériel du *surfing* est « une planche — ou *board* — en verre stratifié ». Diable ! Pourquoi préciser que planche, mot français, se dit *board* en anglais ? Parce que ça permet, quelques lignes plus loin, d'écrire enfin le fin du fin : « les jambes écartées, les pieds au milieu du *board* » ; et voilà un mot français de plus, un mot encombrant, un mot *old look*, un mot croulant, *planche*, balancé par-dessus bord. Et voguent les *boards* sur les vagues, pardon, à la surface du *surf*.

C'est comme *Le Figaro* : il s'efforce d'éviter les américanismes, paraît-il, et je le crois, puisqu'il remporta une fois au moins la coupe Émile de Girardin, attribuée au journal qui pèche le moins contre la langue française. Outre Piéchaud, il occupa deux techniciens qui s'en prennent périodiquement au sabir (Maurice Rat, *Les Ravages de l'anglofolie*, dans *Le Figaro littéraire* du 17 octobre 1960, etc., Aristide = Maurice Chapelan qui constamment, courageusement, lutte contre l'anglicisme). Parfait. Or je lis dans *Le Figaro* du 16 août 1963 : « Tout le continent soviétique à portée des missiles de la Navy », parce que ça fait plus chic que « à portée des projectiles ou des fusées de la flotte (ou de la marine) » ; à la même page, voici *hot dogs*, *ice-creams*, *dancings*, *motels*, *deterrent n° 1*, *Broad Ocean Area*, *tender*, *senior service* et (dans la suite de cet article), les 17 et 18 août, *déterrent*, *striking fleets*, *submersibles conventionnels*. Autant d'intrus inadmissibles, et pour lesquels nous ne manquons pas d'équivalents : entre *le grand large* et *Broad Ocean Area*, entre *tender* et *ravitailleur*, entre *deterrent* et *arme de terreur* ou *représailles atomiques*, j'ai l'esprit si mal fait que je ne vois point la différence. Or, une photo dont la légende fut rédigée par quelqu'un d'autre pour éclairer l'article en cause montre le *Hunley*, « ravitailleur et atelier de sous-marins ». *Ravitailleur* : cela précisément que l'auteur de l'article choisit d'appeler un *tender* ! Objecterez-vous que nous avions accueilli *tender* au XIXe (cette façon de remorque pour ravitailler la locomotive) ? Nous eûmes tort, voilà tout, et puisque ce mot doit disparaître avec la traction à vapeur, je me demande pourquoi, sinon par goût du suicide, les journalistes français substituent à nos *ravitailleurs* de sous-marins d'affreux *tenders*. Là, le mal est voyant, localisé ; mais dans *Le Figaro* du 20 août 1959, à propos de la bombe atomique, quand je lisais : « Un deterrent indépendant valable nécessite non seulement de survivre à une attaque par surprise, etc. », comment n'aurais-je pas restauré le jargon yanqui dont ce sabir n'était qu'un honteux démarquage : « An independent valuable deterrent necessitates, not only, etc. » Pas un mot de français là-dedans.

Le même jour, le même *Figaro*, dans sa rubrique des sports, annonce la mort du « pacemaker » belge Van Ingelghem qu'il désigne, à cinq lignes de là, de son vrai nom français : « l'entraîneur ». Cette façon insidieuse d'employer indifféremment, comme s'ils fussent légitimes équivalents, le mot français et sa traduction anglaise tend à devenir la norme du style dans la presse.

C'est comme *Le Monde*. Voilà un bon journal : le meilleur de France, l'un des cinq ou six au monde qui valent qu'on s'y abonne. M. Le Bidois

y défendait chaque mois le français, et souvent
contre le sabir atlantique. Homme de bonne
compagnie, il ne met pas comme moi les pieds
dans les plats de *hamburger* ; il gaze sur l'impérialisme, la colonisation. Relativement peu
m'importe puisqu'il manquait rarement à son
devoir professionnel. N'empêche qu'en mars
1963 *Le Monde* intitulait une rubrique *Faites-le
vous-même*, selon de *do it yourseef* lancé par les
fabricants américains de trousses à bricoler.
N'empêche que, le 15 août 1963, il nous imposait
un intolérable *test ban*, puisqu'il s'agit de l'inter-
diction des expériences atomiques dans l'atmosphère. Le mot revient trois fois. J'aimerais
savoir ce qu'y comprennent ceux qui ont étudié
l'allemand au lycée, le russe ou l'italien, et non
l'anglais. A preuve : divers lecteurs, cultivés,
m'ont demandé : « Qu'est-ce que c'est, un *test-
ban* ? » Le même jour, rubrique de la mode, il
fallait subir *les furover* (sans *s* du pluriel, s'il vous
plaît), c'est-à-dire un tricot (*pull-over*) d'où *over*
par scissiparité avec un devantiau de fourrure
(*fur*), des « chaussettes de laine stoppées sous le
genou » — ce qui est idiot, mais suggère en
simili-anglais des chaussettes qui s'arrêtent au
genou (elles n'y sont pas *stoppées* ; ou alors, par
qui ?) ; enfin, la même chronique offrait des robes
du soir qui se vouent (une robe ne se *voue* pas à
quoi que ce soit !), « des robes du soir, donc, qui
se vouent aux " poils de chameau ", aux shetlands
et aux gros tweeds », ce qui est doublement et
même triplement reprochable : 1° *tweed* et *shet-
land*, n'étant pas des mots français, devraient être
signalés par des guillemets ; 2° *poil de chameau*,

étant français, ne devrait pas prendre de guillemets ; 3° des robes du soir qui se vouent aux
« *poils* de chameau », avec ce pluriel bouffon
aggravant les guillemets, devraient plutôt être
vouées aux gémonies. Bah ! qu'importe ! *Words,
words, words !* comme dit l'autre en sa langue. Il
faut bien se taper sa *colonne*, pas vrai ? c'est *si
facile* en anglais, et *tellement plus facile* en sabir
qu'en français !

Mais le pompon, il appartient à la presse
féminine. *Elle* et *Madame Express* rivalisant à qui
sera la plus *efficiente*. Émulation morbide et
mortelle, car c'est la mère, à la maison, qui
transmet le langage. Or les « mamans », comme
on dit niaisement désormais, quel héritage langagier transmettront-elles à leurs *baby, babys* ou
babies ? Ce qu'elles apprennent chez *Madame
Express* si elles appartiennent à la bourgeoisie,
aux cadres ; dans *Elle* si elles appartiennent au
tout-venant de la nation.

J'ai lu quantité de journaux féminins, courrier
du cœur, publicité rédactionnelle et publicité
tout court compris. Chaque fois que je m'impose
ce pensum, j'en sors hagard, désespéré, prêt à
donner ma démission de professeur. A quoi bon
enseigner une langue, le français, que les futures
mamans de nos *babies, babys* ou *baby* ne savent
plus, abruties de sabir par le *Elle-Club*. Devant les
set-santé, les *pantabliers*, les *shows triomphaux*,
les *steacks*, mais les *biftecks*, les « *testez*-les » et les
« *speaker anglais* » (*speaker* étant ici verbe du
premier groupe), devant les *sommaire-guide*, les
foulard-vitrails ou les *foulard-vitraux*, devant l'*as-
surance-sommeil* et les *cache-maillots plage-ville*,

devant la *cure-beauté côté jardin* et les *recettes plein-herbe* (mots stupidement agglutinés pour restituer à nos femelles — c'est comme ça qu'on appelle une femme en américain : *the American female* — la syntaxe de l'anglo-saxon), j'en viens à préférer le *ranch* du prince du *rock*, les *polos, tee-shirts, pull-overs*, oui, et jusqu'au *déodorant*, au *jean californian*, au *chicken hash* et au *patchwork* partout ! Quand *Elle* exige de moi que je m'habille cet automne *british-look* (ne pas oublier le trait d'union, svp), je finis par préférer cette injonction à l'infantilisme du « légume-friandise » et de ma « maison new-look rentrée ». J'en viens à trouver du charme à *camping*, à *caravaning* !

On pourrait croire que la presse sabire d'autant plus qu'elle fait plus ouvertement le jeu de l'impérialisme yanqui. En gros, oui. Mais *L'Humanité*, pauvre en slavismes, abonde en américanismes : un jour elle nous entretient du *smog* (pas question d'appeler ça du *fumard*), un autre de *milers*, de *liners* et du *jump* de Maurice Fournier (*détente* aurait un je ne sais quoi de mesquin, de provincial, de français, pour tout dire). *L'Humanité* analyse le « développement » d'une affaire, à la yanquie (zut aux *suites* !) et, à propos de l'avion yanqui abattu en Asie centrale, titre sabiralement *Admission sensationnelle*, ce qui n'a de sens que pour qui sait qu'en américain *admission* signifie notamment *aveu*. Mais la liste d'admission à Polytechnique, c'est tout autre chose en français. Etc.

Bref, en lisant, moi seul, quelques heures chaque jour depuis cinq ans, les divers journaux et périodiques français, j'ai pu collectionner des dizaines de milliers de fiches concernant plusieurs milliers de mots ou d'expressions que je consignerai dans mon futur *Dictionnaire philosophique et critique du sabir atlantique*. Si j'avais dix assistants travaillant huit heures par jour, ou encore une machine électronique, combien de *centaines de milliers* de monstres seraient ainsi tombés dans mes filets-fichiers (style *Elle*) ? Je préfère ne pas le savoir. Ceci en tout cas est sûr : la presse tout entière sabire avec délectation : elle a honte de parler français.

Organisme d'État, strictement contrôlée, voire censurée au point de vue politique, moral et religieux depuis qu'elle existe chez nous, la radio-télévision française, elle au moins, va contribuer à restaurer la pureté du vocabulaire, de la syntaxe, de la prononciation...

Voyons donc : en juillet-août 1959, la revue des Pères Jésuites publiait une étude de M. Maurice Honoré : *Radiodiffusion et langue française*. Après avoir rappelé que le langage n'est pas une propriété dont chacun de nous aurait le droit d'user et d'abuser, mais un *dépôt* que nous devons transmettre après l'avoir fait fructifier, l'auteur concluait : « Touchant immédiatement des millions d'auditeurs, la radio fait incomparablement plus de victimes que la presse. » Pour des millions d'oreilles non prévenues, elle propage le même vocabulaire sabiral que la presse, mais, alors que les journaux n'en proposent qu'une image visuelle (ils donnent rarement la prononciation, sauf quand il s'agit de produits dont la publicité recommande l'achat), la radio propose, c'est dire impose d'un coup, le mot et sa ou ses prononciations.

Aussi longtemps que les auditeurs accepteront d'écouter des *speakers* et des *speakerines*, pourquoi se plaindraient-ils d'entendre sabirer les ondes ? Commençons par imposer *annonceur* et *annonceuse*. Il sera temps alors d'agir sur les autorités pour obtenir que les redevances que nous payons afin d'écouter la radio *française* nous permettent parfois d'entendre du français, prononcé à la française.

Je me bornerai à vous enfiler quelques perles. Le 29 février 1960, au cours d'une chronique sportive, j'entendis « le plus grand *évent* », comme s'il s'agissait de l'*évent* d'une baleine. Il s'agissait du mot anglais *event* (*ivennte*, accentué sur -*vent*) que nos ignares, je l'ai vingt fois noté, préfèrent de parti pris au mot français *événement*. Si un événement devient un *évent* à la radio, afin d'éviter la confusion avec l'*évent* d'une baleine, avec l'*évent* au sens d'exposition au grand air, avec l'*évent* au sens d'altération des viandes et des liqueurs trop longtemps exposées, ne conviendrait-il pas de débaptiser les *évents* pour en faire des *événements* ? Qui n'a surpris la radio en folie quand elle articule des mots anglais : *squètteurs*, *Laïteul Rock* (Little Rock), *briquefaste* (breakfast), *Waïnston Churchill* (Sir Winston Churchill), *Daili Maille* (comme la moutarde), vingt autres !

Traitant un jour dans *Le Monde* du *Sabotage de la prononciation* par la radio française, M. Le Bidois, la mansuétude même, suggérait qu'on « ne peut évidemment pas exiger de nos annon-

ceurs qu'ils connaissent la prononciation correcte de tous les termes anglais qu'ils emploient.
Mais il y a cependant des mots très courants sur
lesquels ils ne devraient pas trébucher. Pourquoi,
par exemple, persistent-ils à prononcer « ineter-
viou » alors que l'anglais dit « INEteurviou » et
que nous devrions, nous français, dire « inTER-
viou » ? Mon opinion est plus radicale : ou bien
nous dirons *entrevue, entretien* (c'est le sens même
du mot *interview*), ou bien nous acceptons le mot
barbare, mais nous le francisons *autant que faire
se peut*. Sur *interviewer*, prononcé *interviouver*,
accentué sur la dernière syllabe, je proposerai
donc une *interviouve* prononcée à la française.
Mais le mot me paraît inutile et fâcheux.

La radio aime tellement les mots anglo-saxons
que, non contente de les prononcer tout de
travers — *Tchi*-cago, par exemple (pour Chic*â*go)
— elle a décidé d'américaniser l'accent de tous
les mots de quelque langue que ce soit, le français
y compris. On a entendu Éric *Sataïe* (pour Satie),
Taïte Laïve (pour Tite Live), *saïne daïe* (pour *siné
dié* = sine die), et *Herbagueur*, accentué sur *Her-*
(pour le cheval français Herbager). Sur cet ingénieux modèle, le Quesnoy devient Le *Quessenoï*.
Au cours de la première des émissions dont je
m'occupai pour France III, j'eus la désagréable
surprise d'entendre parler du *Tchanne-si* et du
Tchenne-si : sous prétexte que ces provinces se
transcrivent en Français *Chan-si* et *Chen-si*, un
acteur (à qui je n'avais pas indiqué les prononciations, n'y voyant aucun piège) prononça donc à
l'anglaise la transcription française des noms
propres chinois (*tch-* pour *ch-*). Puisque telle est

l'anglomanie à la radio, ne pourrait-on obtenir
au moins que ceux qui emploient abusivement le
jargon américain le prononcent correctement ?
Un angliciste, et des plus avisés, et des mieux
rompus à la traduction, resta pantois, le 19 août
1959, lorsque Joséphine Baker (faut-il dire
Bèquère, Baquère ou *Béqueure* ?) fut présentée à la
Gazette de Paris comme une *vedette du chaud*. La
prononciation de l'annonceur étant exactement
celle du français *chaud*, mon ami s'interrogea
quelques instants sur cette qualification excep-
tionnellement chaleureuse qu'on se permettait
indiscrètement d'attribuer à une négresse. Soudain, ce fut l'illumination : on avait voulu dire la
vedette du show, la vedette du spectacle.

Puisque des millions d'enfants, d'adultes plus
ou moins lettrés entendent à journées longues des
mots anglais écorchés par la radio française —
que le chah et son épouse, par exemple, « sont les
guessetes » de la France (pourquoi voulez-vous
que nous ayons des *hôtes* nous, fussent-ils impé-
riaux, quand les Yanquis ont des *guests* ?), — à
quoi sert l'argent que dispensent, chichement,
mais que dépensent les services du ministère de
l'Éducation nationale ? Le peu que fait l'enseignement contre la corruption de la langue, la
plupart des émissions de la radio française le
défont à journées longues.

Plus décisive encore pour l'avenir de la langue,
la télévision conquiert chaque jour de nouveaux
foyers : « Cow-boys asthmatiques, gangsters
mous, galopins hydrocéphales, dessins inanimés,
pin-ups sur le retour, peaux-rouges décolorés,
voilà les surplus américains qu'utilise notre

T.V. » (*Le Canard enchaîné*, 14 août 1963). Il y a pourtant des gens du métier qui en veulent davantage et se réjouissent à la pensée que les programmes entiers de notre télé puissent un jour nous parvenir des *U.S.A.* (comme ils sabirent) par la *mondio* ou la *mondiovision*, comme ils resabirent pour ne pas dire en français : la télé universelle. Lancée par *American Telephone*, une société américaine s'est constituée, où le dollar aura la part de l'aigle. Cette organisation philanthropique se propose de diffuser sur la planète entière les programmes yanquis de télé. Pour peu que j'examine l'état présent du langage à la télévision, comment ne serais-je pas atterré à l'idée de ce projet ?

Au printemps 63, j'assistai, en qualité de membre du jury, à l'émission intitulée : *Le Grand Voyage.* Deux jeunes filles concouraient, étudiantes toutes les deux, qui voulaient partir pour l'Union Soviétique. A la consternation des animateurs, à celle des membres du jury, ces deux jeunes personnes donnèrent aux spectateurs deux récitals d'ignorance générale et de cafouillage langagier. L'une d'elles n'hésita pas une seconde sur le pluriel de « vassal » qui du coup, pour dix millions de Français, devint : *des vassals.* Oui, voilà le type de candidats qui entendent représenter la France à l'étranger, avec de beaux billets gratuits pour « Air France » ! Si l'on ne m'avait pas conseillé la pondération dans les notes, j'eusse mis un zéro, et même un zéro pointé, à l'auteur de ce *vassals*, car je crains qu'il ne fasse des petits. Je le crains à d'autant meilleur droit que, dans une autre émission de la même série, un élève d'une grande école avait découvert l'importance des *chantiers navaux*. Des *vassals*, des *chantiers navaux*, oui, voilà ce qu'on diffuse à la télé française ! Par délicatesse sans doute, ni le meneur de jeu, ni le président des jurys ne peuvent intervenir pour corriger sur-le-champ les énormités de ce genre. Dès lors, le public, ce public qui n'a pour tout bagage que ses souvenirs d'école primaire, comment voulez-vous qu'il n'y croie pas, aux chantiers *navaux*, et aux *vassals*, puisque sa télé lui propose ces nouveautés ? Durant les préparatifs de cette émission, un détail m'avait choqué : dès mon arrivée au Moulin de la Galette j'observai que, sur le devant de mon bureau, au-dessus du voyant où s'inscriraient les notes que je donnerais, mon nom figurait ainsi libellé : *Mr. Étiemble*. Quoi ? *Mr.* pour *Mister*, à l'anglaise ? Moi qui me bats contre notre anglomanie, j'aurai belle mine, déguisé en *Mistère Étiemble* ! L'un des organisateurs se réjouit de mon propos : ce *Mr.* ou ce *mystère* le tarabustait lui aussi ; plusieurs fois il l'avait condamné. Ce soir-là, on gratta d'urgence la lettre superfétatoire et je devins *M. Étiemble.* Menue victoire ; victoire cependant du français sur l'américain. Je serais curieux de savoir combien de spectateurs en eurent conscience. Car je crains que beaucoup de Français n'y aient vu quelque faute : toute l'administration de notre pays étant contaminée, ils reçoivent tout le temps des lettres adressées à *Mr.* X, Y ou Z, et finissent par considérer que c'est ainsi très bien.

Au cours d'une demi-heure passée au Moulin

de la Galette, les deux périls qui menacent aujourd'hui la langue de la télé se manifestaient donc brutalement : l'anglomanie et le charabia. Sur le plateau, tandis qu'on prépare l'émission, ou qu'on prend les vues, c'est l'anglomanie qui domine ; tandis qu'on écoute et qu'on regarde les images, c'est le charabia.

Comme tous nos langages techniques, celui de la télé se laisse corrompre par l'anglais, pourrir par l'américain. Le 14 mai 63, une quinzaine de techniciens, équipe au grand complet, passèrent chez moi quelques heures afin d'enregistrer plusieurs séquences d'un *portrait-souvenir*. Je voulus faire poser sur ma porte une affichette qui priât les visiteurs éventuels de ne pas troubler le tournage. Quelqu'un suggéra : « On va la scotcher. » La *scotcher* ? Je sursautai. Toutes les variétés de *scotch* figurent à mon fichier du franglais, mais je n'avais pas encore obtenu le dérivé *scotcher*, pour *coller*. Voilà qui est fait. Du coup, je demandai aux gens de la télé de vouloir bien me signaler, en vue de cet ouvrage (auquel je travaillais), ceux des mots étrangers qu'ils emploient le plus souvent. Voici, par ordre alphabétique, les premiers de ceux qui leur vinrent à l'esprit : *ampex, cameflex, cameblimp, camera, cameraman, charging-bag, clapman, dolly* (prononcé *doli*), *flash, flash-back, feature, flood* (prononcé *floude*, et masculin quant au genre), *groupman, interview, matcher* (des plans), *mixage, perchman, planning, rewriting, scratch, shunter, spot, staff, stock-shots, script, script-girl, travelling, zoom* (prononcez *zoum*). Il y en a d'autres, beaucoup d'autres. A l'exception de *groupman* et de

11

charging-bag, tous ces termes figuraient déjà aux fichiers que j'accumule depuis quatre ans et plus : je les avais rencontrés dans le vocabulaire de la photo, du ciné, ou, tout simplement, de la grande presse. Commençons par les nouveautés. Puisque le *charging-bag* désigne le sac (*bag*) de recharge (*charging*), je ne vois pas pourquoi nous emploierions une expression anglaise pour laquelle nous disposons d'un équivalent exact : *sac de recharge.* Quant à *groupman,* il s'agit de l'employé chargé de contrôler les *groupes élec-trogènes. Groupman,* en français, ne vaut pas mieux que le *tennisman* par quoi nous nous croyons tenus de traduire, si j'ose dire, le mot anglais *tennis player.* Sur les couples *troupe-troupier, croupe-croupier,* que ne formons-nous *groupe-groupier* ? Voilà un très bon mot fran-çais. On ne me fera jamais croire qu'un techni-cien de la télé se sente flatté quand on le déguise en *groupman,* mais humilié de se découvrir *grou-pier.*

Encore que le verbe *matcher* s'emploie souvent chez nous en simili-français, la télé s'en sert d'une façon originale dans l'expression « *matcher* les plans », que je n'avais pas encore cataloguée. En interrogeant les personnes compétentes qui se trouvaient alors chez moi, j'appris que l'expres-sion signifiait trois choses au moins, de sens voisin, mais pourtant différentes : *alterner* les plans, les *assortir* ou les *harmoniser.* Nuances qu'il est facile de retrouver, du reste, dans n'importe quel bon dictionnaire anglais-français. Pour le seul avantage de ne pas parler français en France, faut-il donc que nous renoncions aux délicatesses : *alterner, assortir, harmoniser* les plans ? Je m'y refuse.

Quant aux autres mots anglais, ou yanquis, dont on abuse dans les studios de la télé, ils sont inutiles, et laids. Le *perchman*, c'est tout simplement un *perchiste* (le mot existe avec un autre sens : *sauteur à la perche*, mais pourra fort bien en porter un second ; nos américanolâtres ignorent en effet que le même substantif, le même verbe sont susceptibles de plusieurs acceptions, et que la « polysémie » comme disent les savants vaut mieux que la barbarie). Même remarque pour le *clapman* : celui qui manie le *clap*, l'affichette à claquoir. Nous disposons de *claqueur* (celui qu'on paie pour faire la *claque*) ; ajoutons-lui cette acception neuve, et tout sera pour le mieux. Par infortune, nos compatriotes, et je n'en exclus pas les techniciens de la télé, s'imaginent qu'ils pénètrent dans un monde supérieur, celui de l'*American way of life*, quand ils substituent aux mots français le sabir atlantique, ou franglais. Plutôt que d'appartenir au personnel, ils deviendront membres du *staff*, mot hideux, en notre langue ; bientôt, pour n'avoir pas à les embaucher, on les *staffera*, eux qui déjà se mettent à *scotcher*. J'ai connu quelqu'un qui acceptait de faire du *rewriting* pour la télé, mais qui se sentirait déshonoré de se livrer pour elle à du travail de *récriture*. Que font-ils d'autre, pourtant, que récrire, les *rewriters* dont je fus : au couple *écrire-écriture* doit répondre le couple *récrire-récriture* (et foin du *révritinge* ou *révritinegue*, ou *riraïtinegue* !) A quoi bon, je vous prie, des *stock-shots*, puisque, sur le modèle des archives photographiques, nous avons en français de parfaites *archives cinématographiques* (j'accepterais même : *archives de ciné*, mais pour rien au monde je ne consentirai à me servir de *stock-shots*). A quoi bon des *flash-backs*, quand Sadoul, dans son *Histoire du cinéma*, propose « retours en arrière » ? Non, il n'est pas un des mots anglais ou américains dont se servent nos techniciens pour lequel je ne puisse très facilement découvrir un équivalent français. Au lieu d'une *floude* (que l'Anglais prononce quelque chose comme *fleude*), disons une *lampe survoltée* ou (si l'on tient à la rapidité) une *survoltée*. L'*éclair* — que le Dieu du tonnerre me pardonne ! — n'est ni moins rapide, ni moins lumineux qu'un *flash*. La cause est donc entendue : jointe à notre ignorance et à notre lâcheté, c'est notre paresse qui nous mena où nous en sommes. Un peu de courage, que diable ! Sinon, la Radiotélévision française devra s'appeler bientôt *Radiotivi franglaise*. Flache !

L'an dernier, lorsque pour la première fois on transmit des images à travers l'Atlantique, je découvris à quel point tout ce qui est français dans ce domaine répugne aux Français eux-mêmes. Il s'agissait de baptiser le nouveau procédé : tel proposa *géovision* ; tel, *mondiovision* ; tel, *spoutnik-télé* ; tel, *mondovision* ; à qui fabriquerait le monstre le plus hérissé. Or, la télévision, pour un Français, c'est la *télé* ; or, ce que les Américains disent *world history*, nous l'appelons *Histoire universelle* ; d'où je conclus que, si l'on tient à distinguer de la télé française, l'européenne, et l'universelle, il suffit de dire : *télé européenne* et *télé universelle* ; c'est par trop sim-

ple, par trop conforme au génie de notre langue.
Mot hideux, imprononçable, inspiré de l'américain, *mondiovision* a donc toutes ses chances. On
me l'a fait savoir.

Il y a pis : notre goût du sigle *T.V.* (ou *TV*)
prouve que nos amateurs de télévision calquent
l'américain : *T.V.*, prononcé *Tivi*, c'est de l'américain. Beaucoup de nos journaux ont des rubriques de *T.V.* (ils disent, eux, des rubriques *T.V.* ou
tv). Entre la *télé* et la *tévé*, les Français semblent
donc hésiter. Les voici déjà qui lisent des gracieu-
setés du genre : *Nouveautés T.V.*, *héros TV*, *tenues
tv* ; ou encore : les *TV parties*. De ce sigle ridicule,
on s'accoutume à faire un adjectif invariable,
comme *U.S.* ou *OAS*. Les Anglais, eux, disent très
bien *telly*. Tant de docilités aux modes yanquies
ne saurait se prolonger sans péril : c'est une
affaire d'État et de salut public.

Quittant les studios de télé, si nous devenons
spectateurs, le péril devient plus menaçant. Pour
en connaître toute l'étendue, je me propose de
confier à l'un de mes étudiants une enquête d'un
an ou deux sur la langue de la télé ; notamment,
sur l'américanisation qui s'ensuit du français. En
attendant les résultats que je pressens et redoute,
je consignerai ici les réflexions que m'ont impo-
sées deux écoutes attentives, les 16 et 17 mai
1963. Une grève ayant interrompu la soirée du
17, je fus réduit à quelques notes touchant l'émission destinée à découvrir *M.* ou *Mme Tout le
Monde*. Outre l'inévitable *script-girl* (au lieu de
secrétaire de plateau), sur un générique généreusement révélé à des millions de Français, je relevai
une bien belle grosse faute contre notre syntaxe :

Mme Dalida nous entretenait de ses vacances : « Il y a très longtemps que je n'en ai pas prises » (pour *pris*). Je notai, en outre, l'insignifiance des chansons dont cette personne nous gratifia, mais qu'elle sut relever, ainsi que son partenaire, par un accent détestable : des *r* grasseyés, des joliesses, du genre *tout channege* (*tout change*), *et mènetenanne* (*et maintenant*) *on ne se quitte plus*...

La veille, j'avais suivi le *Championnat d'Europe* des cavaliers, à Rome, et *Les Coulisses de l'exploit*. Le commentaire perpétuel de Claude Darget proposait un exemple satisfaisant de ce que peut produire un homme au fait de son métier et raisonnablement au courant de sa langue. J'ai depuis trop longtemps l'habitude de parler en public pour jeter la première pierre à celui qui parfois trébuche dans le discours improvisé. *A moins qu'un tirage au sort l'ait placé* n'était assurément qu'un solécisme pour *ne l'ait placé* ; à deux reprises, le commentateur exprima le contraire de ce qu'il voulait dire : *quatre points à son actif* (alors qu'il s'agissait en l'espèce d'un *passif*) et *lui vaille un titre qui était à sa portée* (pour *lui fasse perdre un titre*). On peut toutefois se demander si des tournures de ce genre, véniellles en soi, mais diffusées dans plusieurs millions de foyers, n'accélèrent pas l'évolution du français vers le volapük et le sabir atlantique ; elles peuvent séduire le grand nombre, dont nous savons, hélas, qu'il dispose pour l'erreur d'une affinité naturelle. Ce qui m'a paru le plus reprochable en cette émission, ce fut un certain *vète ande si* qui m'intrigua un instant. Le contexte m'éclaira la difficulté : s'agissant d'un concur-

rent qui venait du Royaume-Uni, Claude Darget
voulait marquer ainsi que ce cavalier prenait son
temps et ses précautions, bref incarnait l'image
légendaire que nous nous formons de la politique
anglaise : celle du *wait and see*. Il fallait alors, ou
bien le prononcer à l'anglaise, ce *wait and see*, ou
bien dire en français la même chose. Bien qu'il
fût romain, Fabius Cunctator pratiquait déjà la
politique du *wait and see* ; or nous l'appelons le
temporisateur ; on l'appellerait aussi bien le *cir-
conspect*. La politique circonspecte du *wait and
see* est donc un sacrifice à l'anglomanie régnante ;
celle du *vète ande si* paraît moins justifiable
encore, car l'anglais en pâtit autant que le français.

L'autre émission, *Les Coulisses de l'exploit*, proposait bien des images amusantes, ou char-
mantes : Tournier, l'acrobate des neiges, et le
chaton alpiniste. J'y aimai une formule heureuse : « ces gens de sac et de corde » pour
désigner les alpinistes ; mais, dans l'ensemble,
quel vocabulaire, quelle syntaxe, et quelle prononciation !

Qu'on prononce *caméramane*, *ruguebi*, *foutebôle*, *foutebôleurs*, *pénaleti* et *supportères* en accen-
tuant la dernière syllabe, j'y vois un effet maladroit, mais estimable, pour vaguement franciser
la prononciation de ces mots-là. Mieux vaudrait
pourtant parler français et dire l'*opérateur*, le
ballon ovale, le *ballon rond*, la *pénalité* (je sais ce
que c'est qu'un *penalty*, car je fus capitaine d'une
équipe de ballon rond ; mais je sais, de plus, que
penalty n'a en français aucun droit de cité). Ce
choix serait d'autant plus heureux qu'un autre

interlocuteur, gêné par les mots anglais, prononçait : un *matcheu de handeballe*, mais un *h* très fortement expiré, un accent sur *hand-*, mais un *balle* à la française. Si vous dites *foutebôle*, accentué sur *bôle*, pourquoi *handeballe*, et accentué sur *hand* ? Fâcheuse incohérence.

Là-dessus, il me fallut subir : « le Sporting Union agenais ». Pourquoi ce masculin ? Manifestement, *Sporting Union* est formé sur *Sporting Club*. Si l'on dit *le Sporting Club*, à cause du genre de *Club*, il faut *la Sporting Union*, à cause du genre de *Union*. Mais *la Sporting Union agenaise* ne vaut guère mieux que *le Sporting Union agenais*. Moralité : parlez français. Vous n'aurez pas à vous demander quel est le pluriel de *cameramane*. *Quadrumane* et *mythomane* justifient un des pluriels que j'entendis ce soir-là : « *nos cameramanes* » ; par infortune, au cours de cette émission précisément, mais à propos du Cap Canaveral, on parla de *cameramènes*. Si j'ajoute que la prononciation de *cameramanes* me renvoie à l'orthographe *cameramans*, et celle-ci à la prononciation de *boschimans*, ou *bochimans* (comme *normands*), je me perds dans une confusion qu'aggrave la prononciation *cameramènes* qui suggère une graphie *cameramen*, c'est-à-dire un pluriel à l'anglaise ! Qu'en pourra tirer l'auditoire ?

Moins patents, mais plus dangereux peut-être, d'autres américanismes encore m'ont gâché le plaisir que je prenais à plusieurs des images. « Il ne pleut pratiquement pas » au lieu de « presque pas », ou de « quasiment pas » (mais *practically* nous corrompt) ; « il ne semble pas y avoir de problèmes », autre manie d'outre-Atlantique (*there is no problem*) ; un « réseau radar » (pour ne pas dire en français « un réseau de radars ») ; « chacun se sent concerné par la tentative » (*everybody feels concerned*) ; la « capsule est constamment sous contrôle » (*is constantly under control*) pour ne pas dire que « chacun prend part », ou « l'on reste toujours maître de la capsule ». Rien pour moi de plus exaspérant que ces calques du jargon le plus vulgaire de la presse yankie. Comme si ce ne fût pas assez nous éprouver, on nous fit entendre, je me demande pourquoi, un curé irlandais qui, dans un français de sa façon, nous annonça évangéliquement qu'il *supportait* l'équipe d'Agen. Il ne voulait pourtant pas dire ce qu'il disait, à savoir : « je *tolère* l'équipe en question ». Il espérait nous faire entendre qu'il en avait pris le parti, qu'il en était un souteneur, ou un partisan, ce qu'en notre charabia nous appelons un *supportère*.

Assurément, il y a d'autres émissions [1] : *Lectures pour tous*, *Portraits-souvenirs*, le théâtre. Pour lutter contre le sabir, c'est trop peu.

Presse, radio, télé, concourent donc équitablement à propager dans le pays, du matin au soir et du 1er janvier à la Saint-Sylvestre, les usages et les règles du *sabir atlantyck* tels que j'ai tâché de les codifier dans la troisième partie de ce *pocket* ou de ce *poche*. Si le français y résiste, je veux bien qu'on me pende par le cou jusqu'à ce que mort s'ensuive.

Or, qu'on se le dise : quoique mon principal

---

1. Disons maintenant : « il y avait » (1973).

métier soit d'enseigner, je n'ai aucune hostilité contre la presse, aucun mépris pour la radio ou la télé. J'ai collaboré à plus d'un journal (y compris, en américain, au *Chicago Sun*, au *Daily Maroon*). Chez Pierre Lazareff, à Nouillorque, durant la guerre, j'étudiai durant un an le métier de journaliste pour la radio à l'*Office of War Information*. Ça m'a plu, et je dois à cette année-là beaucoup. Lorsque j'enseigne ou que j'écris, cette discipline me garde contre le pédantisme (du moins je l'espère). Pour parler à des millions d'hommes, il faut du talent, beaucoup plus que pour composer des poèmes hermétiques destinés aux *happy few* ou du phébus prosaïque à l'intention de la *high society*, de la *gentry* ou de l'*Establishment*. Chaque fois qu'on m'offre la chance d'utiliser ces *mass-media* (vous voyez que je suis digne d'y collaborer), je profite de l'occasion, en France, en Suisse, en Belgique, au Canada français. Chaque fois, autant que possible, pour mettre au service du français cet instrument de sa torture.

CINQUIÈME PARTIE

Que faire ?

« Ces Indiens (les Guaranis) n'abandon-
naient pas au hasard la dénomination des
choses de la nature, mais ils réunissaient
des conseils de tribu pour arrêter les termes
qui correspondaient le mieux au caractère
des espèces, classant avec beaucoup
d'exactitude les groupes et les sous-
groupes. »

Dennler, *Los nombres indi-
genas en guarani* (cité par
Lévi-Strauss, *La Pensée
sauvage*, p. 61).

CHAPITRE I

Sensibiliser l'opinion ?

On ne me reprochera point, j'espère, d'avoir accablé ceux de mes compatriotes qui, chaque jour un peu plus, sabotent le français au point de le trahir : je n'ai caché ni les empiètements politiques, ni les appétits financiers des Yanquis, ni, d'un mot, leur effort pour nous coloniser. Cela précisé, qui devait l'être, l'équité me commande ici d'ajouter que les projets ogresques des marchands d'outre-Atlantique eussent échoué si la majorité des Français aimait ou simplement respectait encore sa langue, et si la minorité qui exerçait le pouvoir sous la IVᵉ République nous avait moins attentivement doré la pilule de notre servitude.

Dans l'euphorie de la libération, après des années de disette et de souffrances, les Français oublièrent un peu vite que les Américains n'auraient jamais débarqué en Europe si, victimes de la politique de leur génial stratège Staline, des millions de soldats et de civils russes, turkmènes, ouzbeks, n'étaient morts en saignant l'armée nazie. Confinés à Berlin et à Vienne par les accords *a parte* de Yalta, les Soviétiques n'étaient point présents à Paris pour y rappeler la part qu'ils avaient prise — lointaine, involontaire, mais décisive — à la libération de notre capitale et du pays tout entier. Au reste, épuisés par leur victoire, ils n'auraient pu nous prodiguer ni lait en boîte, ni *gadgets*, avec le vocabulaire afférent.

Les soldats yanquis distribuaient de tout libéralement, avec un mélange variable de générosité, d'enfantillage et d'arrière-pensée impériale. Grâce à la guerre de 1939, qui avait stimulé une économie dix ans plus tôt ruinée, et que la seule volonté de Roosevelt avait sauvée du désastre, les États-Unis regorgeaient de biens de toute sorte. Songez qu'en pleine guerre, en 1943, quand on voulait inciter les citoyens à se restreindre, on leur prêchait : *Be patriotic, eat chicken twice a day* (Soyez patriotes, mangez du poulet deux fois par jour). Viande rouge, qu'on supposait plus propre à donner un caractère agressif au consommateur, le bœuf était alors destiné aux guerriers. Comment une France exsangue n'eût-elle pas baisé la main qui la cajolait en la nourrissant, et lui accordait jusqu'aux poisons superflus (*le superflu, chose si nécessaire*) : tabac, gomme à chouiner ?

Si au moins les Yanquis avaient mis en place les *Gauleaders* qu'ils nous destinaient en 1943 ! On se serait méfié. J'ai fait la connaissance de celui qui devait gouverner la région de Bordeaux. Cela se passait dans un train, entre Hamilton College et Nouillorque, fin 43. A sa surprise, je lui prédis qu'il serait mal reçu en tant que vice-roi étranger. Comme je le trouvais intelligent, sympathique, plein de bonne volonté, et que je souhaitais lui épargner certains désagréments que je pressentais, je lui conseillai avec insistance de renoncer à des honneurs aussi périlleux. Au dernier moment, les Américains acceptèrent de ne pas procéder à l'administration directe du pays. Ils se présentaient donc en libérateurs désintéressés. Le plan Marshall, idée en effet ouverte et généreuse, aggrava le préjugé favorable. Pour moi, qui avais séjourné aux États-Unis depuis 1937 et découvert la tartuferie du State Departement et du Pentagone, j'avais peine à comprendre la naïveté de mes concitoyens. Vainement m'efforçais-je de les mettre en garde. Rien ne prévalait contre le *chewing-gum*, les *jeeps*, les *jeans*, Washington nous voici, La Fayette nous voilà. Bref, le mythe hollywoodien des *U.S.A.*

A part de brefs intermèdes, nos prétendus gouvernants, nos soi-disant *leaders* n'étaient, depuis la démission du général de Gaulle, que les exécutants des volontés de Washington. Accablés par des guerres coloniales qui retardaient la reconstruction, toujours à court d'argent pour l'échéance prochaine, ils ne savaient que mendier à Washington du dollar. Chaque aumône, qu'on était trop heureux d'octroyer, s'assortissait de conseils : autant d'ordres. Nos *leaders* étaient à peu près aussi indépendants de Washington que Tchiang Kaï-chek, Syngman Rhee ou Diêm. Tous les dimanches, leurs homélies pastorales submergeaient notre pays de lieux communs mal pensés,

mal formulés, mais docilement pro-yanquis.
Avec la *dissuasion*, du *deterrent*, du *roll-back*, du
missile gap, du *leadership* et de la « libre entreprise », on te camouflait une apolitique de chien
crevé au fil de l'eau. Du moment que le statut
colonial c'est pour le colonisé le paradis terrestre,
quel colonisateur ne se voudrait colonisé ?

Douillettement abrutie par des Laniels, des
Gouins et autres maringouins, la bourgeoisie de
France, qui n'avait pas réussi à devenir colonie
allemande, ne rêva plus que du protectorat yanqui. Ainsi s'avérait le jugement de Paul Valéry
qui, dès 1920, suggérait que la France aspire
visiblement à être gouvernée par une commission américaine ou russe.

Cela étant, que faire ? D'abord, de toute évidence, affranchir le pays de cette sujétion. Je ne
suis pas « nationaliste ». En 1937, je quittai la
France que je voyais avec l'Europe s'abandonner
aux délices du nazisme ou du stalinisme, et je
voulus alors devenir citoyen yanqui. Je pris là-
bas mes « premiers papiers ». Survint Sedan, et
le reste : cependant j'apprenais les États-Unis :
avant d'y vivre à l'aise, j'avais eu la chance d'y
être assez pauvre. J'avais connu l'Est et l'Ouest,
Chicago, la Louisiane et Nouillorque. En des
milieux divers, j'avais acquis des amis : un
vacher (que nos imbéciles appelleraient un *cow-
boy*), des professeurs, des écrivains de gauche, des
hommes d'affaires. Chemin faisant, j'analysais
the American way of life. D'autre part, en quatre
séjours au Mexique où je vécus dix-huit mois,
j'eus loisir d'observer de près l'insidieux système
colonial des Yanquis. Sous mes yeux, j'avais vu

s'effriter les artisanats de ce pays, le seul où, durant l'exil, je sentais que je pourrais survivre (c'était le bon temps : celui du général Lázaro Cárdenas). Je m'étais donc promis de revenir en Europe et en France. M'y voici, moins chauvin que jamais, j'espère, mais fort peu désireux de mâcher de la gomme et de boire *Coca-Cola* sous peine d'*unamerican non-activities*.

Or, par un ingénieux contrecoup des investissements américains en Europe et du gaspillage que Washington doit consentir pour financer tous les tyranneaux sur lesquels le soi-disant « monde libre » un peu partout s'appuie, les États-Unis se trouvent actuellement en difficulté, cependant que l'Europe redevient cette troisième force dont je n'ai cessé de souhaiter la résurrection et en qui, dès 1941, je mettais mes espoirs à court terme. En 1962, la France vient d'accroître de 671 millions son magot de dollars ; elle a donc, à soi seule, plus fortement augmenté ses réserves que les autres pays du Marché commun à eux tous (591 millions de dollars). Depuis 1958, et malgré la guerre d'Algérie, nous nous sommes libérés d'une part importante de notre dette extérieure. Non seulement nous ne quémandons plus, mais nous remboursons de façon anticipée. En juillet 1963, nous restituâmes encore 220 millions de dollars. Et nous allions rembourser un peu plus tard la dernière tranche du prêt qui nous avait été consenti par la *Banque internationale pour la reconstruction et le développement* (*développement*, encore un anglicisme superflu pour *exploitation, mise en valeur*). Une fois réglés ces deux remboursements, la proportion d'or dans les réserves de la Banque de France allait dépasser les 70 %.

Je sais quel prix nous payons ce résultat : tous ces mal logés, tous ces enfants privés de maîtres et d'écoles, tous ces manœuvres mal payés, tous ces exploités encore, tous ces fonctionnaires qui ne bénéficient point de l'expansion (pardon ! du *boom* !). Non, tout n'est pas pour le mieux dans le royaume de France ; mais seul un partisan refusera de reconnaître que le gouvernement actuel de la France, quelles que soient ses fautes, permet à notre pays le luxe d'une politique. Ce n'est pas la mienne, ni la vôtre ? C'en est une. Le fait est que, si la France et l'Allemagne exigeaient demain la conversion en métal précieux de leurs créances sur la Federal Reserve Bank, les États-Unis sauteraient. Avouez que c'est réconfortant. Sans doute faut-il être un imbécile, un stalinien ou un anarchiste pour souhaiter l'effondrement du dollar : nous en pâtirions. En tout cas, seul un imbécile ne profiterait pas de cette amélioration de nos finances et refuserait de signifier à *Wall Street* que le temps est passé des complaisances et de la servilité. Comme j'ai toujours défendu contre l'impérialisme français ceux qui le subissaient un peu partout, je me sens très bonne conscience pour refuser le protectorat yanqui. Puisque le *Wall Street Journal* nous éclaire la politique du président Kennedy (« les étrangers savent reconnaître les signaux de détresse »), et que Walter Lippmann publie que le Trésor américain, en ces semaines pour lui difficiles, obtint l'appui des Banques étrangères d'émission, « y compris, en tout particulier, celui de la France », puisque, grâce aux nombreux États africains qu'il affranchit enfin du joug colonial, notre pays dispose aux Nations Unies, à l'Unesco, de nombreux amis ou féaux de langue française, puisque, par exemple, au cours d'un débat général aux Nations Unies, 25 discours furent prononcés en français contre 35 en anglais ou américain, 15 en espagnol, 5 en russe et 1 en chinois, nous sommes fondés à exiger des Yanquis qu'on ne sabote plus le français dans les organisations internationales. Puisque, d'autre part, cette remontée de la France incite un peu partout les étrangers à étudier notre langue ; puisque 80 % des Roumains adoptent le français comme seconde langue (le russe étant obligatoire) ; puisque, dans l'Union Soviétique, 50 % des élèves étudient l'anglais, 30 % le français et 20 % l'allemand ; puisque les États-Unis eux-mêmes tiennent compte de cet état de fait et qu'après avoir joyeusement enseveli le « français langue morte », 18 500 professeurs en dispensent désormais les rudiments à 600 000 élèves (ce qui n'est pas pour nos beaux yeux, veuillez le croire, mais parce que *it pays*, parce que c'est utile) ; puisque, au Brésil, le Français a le statut de première langue obligatoire (avec près d'un million d'élèves) ; puisqu'il est obligatoire aux Pays-Bas, en Colombie, au Costa-Rica, au Portugal ; puisqu'en Angleterre près d'un million d'enfants s'initient à notre langue, et autant à peu près en Italie, et que plus de 40 % des Allemands nous font aujourd'hui l'honneur d'étudier notre langue, sans parler d'Israël, du Japon, de l'Australie ; puisque, sur la planète, plus de douze mille maîtres français, qui dépendent de la Direction

Générale des Relations Culturelles, dispensent en notre langue un enseignement, nous sommes en mesure de faire savoir à nos anciens protecteurs que les 120 millions d'humains environ (peut-être plus) dont le français est la langue officielle exigent, que cette langue soit traitée équitablement dans toutes les organisations internationales (OTAN, SHAPE, UNESCO, FAO et autres sigles). C'est alors que les États-Unis pourront nous rire au nez et nous renvoyer à nos chères études sabirales : « Pourquoi diable exiger que nous respections une langue que vous bafouez chaque jour dans vos journaux, vos enseignes, vos placards publicitaires ? Votre radio, votre télé sont d'État ou non ? Eh bien ! écoutez-les ! Et demandez-vous qui ruine le plus efficacement la langue française. N'auriez-vous point lu l'autre année le numéro spécial du *Times* de Londres sur votre culture ? C'en est fini du mythe de la clarté française. Vos poètes se prennent pour des dieux et vaticinent en langage inintelligible. Vos « nouveaux » romanciers, n'en parlons pas. Prose ou vers, c'est un concours d'ambiguïtés. Votre bric-à-brac langagier a déjà ridiculisé votre pays. Vous croyez nous complaire en jargonnant sabir, mais nous ne vous comprenons pas : tantôt vous déviez de leur sens des mots anglais, tantôt vous fabriquez des mots qui ne sont pas anglo-saxons ; quand par hasard vous employez un mot soit anglais, soit américain, vous le prononcez si barbaresquement que bien malin qui saurait ce que vous baragouinez. Votre général de Gaulle lui-même n'a-t-il pas officiellement parlé de *vos garçons* (« nos garçons ») d'après notre « our boys » ? En français, vous devriez dire *nos sol-dats*, ou *nos enfants* (selon les circonstances). Alors, de grâce, parlez chez vous votre langue. Après quoi, vous aurez le droit de vous plaindre de nous. »

Comment répondre à ceux qui nous tiendraient ce langage ? En jurant de ne parler que français.

A cette fin, il faut rendre nos compatriotes allergiques au sabir. Du temps malheureux où nous étions colonisés par des princes italiens, nos humanistes durent se fâcher contre l'italianisa-tion du langage français. Il faut aujourd'hui se fâcher contre la yanquisation. J'ai donc souhaité que le plus grand nombre possible de mes conci-toyens connaissent l'essentiel de ce que, trois années durant, j'enseignai à la Sorbonne. Si le ridicule je ne dis pas tuait encore, mais blessait, non, pas même, mais écorchait, mais égratignait, alors j'aurais sans doute quelque chance de persuader, car se peut-il qu'un seul des lecteurs de ma « *Grammaire du franglais* » ne rougisse point à la seule idée de s'y conformer, fût-ce une seule fois par mois ?

Je ne me cache point qu'il faudrait un Molière, un Chaplin (j'entends un Molière, un Chaplin de la radio, de la télévision, de la publicité) pour en finir avec cette nouvelle et ridicule préciosité. Les chats à neuf cents queues de la plus violente satire, voilà ce qu'il faudrait appliquer sur les fesses de nos teens et de nos teenettes, sur les membres du *O'She-Club* et du *O'He-Club*.

Et puis il conviendra de fournir aux Français de bonne volonté les quelques outils qui leur permettraient de lutter contre ceux qui prétendent, avec mille raisons spécieuses, que l'on n'en peut mais, car notre langue serait pauvre et doit absolument plagier l'américain.

Savez-vous ce que signifient : la véraison, le folletage, l'aoûtement des sarments, et qu'il faut craindre l'apparition des bouvreux sur les repousses ? Pourriez-vous m'expliquer sur-le-champ la différence entre un bouvet, un riflard, un bouvet à fourchement, un guillaume, un feuilleret, une doucine, un tarabiscot, une galère à corroyer, un rabot ? Qu'est-ce pour vous qu'une buire, une bourriche, du bourrier, la bourrette, le burgeage, le cabanage, la cannetille, le carasson, la carmeline, le carnabot, la gélivure ? J'ai vingt mille bons mots de la sorte à votre service, tout aussi beaux, et qui ne demandent qu'à servir, ou resservir par extension sémantique. Non, le français n'est point une langue indigente. L'ignorance et la prétention, qui font si bon ménage, peuvent seules nous inciter à juger de la sorte.

Au temps où l'anglais commençait à nous envahir, Voltaire savait répondre pertinemment à M. Deodati de Tovazzi, Italien qui prétendait que, comparée à la sienne, notre langue se distinguait par une rare pénurie : « Mais, monsieur, lui rétorquait Voltaire le 24 janvier 1761, ne croyez pas que nous soyons réduits à l'extrême indigence que vous nous reprochez en tout. Vous faites un catalogue en deux colonnes de votre superflu et de notre pauvreté ; vous mettez d'un côté *orgoglio, alterigia, superbia,* et de l'autre *orgueil* tout seul. Cependant, monsieur, nous avons *orgueil, superbe, hauteur, fierté, morgue, élévation, dédain, arrogance, insolence, gloire, glo-*

riole, présomption, outrecuidance. Tous ces mots expriment des nuances différentes, de même que chez vous *orgoglio, alterigia, superbia,* ne sont pas toujours synonymes. »

Par conséquent, pour démontrer à nos concitoyens qu'ils disposent d'un lexique abondant, savoureux, expressif, truculent, qu'il convient de raviver et à partir duquel il suffirait de dériver et de composer des mots neufs, il nous faut obtenir un dictionnaire qui complète le *Littré,* vieux d'un siècle. Depuis que le dictionnaire de Robert est en vente, chacun s'acharne comme par hasard contre les rééditions du *Littré.* Or le meilleur du *Robert* doit beaucoup au *Littré.* Un chroniqueur s'est amusé à y signaler l'absence du mot *antibiotique* alors que le *strip-tease* en égaie les colonnes. Mot hideux pour *effeuillage* ou *chatouille-tripes* (selon que l'opération sera réussie, ou non), *striptease,* à mon sens, n'a pas sa place dans un dictionnaire du français. Il est vrai que certains collaborateurs du *Robert* ont déclaré publiquement, à plus d'une reprise, ne point partager ce qu'ils appellent ma « phobie » des anglicismes. (J'aime l'anglais, bon Dieu ! mais dans Shakespeare, et le *Times* ; j'aime l'américain, comment donc ! mais dans la bouche d'un *truck-driver,* comme vous dites pour éviter *chauffeur de poids lourds.*) Ce ne sera donc point le dictionnaire de salut public.

Comment se présentera le *Trésor de la langue française* que nous prépare M. Imbs, assisté de nombreux collaborateurs ? En dépit des ordinateurs électroniques dont il dispose, il faudra des années encore de recherche, de classement —

sans compter l'impression — pour venir à bout
des et des millions de fiches dont on nous parle.
Nous savons seulement qu'il ne s'agira nullement
d'un dictionnaire encyclopédique, mais d'une
encyclopédie du vocabulaire français. A ce titre,
il vous devrait être doublement utile : en invento-
riant toutes nos richesses, depuis les origines ; en
se bornant à la langue *française*. Le *Trésor* : de
quoi (je l'ai cru) clore le bec des péronnelles et des
petits messieurs qui, sans savoir leur langue, la
condamnent comme pauvre et débile afin de se jeter goulûment sur quelques appâts de jargon anglo-
saxon et de vider leur toute petite cervelle des
quelques vestiges de français qui s'y accrochent
encore. (En 1991, que de mots y manquent !)

Étant donné ses ambitions, je ne suis pas sûr
que ce *Trésor* sera aussi normatif que le *Littré*. Si
oui, tant mieux. Sinon, réjouissons-nous d'apprendre que l'on prépare ailleurs un dictionnaire
qui entend nous fournir, pour les cent dernières
années, un équivalent du *Littré* : les exemples
étant choisis de parti pris chez les écrivains
plutôt que dans les succès de librairie.

Puis-je à ce propos former un vœu ? Jusqu'ici,
quand nous pensions à un dictionnaire français,
nous bornions notre enquête à l'hexagone légendaire et rejetions avec méfiance, mépris, condescendance et autres nobles sentiments tous les
mots wallons, toutes les expressions valaisanes
ou vaudoises, canadiennes ou haïtiennes. Ces
temps sont révolus. Sans doute, il est riche et
beau, le parler de l'hexagone, surtout si, insoucieux du langage que jargonnent la cour et la
ville, nous inventorions ce qui reste des parlers

campagnards, des langues de métiers. Si j'aime à
ce point ma langue, c'est probablement qu'un
vieil instituteur, tel qu'on les formait aux débuts
de la troisième République, m'en imprima obsti-
nément la grammaire dans la mémoire (on ne
méprisait pas encore le par cœur en ce temps-là) ;
c'est aussi que je passai mon enfance à la ferme,
chez le charron, le serrurier, le menuisier, le
boulanger, l'imprimeur, dont j'appris toutes
sortes de vrais mots ; c'est enfin que j'ai acquis en
voyageant quelque connaissance du français qui
se parle outre-mer et que j'en goûtai la variété, la
richesse, le piquant. Non, messieurs-dames les
américanolâtres, ce n'est pas moi que vous ferez
vivre dans un *living-room*, quand les Canadiens
français m'offrent tout chaud, tout chaleureux,
leur irréprochable *vivoir*. Le français n'est pas
riche, dites-vous ? Connaissiez-vous *Zigzags
autour de nos parlers*, trois volumes de Louis-
Philippe Geoffrion publiés à Québec, chez l'auteur, en 1925-1927 ? J'y découvris, parmi cent
autres, le mot *mucre* (ou *muque*) que j'avais
entendu dans mon enfance mainiaude, un excellent mot qui veut dire quelque chose comme
moite ; j'y retrouvai un *tomber sur la frippe*,
tombé ici en bien fâcheuse désuétude ; je me
réjouis d'y voir condamner comme anglicisme *les
compliments de la saison* (sur *Season's Greetings*)
qu'on imprime hélas sur *nos* cartes de Noël. Vous
qui nous préparez un dictionnaire, fréquentez, je
vous en prie, les dictionnaires canadiens ; n'oubliez pas de les employer libéralement lorsque
vous composerez la suite du *Littré*. Pillez nos
amis wallons, et romands, restaurez *septante* et

nonante, rendez-nous les *pistolets* (des petits pains), l'*aubette* et les *branloires*. Et n'oubliez pas non plus les Français des Antilles, ceux du Maghreb, d'Afrique noire et de Madagascar. Lorsque les Haïtiens nous présentent la *mantègue* (leur saindoux), c'est fabriqué à partir de l'espagnol *manteca*, mais parfaitement francisé ; sachons y discerner le modèle de ce que doivent devenir les rares mots anglo-saxons qu'il nous sera utile, ou nécessaire, d'accueillir. Bref, je souhaite que notre dictionnaire du français moderne et contemporain tienne compte de tous *les* français qui se parlent aujourd'hui dans le monde, et qu'avec discernement il y puise pour recommander tout ce qui a du sens, de la saveur, du pittoresque.

Les auditeurs de l'émission que présente à la radio M. Alain Guillermou sur *Le français universel* reconnaîtront là son idée. De quel droit nous prévaloir d'une langue que parlent 120 millions d'hommes au moins si les dictionnaires que nous imprimons se bornent avaricieusement à consigner le vocabulaire de l'hexagone sacré et, rebelles aux wallonismes, aux helvétismes, aux tours antillais, accueillent le plus malsonnant intrus pourvu qu'il soit anglo-saxon ou présumé tel, avec orthographe et prononciation garanties d'origine. Ou bien nous considérons que le français ne doit être que celui de l'hexagone (et encore, un français sabiral, un français colonial), et alors ne nous plaignons pas d'être considérés comme gens qui parlent une langue de peu d'avenir ; ou bien nous faisons confiance à tous ceux çà et là qui enrichissent l'idiome originel, et alors le lexique et la politique nous accorderont la force en effet que nous représentons déjà, avec ou sans *baby-boom*. Ce proposant, je n'entends pas laisser filer à vau-l'eau le vocabulaire et la syntaxe du français ; le dictionnaire auquel je rêve serait *normatif*, et complété par une *Grammaire du français universel*, grammaire qui, sans rien sacrifier de ce qui faisait la valeur du français au temps où ce fut la langue de l'homme blanc cultivé, saura s'approprier les tours de bon aloi, fussent-ils mauriciens, sénégalais, haïtiens. L'essentiel est de ne pas transiger sur le vocabulaire étranger et sur la syntaxe pour nous barbare : anglo-saxonne.

Enfin, il importe de prouver aux usagers de bonne foi que les mots anglais qu'on leur impose et que les américanismes clandestins dont ils truffent leur prétendu français sont presque tous inutiles. Il faut donc leur fournir un dictionnaire raisonné du sabir atlantique, ainsi qu'un lexique portatif, lexique vraiment de poche, où les mots les plus fréquents, les plus magiques, les plus dangereux seront exorcisés. Je travaille à un *tel* dictionnaire (voir : « Grammaire », p. 262) ; mais il sera plus gros que je ne pensais d'abord. Quand je l'aurai *complété* (comme disent nos sabiraux, pour *achevé*), ce sera un *achèvement* (comme disent nos mêmes sabiraux, c'est-à-dire un *exploit*) dont je ne serai pas mécontent. Qu'on me pardonne si je demande quelques années encore avant de le publier. Les jours sont courts, même en été, pour un travailleur solitaire, et telle l'impudence des américanolâtres qu'à peine j'ouvre un type de publication où je n'avais pas

encore mis le nez, voici vingt mots nouveaux qui
prétendent à s'inscrire au tableau de déshonneur.

Divers indices me suggèrent néanmoins que je
ne me suis pas « croisé » (comme disent certains)
pour des nèfles ou peau de zébi (maghrébisme).
Un ou deux exemples à l'appui de ce qui pourrait
paraître prétentieux : le 28 mai 1961, au moment
où, avec M. Chassaignon et plusieurs autres
journalistes, nous entreprenions, M. Guillermou
et moi-même, de réformer le vocabulaire des
sports, *Paris-Presse* publiait un article dont je
citerai le début : « *La balle quitta le fairway,
rebondit sur le green, tomba dans le bunker Le
putting devenait impossible. Il prit son fer 4 et la
balle s'égara dans le rough.* C'est de golf qu'il
s'agit, mais cette anglomanie a peut-être fait son
temps. Une conjuration discrète est en train
d'épurer le vocabulaire sportif. » Deux ans plus
tard, le 20 août 1963, je lis dans les *Potins de la
Commère* : « Innovation pour les golfeurs : sur les
terrains du golf du Prieuré (S.-et-O.) en cours de
réalisation, il sera interdit d'utiliser des mots
anglais. Un petit lexique anglais-français sera
remis aux récalcitrants. Le *caddy* deviendra le
cadet, le *club house* la maison des joueurs, les
clubs des cannes, etc. » L'écho m'a d'autant plus
réconforté que, le 15 juillet 1961, un potineur
avait tenté de ridiculiser notre projet. Il écrivait
alors : « L'Union syndicale des journalistes spor-
tifs de France, sous la présidence de M. Étiemble,
professeur à la Sorbonne, a émis ce vœu : remplacer le mot *leader* par le mot français *major*.
Exemple : Anquetil est le major de l'équipe de
France. » Primo, je ne présidais point du tout la

commission. Deuxio, si je m'intéresse au vocabulaire du sport, ce n'est pas en ma qualité (ou mon
défaut) de professeur : chacun sait qu'un sorbon-
nard, c'est toujours une espèce de professeur
Nimbus, qui n'a jamais nagé, ni tiré au fleuret, ni
tapé dans un ballon rond. Quand je participais à
ce groupe de travail, c'est comme celui qui
pratiqua et pratique encore quelques sports ; qui,
des années durant, joua au ballon rond et fut
capitaine d'une assez bonne équipe scolaire. Ter-
tio : voici le texte qu'avait rédigé notre groupe :
« LEADER : la commission propose le mot latin
« major » au sens de major de promotion, major
de Centrale, major de Polytechnique, etc. On
écrirait ainsi qu'Anquetil est « major » de
l'équipe de France du Tour et qu'il *mène* ou qu'il
est en tête après l'étape du Tourmalet. Nous
demandons à nos confrères de vouloir bien nous
communiquer leurs suggestions sur ce mot. » En
choisissant, parmi maintes directives, celle précisément, celle-là seule dont nous n'étions pas
satisfaits, puisque nous demandions des conseils
à ce sujet, le potineur jetait un ingénieux discré-
dit sur l'entreprise elle-même. Peu rancunier, je
me félicite de constater aujourd'hui qu'on ne
condamne plus ceux qui ont décidé de parler
français sur un terrain de golf, ce bastion du
snobisme anglomaniaque.

Même genre de réaction d'abord chez Mme Express, que j'avais semoncée à l'un de mes cours.
Elle m'invita au journal pour discuter. A la suite
de quoi, elle composa et publia un texte sabiral
dont elle donna, dans la colonne voisine
(j'emploie le mot *colonne* à la française), une

version correcte. Cette version, par ses excès, devait elle aussi ridiculiser mon propos. Voici le premier paragraphe de cet ingénieux exercice.

VERSION SABIRALE :

Tout dans le living-room paraissait confortable : le shaker sur le bar, le fauteuil club à côté du cosy-corner. Simone, très sexy dans son blue-jeans et son twin set de cashmere fully fashioned, se remit du compact sur le bout du nez avant d'enfiler ses snow-boots et son duffle-coat.

VERSION FRANÇAISE (selon Mme Express) :

Tout dans le vivoir paraissait confortable : le secoueur sur le bahut ; le fauteuil cleube à côté du sofa. Simone très affriolante dans son pantalon de treillis bleu yankee et son deux-pièces tricoté de cachemire entièrement diminué se remit du pain de poudre sur le bout du nez avant d'enfiler ses bottes pour la neige et son manteau de molleton.

Jamais je n'aurais signé ce genre de « français ». D'abord, d'une femme qui porte des *blue jeans*, je n'aurais point dit qu'elle est *sexy*, ni même, d'une femme qui porte un *pantalon de treillis bleu* qu'elle est *affriolante* — cela, pour plusieurs raisons : la première, parce que toute femme en culotte de treillis serait plutôt pour moi un remède au désir ; la seconde, parce que le mot *sexy* pouvant se traduire de vingt manières au moins en français, avant de choisir celui ou ceux de nos adjectifs qui conviendraient (pour les hommes en général, et pour moi en particulier), je demande à voir la fille. Ensuite, je n'ai rien contre le mot *bar*; le *bar* est un poisson; la conjonction *car* existe; je vais donc au *bar* sans scrupule, du moment qu'on le prononce à la française, ce qui est aujourd'hui le cas (provisoirement peut-être) en France. Etc. Si donc j'avais dû *récrire* (et non pas *rewriter*) le texte sabiral de Mme Express, j'aurais proposé quelque chose comme ceci :

Texte français :

Tout dans le vivoir paraissait confortable; le secoueur (ou chéqueur) sur le bar, le fauteuil cleube à côté du divan d'angle. Simone, glaciale (ou glaçante) dans son pantalon de treillis bleu et son deux-pièces de cachemire entièrement diminué, prit son pain de poudre pour se retoucher le bout du nez avant d'enfiler ses bottillons et sa capuche de molleton (ou son capuchon molletonné).

En présentant son texte comme s'il fût de moi, Mme Express se revanchait de mon coup. Nous sommes quittes, et je constate avec plaisir que, dans les milieux du journalisme, on ne se contente plus de railler mon entreprise. En 1962, l'Institut français de presse me demanda de participer aux travaux d'une commission où l'on étudiait les moyens de se débarrasser du sabir. Jacques Kayser m'avait même suggéré de faire un cours sur et contre l'américanisation du langage des journaux. Survenant après celle d'André Chassaignon, sa mort prématurée me prive de deux alliés dans la presse. Il m'en reste par bonheur plusieurs autres. M. Jean Hennebert, professeur d'anglais à l'École supérieure de journalisme de Lille, ne vient-il pas de composer à l'usage de ses étudiants un exercice où il les met en garde contre les calques de l'américain ? *Le Figaro littéraire*, sous la signature d'Aristide, en publia quelques extraits : « En ce qui concerne l'affaire de Berlin, la situation s'est *détériorée* (deteriorated) dans les *dernières vingt-quatre heures* (voyez ci-dessus : « Grammaire », p. 225). Les États-Unis se proposent de *contrer* (counter) l'U.R.S.S. sur ce terrain. On croit savoir que les Indiens ont l'intention d'*interférer* (interfere) dans ce différent, car M. Nehru *réalise* (realize) le danger qui menace le *futur* (future) de l'humanité. »

Je suis d'autant moins surpris de le trouver de mon bord, M. Hennebert, qu'il sait l'anglais, lui, et qu'on ne lui en impose pas avec « l'impossibilité » qu'allèguent les ignares de traduire en français *to realise* (américain pour l'anglais *to realize*), *to counter* ou *to interfere* !

Et puis, faisons confiance au peu qui nous reste de peuple. D'un imprononçable *pedigree* qui ne lui dit rien, lors même qu'on le camoufle en *pédigrée*, tel manœuvre a su tirer un *pied tigré* (celui d'un chat, par exemple, ce qui est parfait) ; d'une combinaison *interlocked*, telle poissarde extraire *interloquée* ou *interlope* (elle avait deux fois raison). Saluons enfin, habile défenseur de notre patrimoine, ce paysan que cite Jean Lebrau dans ses *Brindilles* : « Pour dire *water-closet*, le voisin dit des *va-t'en causer*. » Voilà l'usage, le seul, que nous devons faire, en France, des mots anglo-saxons. Plutôt que les mots en *-ing*, en *-er* et en *-rama*, voilà qui pourra restaurer notre langue dans sa force et sa beauté.

CHAPITRE II

Comment traiter les mots étrangers ?

Observez que ce sont toujours les mêmes qui
sabirent atlantique et qui, lorsqu'ils ont recours
au français, le massacrent : tantôt à renfort de
mots grandiloquents et de tours prétentieux
(politiciens, administrations publiques et privées), tantôt à irruption massive d'impropriétés,
de solécismes et de barbarismes[1]. Quand vous
lisez dans un journal, « informations flashes »
(*Libération*, 19 octobre 1962), soyez assurés que
vous apprendrez, à la même page, que « l'Église
s'est toujours complue dans la contradiction »
(au lieu de *complu*). Je veux bien que Littré
justifie habilement ceux qui choisissent l'autre
accord, mais ce n'est point porter un jugement
téméraire que de présumer que l'auteur de ce
« complue » a commis une bévue et ne s'est pas
demandé s'il s'agit d'un verbe réfléchi indirect ou

1. Bref, *l'hexagonal*, étrillé par R. Beauvais [1973].

d'un verbe réfléchi absolu. Les bandes illustrées de *France-Soir* débordent d'anglicismes et de vocabulaire anglo-saxon, mais on y écrit imperturbablement : « je préfère que vous soyiez » (7 novembre 1959). Dans un même numéro du *Journal du Dimanche* (14 février 1960), on parle de « roof blindé » et d' « opération de routine », c'est-à-dire qu'on emploie un mot anglais tel quel et un mot français avec le sens qu'attribue à ce « faux ami » le lexique américain ; mais, dans la colonne voisine, on écrit calepin : *calpin*. *L'Aurore* du 6 février 1960 m'offre ceci : « Moindre petit rhume, vite climamaske », avec un *k* bien *magic*, que confirme le solécisme *moindre petit* (oui, plus d'un écrivain a commis cette bourde ; hélas, mauvaise tête que je m'avoue, je n'ai pas oublié ma fable de La Fontaine :

> *Mais le moindre grain de mil*
> *Serait bien mieux mon affaire.*

Le *moindre*, et non pas le *moindre petit*). J'aime *La Vie des Bêtes*. Quelle pitié qu'on y parle d'*immatures*, et du *flurry* d'une baleine, en construisant *bien que* avec l'indicatif (septembre 1959) et en confondant *soi-disant* avec *prétendu* (*ibid.*, p. 33). Je me suis amusé à collectionner des dizaines d'exemples où le mot yanqui appelle irrésistiblement, dans la même phrase ou la phrase voisine, un *concluera*, ou telle autre ânerie. Si *France-Soir* me parle d'une *irruption* (pour *éruption*) de boutons, je m'attends à voir deux mots plus loin faire *irruption* (au vrai sens du mot) l'anglais *stop* : « M'avez-vous compris ? Pas d'irruption de boutons ? Stop, terminé. » Suffit donc là-dessus.

L'*irruption* des mots anglais, des américanismes, s'accompagnant d'ordinaire d'un impudent mépris de la sémantique et de la syntaxe françaises, il faut en finir avec elle.

Selon quels principes concevoir le dictionnaire purificateur, celui du *franglais*, ou plus exactement du *sabir atlantique* ?

Il suffit de prendre le contre-pied de ceux qu'adopte le *Petit Larousse illustré*, lequel, dans ses dernières éditions, en concilie plusieurs, inconciliables. Tantôt (article QUAKER) il indique une prononciation à l'anglaise, en l'espèce *kouékeur*; tantôt (article QUICK-FREEZING) il ne suggère aucune prononciation, et vous imaginez ce que ça peut donner, pour un enfant qui ne sait pas l'anglais, ce *quiquefrézinge*! Tantôt le *Petit Larousse* signale que le mot est anglais (pour *pick-up*, par exemple, ou *pin-up*, ou *piper-club*), tantôt il enregistre un mot anglais sans daigner préciser ni sa prononciation, ni que c'est un mot anglais (ainsi de *single*, de *racket*). Quand il se trouve en présence de *magazine*, le *Petit Larousse* signalera sans doute qu'il s'agit d'un mot anglais, en donnera une définition acceptable (« Revue périodique, souvent illustrée, traitant des sujets les plus divers »), mais se gardera d'apprendre à nos élèves qu'on imprimait en France, entre autres *magasins*, *Le Magasin encyclopédique*, *Le Magasin pittoresque*, et que le *magazine* américain n'est rien d'autre que notre *magasin* adapté à l'anglo-saxon. S'il va consulter ce mot-là, l'usager du *Petit Larousse* ne connaîtra donc que le barbare *magazine*. Rien ne l'y renverra vers l'excellent mot français *magasin*, au neuvième sens du *Littré* : « ouvrage périodique composé de morceaux de littérature ou de science ». Mot si peu mort que M. Kléber Haedens l'utilisait en 1946 pour titre de son *Magasin du spectacle*. Ailleurs, l'inconscience du *Larousse* se porte plus outre même. Soit l'article SINGLE : « *Single :* n. m. Au tennis, partie entre deux adversaires. (On dit aussi SIMPLE.) » Voilà quarante ans que je me sers (médiocrement, mais enfin que je me sers) d'une raquette ; s'il m'arriva, jeunot, de faire comme tout le monde le malin en jouant des *sinnegueules*, je constate qu'aujourd'hui presque tout le monde joue des *simples*. Le *Petit Larousse* condescend à reconnaître qu'on dit également *simple* pour *sinnegueule* (comme on sent qu'il le regrette) ; bien que personne, ou presque, n'emploie plus ce mot-là, c'est celui qu'on persiste à imposer à nos enfants, afin de les sabiriser. Bien plus, il y a quelques années, cet ouvrage décidément paradoxal enseignait à nos écoliers : « on dit abusivement simple ». En revanche, le même *Petit Larousse* omettait le sens abusif, mais courant, de *single* dans les voitures-lits, où le contrôleur vous demande sans faillir si vous désirez un *sinnegueule*, un *double* ou un *spécial*. Les rubriques consacrées aux mots anglais par le seul dictionnaire alors qui fût offert à nos enfants concourent donc à favoriser la confusion sabirale. A quoi s'ajoute que, depuis une trentaine d'années, ce dictionnaire refuse de franciser l'orthographe des termes étrangers. Alors qu'il imprime *redingote* (et non pas *riding-coat*), *boulingrin* (et non pas *bowling-green*), *paquebot* (et

non pas *packet-boat*), il se croirait déshonoré de
ne pas proposer un *duffle* ou *duffel-coat*, laissant
courageusement aux Français le choix entre deux
graphies aberrantes, dont l'une au moins a le
mérite de les vaguement guider vers une prononciation plausible de *duffle*. Or le *-gote* de *redingote*
correspondant au *coat* de l'anglais, il faudrait,
selon ce principe, nous présenter *une deufèlegote*.

Qu'on ne prétende pas qu'un dictionnaire se
doit de consigner l'usage courant. Quand l'*usage*
est *imposé* au peuple français par des généraux
yanquis, par des spécialistes yanquis du *marketing*, par des *public-relations* nés à Chicago, ou
encore par des illettrés français, l'*usage* est nul,
non avenu. Jusqu'à nouvel ordre sabiral, le rôle
d'un dictionnaire me paraît de normaliser le
vocabulaire et l'orthographe, bref, de contribuer
à faire, et non pas à défaire, une langue.

Les rédacteurs du *Petit Larousse* n'ont même
pas l'excuse de se trouver, tout neufs, devant une
situation sans précédent. Voilà soixante ans et
plus, Remy de Gourmont leur a fourni, dans son
Esthétique de la langue française, tous les éléments qui, s'ils avaient pratiqué cet ouvrage, leur
eussent permis de traiter beaucoup mieux les
mots d'origine anglaise. Je m'égare. Un dictionnaire qui, en 1960, réitérait la calomnie des nazis
contre Léon Blum (baptisé Karfunkelstein), un
dictionnaire qui, nostalgique apparemment de
Hitler, ne discerne dans l'antisémitisme que
l'anodine « doctrine de ceux qui sont opposés à
l'influence des juifs », un ouvrage qui, pour définir *judaïque*, propose : « qui s'attache mesquinement à la lettre en négligeant l'esprit, comme le

faisaient les pharisiens juifs : interprétation judaïque », pourquoi voulez-vous qu'il résiste à l'invasion de la France par le vocabulaire yanqui ? Prétendre qu'en Français on dit « abusivement » un *simple* pour un *sinnegueule*, c'est compléter le travail qu'on accomplit en traitant Léon Blum de Karfunkelstein ; c'est trahir la vérité et servir, quel qu'il soit, un impérialisme oppresseur.

André Suarès raconte quelque part qu'une paysanne de Grasse appelait *fraisies* les *freziahs*, ces fleurs capiteuses qui nous viennent de l'Iran. « Il me semble en avoir entendu une autre, dans le pays de Flore, près de Barbentane, dire aussi la *fraisie*[1]. » Partageant comme je fais l'enthousiasme de Suarès pour les *fraisies*, et tout heureux de ce joli nom que leur décernait le peuple, il m'arriva plusieurs fois depuis lors d'aller au marché aux fleurs et de commander quelques *fraisies*. Stupéfaites, parfois méprisantes, les marchandes me répondaient qu'elles n'avaient point de *fraisies*, alors que devant moi je voyais entrouverts ces calices dont le parfum déjà me troublait. Une fois ou deux, la vendeuse me corrigea : « Vous voulez dire des freziahs. » Nous en sommes là. Il n'y a presque plus de femmes du peuple en France. Rien que des petites bourgeoises crasses et prétentieuses qui traitent avec condescendance l'admiration d'un écrivain comme Suarès pour un beau mot, bien populaire.

1. Suarès se trompait : c'est *freesia hybrida*, une iridacée, fleur de pleine terre aux bords de la Méditerranée ; mais la paysanne de Grasse avait raison d'en faire une *fraisie* : elle était dans le droit-fil de sa langue.

Puisque nos vraies paysannes et Suarès ont raison de franciser en *fraisies* les *freziahs* ou *freesia*, ils nous montrent comment traiter les mots yanquis que nous prodiguent la futilité brouillonne du *O'She-Club* et la morgue ignorante du *O'He-Club*.

Ce disant, ils ne font que se conformer aux directives de Gourmont (chapitres VIII et IX de son *Esthétique*) : « Toute une série de mots anglais ont gardé en français et leur orthographe et leur prononciation, ou du moins une certaine prononciation affectée qui suffit à réjouir les sots et à leur donner l'illusion de parler anglais. Rien de plus amusant que de rebrousser le poil du snobisme et de prononcer, comme un brave ignorant, *tranvé* et *métingue*. Ces mots sont d'ailleurs sur la limite et on ne sait encore ce qu'ils deviendront : *tramway* semble s'acheminer vers *tramoué* plutôt que vers *tranvé* ; quant à *meeting*, le peuple prononce résolument *métingue*, entraîné par l'analogie. Mais *steamer*, *sleeping*, *spleen*, *waterproof*, *groom*, *speech* et tant d'autres assemblages de syllabes sont de véritables îlots anglais dans la langue française. »

Faut-il pourtant accepter *speech* ? Sous le substantif *speech*, le dictionnaire *Harrap's* propose *allocution*, *discours*, *harangue*, et même *laïus* (à quoi je pourrais ajouter *topo*). Cinq mots au moins, dont deux assez familiers, pour exprimer ce que nos sabiraux nomment un *speech* et que Gourmont a la faiblesse de vouloir naturaliser en *spiche*. Il francise insuffisamment, du reste, puisqu'il conserve l'initiale sifflante + explosive, si agréable en anglais, si déplaisante au français. La

tradition exigerait un *espiche*. A quoi bon ce mot
nouveau puisque nous avons cinq termes au
moins pour *speech* et que nous ne leur ajoutons
pas la moindre nuance lorsque nous leur substi-
tuons le terme anglais.

Pour la même raison, nous devons refuser
steamer pour qui Gourmont propose un très
faible *stimeur*. *Steam*, c'est la *vapeur*, et *steamer*,
le *bateau à vapeur*, le vapeur. Pas l'ombre d'une
nuance entre *steamer* et *vapeur*. En acceptant
stimeur, Gourmont se fait le complice de ceux que
pourtant il combat allégrement. En revanche, il
faut l'approuver d'écrire *carrique* (sur *barrique*)
l'anglais *carrick*. Cette redingote à plusieurs col-
lets des postillons du XIXᵉ siècle ne se porte plus
guère chez nous. Tout comme si Gourmont n'eût
jamais composé son *Esthétique de la langue française*, elle figure au *Petit Larousse* de 1962. Pour
les rédacteurs de ce dictionnaire, l'usage des
marchands de *carricks* a plus de poids que le
choix réfléchi, motivé, d'un des plus savants
écrivains de ce siècle !

Il faut également l'approuver, Remy de Gourmont, quand il écrit *bifetèque* au lieu du *beefsteak*
et du *bifteck*, tous deux également ridicules, qui
ornent le *Petit Larousse* de 1962. Il faut le féliciter,
Gourmont, d'écrire *métingue* et non *meeting*, ce
qui n'empêche pas le *Petit Larousse* de persévérer
diaboliquement, en 1962, dans une graphie
anglaise assortie d'une prononciation pseudo-
anglaise : *mi-tin'g*. Bravo à Gourmont lorsque, de
tant de mots terminés par une consonne explosive (*snob*, *grog*), il propose l'adaptation française
qui mette en évidence la prononciation et la

graphie normales de ces finales en français : *snobe* (sur *robe*) et *grogue* (sur *dogue*, lequel vient en effet, mais anciennement, de *dog*, quand nous savions encore traiter les mots anglais). Et re-bravo pour l'idée de remplacer le complexe anglais *-ck* par son équivalent français *-qu*. Exemples : *tiquet* (sur *piquet*) au lieu du ridicule *ticket* ; *stoque* (sur *toque*) au lieu de *stock* (j'eusse préféré *estoque*, mais notre langue n'ayant plus la force de développer systématiquement le *e* épenthétique dont elle fut si longtemps géné-reuse — moins toutefois que l'espagnol, et c'est dommage, — il faut accepter l'inéluctable). Quoi-que je préfère *estoque* à un *stock*, je saurai me contenter de *stoque* et de *snobe*.

Que font d'autre les écrivains ? Queneau, qui écrit *bouledoseur*, *guidenapé* (pour *bulldozer* et *kidnappé*), cent heureux mots de la sorte. Jacques Perret qui, dans *Rôle de plaisance*, dit leur fait aux *yachtmen, ces gros clients du vocabulaire britanni-que* : « A bord d'un ketch deux yachtmen vien-nent s'asseoir dans le cockpit et le skipper, ayant posé son verre de scotch à l'entrée du dog-house, secoue sa dunhill sur le winch et se met à parler rating. » Il ajoute : « Un esprit libre, attentif à l'hygiène de sa langue et à l'honneur de son pavillon, aurait commencé par dire : A bord d'un quèche, deux plaisanciers viennent s'asseoir dans la baignoire ou, à la rigueur, dans le coquepit. Écrire de la sorte coquepit est le bienvenu, aucun scrupule à faire sonner la dentale comme celle de canott et boutt.

« Vous avez tellement perdu l'habitude de la langue française vivante que vous avez paru surpris, sinon choqué, de voir écrit le mot quèche. Vous estimez que c'est un enfantillage orthographique, une francisation bien arbitraire, un grossier maquillage au bénéfice d'un chauvinisme étroit. Mais pas du tout. [...] Même si le mot est bien d'origine anglaise, le premier devoir d'un Français à franc-parler, c'est de convertir à sa loi tout vocable importé en lui imposant une sonorité, un ton et une écriture qui le classeront désormais comme substantif honnête, bien sonnant... »

Irréfragable, irréfutable, tel sera donc le traitement des mots anglais ou sabiraux qu'après un examen rigoureux nous recevrons dans notre langue. Ils seront rarissimes, par bonheur, car, quoi que prétendent ceux qui ne savent ni l'anglais ni le français, nous ne sommes point à la gêne pour exprimer à la française les notions dont les Yanquis veulent nous laver la cervelle en nous bourrant le crâne.

Faut-il croire que les efforts ne furent pas vains de ceux qui depuis Gourmont prêchent d'exemple, démontrant qu'un *coquetèle* vaut mieux en français qu'un *coktail*, un *cocktail* ou, même, que *le flot sans honneur de quelque noir mélange* ? Le 23 août 1963, Jean Duché inventait pour ses *Elle* un nouveau jeu relatif au sabir (que cet hebdomadaire encourage avec tant d'*efficience*) : « Il ne vous aura pas échappé que notre langage a tendance à se truffer de mots anglais. Les langages vivent de ces échanges. Mais il fut un temps où ces mots étaient aussitôt triturés, malaxés, déformés et naturalisés. » Ma parole, c'est du Gourmont ! A la suite de quoi, M. Jean Duché propose à ses millions de lectrices une dictée dont voici les premières lignes : « Jacques était cameramane ; un bon jobe où l'on tutoie les starlètes, covergirles ou autres pinupes. Jackie, elle, n'était point trop sexie, toujours habillée de blougines ou de slaques, de pules ou de tichirtes, mais depuis qu'il l'avait connue dans un film dont elle était scripte, c'était son fleurt. » On observera que, timide, anarchique, la francisation de l'orthographe révèle en tout cas l'un des fléaux que nous apporte le sabir : l'absurdité de la prononciation. *Jobe* et non *djobe* (qu'on entend très souvent), *cover-girles* (j'aurais noté ça *cover-gueurles*) ; si vous dictez *tichirtes*, alors que j'aurais proposé *ticheurtes*, pourquoi *fleurt* et non *flirte* (en anglais, *flirt* et *shirt* ont même timbre exactement) ? De *ouiquènnede* à *vécande* en passant par *ouiquinde*, il y a presque aussi loin que de la coupe aux lèvres. Selon sa classe, ou même sa sous-classe sociale, la lectrice d'*Elle* se situera plus ou moins près l'un ou l'autre extrême. Que penser d'une langue qui compte actuellement des *milliers* de mots ou d'expressions dont ni la graphie ni la prononciation ne peuvent être fixées, faute de cadrer avec l'histoire de notre sémantique, avec les normes de notre phonétique et de notre syntaxe ? N'importe ; la question est posée au lieu même du crime : à *Elle*, en plein *O'She-Club*. Du coup, ô merveille, M. Jean Duché partage mon sentiment sur le *sex-appeal* des *blue-jeans* !

Les sabiraux objecteront ici que je me donne la partie belle, que j'omets les langages techniques et scientifiques, où l'on ne peut rien exprimer

qu'en anglais, ou mieux : en américain. Voire !
Dès le mois de janvier 1958, l'Académie des
sciences protestait contre l'exclusivité abusive
qu'au détriment du français l'anglais s'arroge en
ce domaine. Durant un congrès international à
Bangkok, les délégués de langue française, qui
étaient pourtant nombreux, *n'ont pas pu se faire
entendre dans leur langue*, « qui reste néanmoins,
jusqu'à preuve du contraire, seconde langue
internationale ».

Pour moi qui, depuis vingt ans, éprouve la
jalousie vigilante dont le gouvernement des
États-Unis persécute le français, je m'étonne
qu'on s'étonne de le voir saboter de préférence
notre langage scientifique : dans ce monde voué à
la peur du cancer et de la bombe atomique,
quiconque prétend à l'audience du grand public
doit se prévaloir d'un pouvoir de chamane sur les
sciences et l'exercer seul. Durant mes années
d'Égypte, où les Anglais s'étaient réservé, *par
traité*, le monopole de l'enseignement des
sciences (nous confinant dans l'enseignement du
français, nous contestant jusqu'au droit d'enseigner le latin et le grec en notre langue !), j'ai
admiré à quels naïfs excès se portait cette volonté
de déprécier la science et la technique françaises.
N'enseignait-on pas en anglais que Pasteur fut un
âne ? Tout juste bon à discourir sur le baiser à
travers les âges, à discutailler sur des notions
aussi insignifiantes que le beau, le vrai, le juste,
le français doit s'effacer ailleurs devant l'anglo-
américain, lequel seul permettrait de formuler
des propositions sérieuses : par exemple qu'un
child has mastered the first decade of the number

concept. Si vous comprenez ce puissant théorème de maths sup., je vous tire mon chapeau. Il veut dire (et ne veut dire que) : *l'enfant sait compter de un à dix.* Proposition qui n'a rien de bouleversant, je l'avoue, tandis que : *has mastered the first decade of the number concept*, ça vous pose en psychologue de l'enfance ! Comme j'ai traduit par centaines de pages le jargon américain qui traite des « sciences sociales », j'ai le droit d'écrire qu'il dissimule *the greatest fake in the world*, la plus magistrale imposture du siècle, et que notre défaitisme, seul peut accorder une seconde d'attention à ces niaiseries prétentieuses. Bravo donc à l'Académie des sciences qui, le 25 février 1958, formulait ce modeste vœu :

« L'Académie des Sciences :

Soucieuse de voir la langue française conserver sa place dans le monde ;

Inquiète des tentatives qui, çà et là, s'efforcent d'en réduire l'importance ou la diffusion, entendent transférer à une autre langue une exclusive primauté dans l'expression scientifique ;

Considérant que le français doit conserver sa position en raison non seulement de celle qu'il a eue, mais du renouveau qu'il connaît actuellement en de nombreux pays, de ses qualités intrinsèques, et parce qu'il correspond à une expression traditionnelle de la pensée :

Appelle l'attention du Gouvernement français sur la nécessité :

— d'exiger, des Chargés de mission et des Délégués français aux manifestations culturelles internationales, qu'ils utilisent leur langue maternelle ;

— de demander aux Unions, Associations et Congrès scientifiques internationaux qu'ils admettent effectivement que la langue française fasse foi ou du moins soit adoptée au même titre que l'anglais, qu'ils inscrivent notamment les abréviations à la fois dans les deux langues, que l'une ou l'autre de celles-ci ne soit pas, seule, exigée pour les présentations de notes ou leur publication, et qu'éventuellement la participation de la France à ceux des organismes internationaux qui s'y refuseraient soit réservée jusqu'à ce que satisfaction soit donnée à cette exigence justifiée. »

Encore que ce vœu ait été adopté à l'unanimité par l'Académie des sciences, le Gouvernement que je sache n'en tint pas compte car, le 2 septembre 1959, *Le Figaro* devait titrer : *Une fois de plus, et au Canada, le français absent dans un congrès scientifique.* Je sais telle discipline scientifique dont les spécialistes français, déjà contraints de parler américain dans les congrès, se trouveront bientôt réduits à publier leurs travaux et trouvailles ou découvertes dans la langue de nos protecteurs, lesquels pourtant viennent travailler dans nos laboratoires. Mais quelle puissance coloniale accepta jamais d'encourager ses protégés à cultiver les sciences, les techniques ? L'existentialisme, la poésie, le nouveau roman, passe encore ! Ça ne tire pas à conséquence. En revanche, il ne faut pas que les Brésiliens, les Malais ou les Indiens soupçonnent que nous construisons assez bien les barrages et nous débrouillons mieux que passablement en mathématiques. Que notre école de mathématiciens occupe le premier rang au monde, avec les Russes, on s'y résigne à la rigueur, à Washington, car les prix internationaux de mathématiques, souvent décernés à nos compatriotes, font heureusement bien moins de bruit que le Nobel, et le grand public ignore que les travaux des mathématiciens orientent constamment la recherche en physique — et notamment en physique nucléaire : voyez Dirac, Yukawa, etc.

Quant à la technique, cette sorcellerie du monde contemporain, les Yanquis s'en proclament les grands manitous ; notre vieille nigauderie les approuve. Quel besoin avions-nous d'appeler *tender* le ravitailleur de nos locomotives ? Qu'ajoute l'anglais *tender* ? Un charme ; un aspect *magic*. Vous qui vous gargarisez de *railway*, vous qui le fourrez dans vos poèmes :

Sur cent Solognes longues comme un railway,

il vous semble, ce disant, que vous exprimiez adéquatement une technique dont l'expression française ne vaudrait rien (non plus que, sous une montagne, une *tonnelle*). Or, mes zozos, quand vous employez *tunnel*, vous répétez, vaguement à l'anglaise, notre *tonnelle*. Pourvu que la graphie en devienne *tunel* (sur *Lunel*), passe pour *tunnel* — qui particularise un des sens possibles de *tonnelle*. Or, mes zozos, « ce qu'il y a de plus amusant, c'est que les Anglais croyaient parler français en disant *railway*, transcription phonétique de votre voie (prononcée alors vouée) et de reille (doublet de règle, du latin *regula*) ». *Défense de la langue française*, qui cite cet exemple en son numéro 15, a raison quant à *reille*. Elle se trompe sur *way*, qui n'est que la forme anglaise du germanique *Weg*. Les Anglais, du moins, naturalisaient *reille*.

Je le déclare crûment, la langue française, et beaucoup de ceux qui en savent assez pour l'écrire ou l'enseigner, ils en ont marre du pédantisme des techniciens qui, afin de jouer les sorciers à gri-gri, jargonnent grec, anglais, gréco-anglais ou anglo-grec, mais se refusent à parler la langue natale[1]. Si moi, qui sais un peu de français, je me permettais d'aller leur donner des conseils sur la façon de poser un *rail*, d'installer le *ballast* ou d'accrocher un *tender*, comment me recevraient-ils, ces messieurs ? En me renvoyant à ma chère Sorbonne, ils n'auraient que raison. Or, quand, au lieu d'une *reille*, ils posent un *rail*, quand ils accrochent un *tender* au lieu d'un *ravitailleur*, ils commettent le même genre d'indiscrétion dont je me garderai toujours de me rendre coupable à leur égard. Serait-ce au nom du français langue vivante qu'ils agiront de la sorte ? Que ne comprennent-ils que, ce faisant, non seulement ils l'enlaidissent, leur langue, mais surtout l'appauvrissent, la minent, la *tuent*. Pour avoir étudié quelque peu la formation des vocabulaires scientifiques et la technique dans des langues comme l'arabe ou le chinois, qui ont dû s'en créer de radicalement neufs, je puis

---

1. Cf. Étiemble. *Le Jargon des Sciences*, Paris, Hermann, 1966.

garantir à nos techniciens que, s'ils savaient le français et en tirer parti, jamais ou quasiment ils n'auraient besoin de mots anglais. Jargonnent-ils sabir parce qu'ils ont besoin d'une langue universelle ? Alors, qu'ils en choisissent une, n'importe laquelle (j'ai là-dessus mon idée), et qu'ils s'y tiennent (mais les nationalismes infantiles qui gouvernent partout la planète ne sauront jamais convenir d'une langue). Il sera loisible de la traduire en français, cette langue universelle dont je conviens que nous aurions tous grand besoin (dans ma discipline autant, sinon plus, que dans les autres). Mais le pot-pourri sabiral qu'on nous sert ne peut que gâter l'esprit des techniciens, comme il corrompt déjà les mœurs.

Il faut donc souhaiter que le *Comité consultatif du langage scientifique* que préside M. Louis de Broglie, et le *Comité d'étude des termes techniques français* que préside M. Combet, prennent l'importance qui leur revient dans la lutte contre le sabir scientifique et technique. Me permettrai-je un conseil d'amateur ? Lorsqu'ils auront à choisir un objet, une machine, un mot nouveau, qu'ils se méfient des savants, des ingénieurs. Qu'ils se rappellent que, pour établir la nomenclature des choses de la nature, les Indiens Guaranis réunissaient des conseils de tribu ; moyennant quoi, ils ont fort bien réparti les espèces en groupes et sous-groupes. Qu'ils se rappellent que le peuple, lui seul, dans la mesure où il ne sait ni le grec, ni l'anglais, trouvera le mot expressif, sonnant clair, et qui fasse image. Au tunnel du mont Blanc, si les ouvriers n'eussent point été pervertis d'emblée par le *jumbo* dont on désignait la *perforatrice à fleurets mobiles*, ils auraient, j'en suis sûr, imaginé pour cette machine efficace un mot bien venu. La *fleurettiste*, voilà ce que je me disais, notamment, devant ce *jumbo*, parce que j'ai quelque peu fréquenté les salles d'armes ; un ouvrier aurait trouvé autre chose (mieux sans doute) ; dix ouvriers, dix autres choses, drôles ou belles, entre lesquelles le *Comité d'étude des termes techniques* n'aurait eu qu'à choisir. Autre suggestion : que ces deux comités s'adjoignent un ou deux amateurs du langage, des gens comme Queneau ou Perret, des écrivains qui ont démontré qu'un *bulldozer*, un *ketch* ne leur en imposent pas, et qu'on en fait très facilement un *bouledoseur* ou un *quèche*. Moyennant quoi, nous n'aurons jamais de peine à éliminer les intrus (première urgence), puis à maintenir désormais la cohésion du lexique.

La plupart des langues — on le sait — existent encore plus par leurs désinences que par leurs radicaux. La nôtre, hélas, perdit en route ses déclinaisons et ne peut plus procéder comme le russe, le polonais, le serbe qui, acceptent-ils un mot étranger, le voilà presque toujours assorti de fioritures qui le naturalisent.

Voyez le polonais. Nous emprunte-t-il *cornichon* ? Premier temps, il l'écrit *korniszon*, selon la phonétique polonaise, de sorte que chaque Polonais peut le prononcer sans la moindre difficulté. Qu'il s'agisse de *kapiszon* ou de *bulwar (capuchon* ou *boulevard)*, le polonais triture les mots français. Il a raison, comme il a raison de décliner tous ces mots-là ; comme il a raison de décliner jusqu'aux noms propres étrangers : *Piero della Francesca* devient au génitif *Piera della Francesca* ; *Tchouang-tseu*, le philosophe chinois, qu'on transcrit en polonais *Czuang-Tsy*, se décline inflexiblement : *Czuang-tiego, Czuang-tsemu, Czuang-tsum.*

Le serbo-croate ne procède pas autrement. Voyez là-dessus l'étude de M. Rudolf Filipovitch sur « l'adaptation morphologique des mots anglais empruntés par le serbo-croate » (*Studia romanica et anglica zagrabiensia*, octobre 1961). A *bluffer, kidnapper, manager, quaker* correspondent *blefer, kidneper, menedzer, kveker* et c'est le premier temps (quelquefois on ajoute un suffixe : *sport* devient alors *sportas*, et *striker strajkac*). Deuxième temps, on décline :

	SINGULIER	PLURIEL
(nominatif)	bungalo	bungaloi
(génitif)	bungaloa	bungaloa
(datif)	bungalou	bungaloima
(accusatif)	bungalo	bungaloe
(vocatif)	bungalo	bungaloi
(locatif)	bungalou	bungaloima
(instrumental)	bungaloom	bungaloima

Même principe pour les verbes. De sorte que le polonais et le serbo-croate peuvent accueillir des mots étrangers, sans rien lâcher d'essentiel.

Parce que le français ne dispose plus de ces ressources, il se doit de rester beaucoup plus réservé quand il accueille. Chez nous, c'est le radical et la cohésion phonétique qui, pour l'es-

sentiel, définiront la langue ; accessoirement, les
préfixes et les suffixes, qui n'ont pas la vigueur
d'une déclinaison riche. Dérivons donc et suf-
fixons *à la française*, en supprimant les licences
langagières des marchands et en proscrivant tous
les *suffixes* et *préfixes* américains (-*ing*, -*er*, -*rama*,
-*matic*, *super*-, etc.). Dans les cas désespérés,
traduisons le mot yanqui. Ne soyons pas moins
attachés à notre langue que ceux qui, en swahili,
adaptent *jet plane* en *eropleni ya aina ya jeti*
(aéroplane du genre jet) et traduisent *air condi-
tioning : kuingiza hewa baridi kwenye chumba*
(introduire de l'air froid dans une pièce). Le
français serait-il moins soucieux de soi que le
polonais, le serbo-croate, le swahili[1] ? Si oui,
qu'on le dise franchement, officiellement. Au
nom de quel chauvinisme pervers les Français
accepteraient-ils d'appartenir au seul pays qui se

---

1. En 1971, p. 276 de son factum *Les Linguicides*, J.O.
Grandjouan ne me pardonne pas d'avoir été pour la *France
Libre* en juin 40. Il me reproche donc d'avoir daubé sur nos
teenettes, et prétend que, « fort de l'autorité de Ch. Bruneau »,
je condamne à tort ce mot. Où diable a-t-il vu que je me
réfugie chez Bruneau pour condamner la *teenette* ? C'est qu'il
n'a pas compris le premier alinéa de la p. 329. Il ne comprend
même pas que je suis pour les *tinettes*, contre les *teenettes*.
C'est dire le sérieux de son pamphlet. P. 277, il me reproche
mes références au swahili, sous prétexte que, sur le terrain
d'Embakasi, la « périphrase pataude » que je cite ne sera pas
entendue aussi vite que le mot *ndege*. La question n'est pas là.
Il s'agit de savoir si nous dirons *djet, djette, jette*, à la
franglaise, ou *réacteur, biréacteur, quadriréacteur*, en français.
Mais l'ancien vichyste, comme ses confrères, est furieusement
proyanqui, désormais : c'est que les Yanquis « cassent du
viêt ».

laisse d'autant plus lâchement coloniser qu'il compensera cette lâcheté par une larme d'orgueil au souvenir de Rivarol et de *l'universalité de la langue française.* Il n'y a plus de français. *Cocorico !*

Libéralisme ou dirigisme ?

La « ligne atlantique » étant cette année recommandée par *Elle* aux hommes pour leurs chapeaux (*calotte légèrement conique et bords plus important* (sic) *très cambrés*), c'est notre tête ensuite qu'on aura modelée selon la « ligne atlantique », et non plus seulement nos bitos. Nul ne parle innocemment le sabir ; nul en tout cas ne le parle impunément. Héritage de mots, héritage d'idées : avec le *twist* et la *ségrégation*, la civilisation *cocalcoolique*, « la manière américaine de ne pas vivre » vont contaminer et bousiller ce qui nous reste de cuisine, de vins, d'amour et de pensées libres. N'ayant presque jamais publié aux États-Unis un texte qui ne fût à mon insu mutilé, expurgé, adapté à la « libre entreprise » (dernière métamorphose langagière des monopoles capitalistes), je parle ici en connaisseur ; d'autre part, quand on la connaît, comment ne pas déplorer, *pour lui*, la grande misère sexuelle

d'un peuple asservi par des femmes frigides,
obsédées, puritaines et dominatrices (mes amies
américaines m'approuveront, j'en suis sûr) pour
qui l'homme se tue bêtement à la tâche et à
l'alcool :

> « New York, 12 avril 1963. — Cinq cent mille
> nouvelles veuves chaque année aux U.S.A. Il y en a
> aujourd'hui 8 250 000 dans tout le pays. »
> *France-Soir*, 13 avril 1963.

> « Il m'a fallu un certain temps pour comprendre
> comment la télévision américaine avait vendu son
> âme au diable. Le téléspectateur étant un client, le
> principe fondamental de tout programme (y com-
> pris les informations) est de n'offenser personne,
> de crainte qu'il ne « décroche » au bénéfice d'un
> autre réseau. Ce dernier point est important. Il
> conditionne l'uniformité de ton et la platitude
> générale des émissions. »
> *Le Figaro*, 19 septembre 1962.

> « Yolande Bavan tente de s'adapter à la vie
> américaine, une vie qui, selon Annie Ross, *vous
> rend fou et fait de vous une loque, une épave.* »
> *Jazz Magazine*, septembre 1962, p. 13.

> « Cœur de Lièvre symbolise l'homme-type amé-
> ricain, trop faible pour diriger son existence, cassé
> dès l'enfance par une mère dominatrice, écrasé
> par les contraintes sociales, tournant comme un
> boulon dans la machine collective. »
> *Candide*, 22-29 août 1962.

Après cinq ans d'États-Unis, je n'ai pas envie
de revivre en Europe le « cauchemar climatisé »

que j'ai fui. Or les mots du sabir nous apportent les mets yanquis : *hamburger*, le hamburger. Écoutez plutôt les conseils que dispensent les *Cahiers du Jardin des Modes*, en juin 1961 : « Pour compléter l'ambiance américaine, présentez des cœurs de céleri en branches, des carottes crues effilées et des concombres en longues lamelles, sans oublier des petits oignons nouveaux avec leurs tiges vertes (dans les mains du petit Noir réjoui). » Ce « petit Noir réjoui », insidieusement amené pour justifier la cuisine infantile à quoi sont réduits et se complaisent les Yanquis, n'est-ce pas toute la « manière américaine de vivre » ? Quand on a failli comme moi subir les rigueurs de la loi pour s'être assis exprès à côté des « niggers » dans les transports en commun de La Nouvelle-Orléans, bafouant ainsi la sainte loi de « ségrégation », on apprécie « l'ambiance américaine » selon *Le Jardin des Modes !* Quand on constate en lisant *Le Monde* de juillet 1963 que le propriétaire d'un bistrot à l'enseigne prometteuse : *New York Whisky*, expulse de son bar les Martiniquais afin de pouvoir y accueillir les partisans de la « manière américaine de vivre » ; quand on lit dans *France-Observateur*, le 22 août 1963, que « les experts électoraux (en France) songent déjà aux grands spectacles à l'américaine, avec majorettes et cirques ambulants », on comprend que *New York* (au lieu de *Nouillorque*) ou *majorette* ne sont pas des mots innocents, et que notre concupiscence — infantile déjà ! — pour les cuisses de ces « gueurles » nous conduit insidieusement à l'amour du lynchage et à l'admiration des bureaucrates corrompus qui manipulent, aux États-Unis, les deux partis politiques.

Nous ne manquons ni de ridicules, ni de défauts, ni de vices bien français ; sachons nous en contenter et dispensons-nous d'emprunter, avec le vocabulaire des Yanquis, les défauts, les ridicules et les vices qu'il annonce. Pour peu que nous persévérions à sabirer atlantique, l'antisémitisme larvé, le racisme virulent, la tartuferie sexuelle, la dévotion au dollar, les superstitions scientiste et chrétienne-scientiste seront notre pain quotidien. Toute politique alors nous conviendra qui convient à la dynastie Rockefeller, à la United Fruit, au Réarmement moral, à la John Birch Society. Eh bien ! *merde à tous ces chiens-là !*

Écoutons plutôt les conseils que nous donnent les Anglais : M. Robert Startin, de Shirley, qui écrit à *Paris-Match*, en 1962 :

> « Messieurs,
> « Anglais, puis-je demander qu'on parle français en France ? La prononciation des mots anglais dont on se sert en France est incompréhensible à un Anglais, et la prononciation correcte est du snobisme, et mal comprise par les Français. »

Mme Ann Boulter qui, à quelques mois de là, écrit au même journal, de Thorpe Bay :

> « Monsieur,
> « Que je suis d'accord avec M. le professeur Étiemble ! J'ai passé une dizaine d'années à apprendre le français. Vous pouvez imaginer mon

horreur à entendre tant de mots anglais et américains.

« Pourquoi le rock and roll, la surprise-party, les
blue-jeans, le chewing-gum, etc., et aussi, chose
étrange à mes oreilles, pourquoi le smoking ? Un
mot qui n'est qu'un adjectif en anglais.

« Messieurs les Français, gardez votre belle
langue. »

La plus ingénieuse satire du franglais, ou du
sabir atlantique, n'est-elle pas formulée dès 1891
dans *Peter Ibbetson*, ainsi que le rappelait à point
nommé dans *Paris-Match*, le 6 octobre 1962, un
professeur de lettres du nom de Michel Ligny. Les
héros de ce livre ont inventé deux langues, le
frankingle et l'*inglefrank*. « Cela consistait à angli-
ciser les noms et les verbes français, pour ensuite
les conjuguer et les prononcer à l'anglaise ; et
vice versa. Artifice grâce auquel nous parvenions
à confondre et à égarer les profanes, aussi bien
anglais que français. » Est-ce là notre idéal ? Si
oui, que M. le Ministre de l'Information, M. le
Ministre de la Guerre, M. le Ministre de l'Éducation nationale et M. le Ministre de la Culture nous
le notifient sans tarder. Ce serait piquant, car
M. Dauzat citait en 1952 (*Le Monde*, 6 août) une
lettre publiée par le *Manchester Guardian* et qui
fit en son temps quelque bruit outre-Manche : un
grand personnage du Royaume-Uni déclarait que
« l'*imprécision* due à l'emploi généralisé de
l'anglais fait souhaiter qu'on utilise plus libéralement le français ».

Les Yanquis, à cet égard, ne réagissent pas tous
comme font les Anglais qui subissent, eux aussi,

l'invasion. L'an dernier, lorsque le *New York Herald Tribune* publia sur cinq colonnes un article où l'on exposait loyalement mon point de vue, *The Times Picayune*, de La Nouvelle-Orléans, répliqua en éditorial que je devrais me sentir heureux de *pull-over* pour chandail, car ç'aurait pu être *sweater*[1]. Cet ignorantin ne soupçonne pas que nous subissons à la fois et *pull-over*, et *sweater*, et *furover*, et *cardigan*, et *pull-over fully fashioned*, et *pull over mock fashioned*, etc., qui tuent chez nous : tricot, lainage, gilet, chandail, etc. M. Art. Buchwald s'en tire aussi par une pirouette : sous prétexte que ses compatriotes emploient quelques dizaines de mots français dans le langage de la diplomatie ou de la publicité, il feint l'inquiétude : « Si cela continue, la France va bientôt offrir de racheter la Louisiane. » Allusion maladroite, car je me rappelle dans quelles circonstances, à quelle date et à quel prix, oubliant La Fayette, les jeunes États-Unis nous menacèrent du pire si nous ne leur cédions pas ces immenses territoires. Cela se passait en octobre 1803, et la France était aux abois. D'un seul coup, pour onze millions de dollars — à prendre ou à laisser, — la jeune République doublait son territoire (la Louisiane couvre en effet *treize* des États aujourd'hui Unis). La guerre, c'est la guerre, soit ; mais Art Buchwald se fout un peu trop du monde, quand il feint de craindre

1. « Prof. Étiemble should be happy, rather than otherwise, with pull-over, considering that it might have been sweater. » (*Parlez-vous Franglais ?*, dans *The Times Picayune*, 20 décembre 1962).

pour sa Louisiane, alors que c'est nous, les Français, qui chaque jour, peu à peu, sommes achetés par le capitalisme yanqui. Ici, 20 000 hectares de terres, là Simca, ailleurs un grand couturier, un peu partout des consciences (à coups d'innombrables bourses, d'invitations dollaresquement payées. Ah! on ne lésine pas! Lorsque je commençai à me défendre contre le sabir, une agence politique essaya de me séduire, de m'acheter, de me lier pieds et poings. Veut-on la lettre et ma réponse ?).

Aux États-Unis comme partout ailleurs, il se trouve des hommes intelligents, généreux et libéraux qui, dans cette affaire du sabir, prennent le parti du bon sens et nous prient, *nous somment*, de parler chez nous français. Le professeur Kolbert, par exemple, qui écrit dans *Vie et Langage* (mars 1961) :

« L'invasion des mots anglais existait, certes, il y a cinq ans, mais, depuis notre dernière visite, elle est devenue une avalanche verbale difficile à ignorer.

« Ce qui nous désole, ce n'est pas seulement que les Français semblent emprunter à d'autres langues des foules de vocables, compromettant ainsi la pureté de leur langue, c'est aussi qu'avec ces mots étrangers ils adoptent en même temps les manières de vie que ces mots expriment. »

Les écouterons-nous, ces « vrais amis » ?

Ou bien les Français comprendront tout seuls à quels abîmes, à quelle servitude volontaire ils se ruent en continuant à sabirer atlantique, et alors je me retire dans ma cabane, à la montagne, et j'y cultive paisiblement mon jardin en écrivant à loisir les quelques livres qu'à tort sans doute j'aimerais achever avant de mourir : j'aurais alors quelque chance de travailler sur une langue vivante et, si mes livres valent quelque chose, ils auront leur chance d'être lus dans cinquante ans, ou cent. Ou bien mes compatriotes continueront à briguer leur carte du *O'He-Club*, du *O'She-Club*, et alors, comme un chien, je hurlerai à la mort, comme un blessé agonisant, je crierai *au secours !* jusqu'à mon dernier souffle. Car je consens que l'écrivain écrive pour son époque. Je ne crois guère à ceux qui ne vivent que pour elle. Il se peut que tous les grands livres furent des pamphlets de circonstance (le *Quichotte, Bouvard et Pécuchet, J'accuse !*), ils ne méritaient de paraître que si, trois siècles plus tard, ils font rire les enfants et sourire les sages.

Au train dont galope le sabir, nos fils ne comprendront plus, je ne dis pas Montaigne ou Molière, que l'on n'entend plus guère, mais Proust, Malraux, la série noire...

Des années ont passé depuis que je rédigeai ma première mise en garde contre ce *cancer yanqui ;* je ne puis me flatter de l'avoir extirpé. Tout au plus, comme je l'ai dit, puis-je présumer que j'y ai sensibilisé un certain nombre de lecteurs et d'auditeurs. Nul ne m'accuse plus de l'avoir inventé. (Voilà dix ans, ne m'accusait-on pas, en Sorbonne cette fois, de bâtir un mythique *mythe de Rimbaud,* « canular » dont j'étais à la fois créateur, exploitant et bénéficiaire... ?)

Plusieurs Français pensent qu'il faut agir : M. Alfred Sauvy, notamment. Hélas, quelques enseignants et chroniqueurs exceptés, on ne fait pas grand-chose. Pour freiner ou empêcher toute réforme, le *Petit Larousse* est un peu là. *Quick-freezing* peut illustrer un mot croisé de *France-Soir :* il est au *Larousse* ! De gros intérêts sont en jeu : supposons que, soucieux du patrimoine national, un gouvernement français enjoigne à la maison Larousse de corriger son dictionnaire, faute de quoi on l'interdirait dans nos écoles, que de millions perdus ! Un professeur de français qui se permet d'enseigner, preuves à l'appui, que le *Petit Larousse* est bourré d'américanismes, quel scandale ! Le plus simple est donc d'essayer la dénonciation, la menace. L'édition 1962, qui en rajoute encore, est donc approuvée par la *Commission des Livres* du ministère de l'Éducation nationale.

Moi, naïf, je croyais avoir lu au *Journal officiel de la République française*, le 7 août 1962, une certaine *loi* du 4 août 1962, *complétant la législation sur la protection du patrimoine historique et esthétique de la France et tendant à faciliter la restauration immobilière*. J'en conclus que notre gouvernement se soucie du « patrimoine historique et esthétique » de la France en *général* ; de la langue française par conséquent qui, ou je me trompe fort, constitue notre *principal* patrimoine historique et esthétique, celui qui commande, organise et permet tous les autres. Non, je ne peux pas supposer que la sauvegarde du patrimoine esthétique de la France consiste à ravaler le Palais Bourbon et le Palais Mazarin, et à faire gagner des millions à ceux qui, par système ou négligence, défont et massacrent la langue française. On protège les sites ; parfait ! On restaure le

Marais ; j'applaudis. Le français, pardonnez-moi, importe à la France un peu plus même que Notre-Dame. Rasez Notre-Dame : Chartres nous restera, et Reims, cent églises romanes, autant de châteaux, mille chefs-d'œuvre. Il nous restera l'essentiel de la France. Détruisez la langue française ; il ne nous reste plus que le patois d'une chétive colonie de l'impérialisme yanqui.

Tirons-en, selon Charles Bruneau, les dernières conséquences : « Le commerçant qui parle de poires en *tin*, la ménagère qui *canne* ses tomates, sont, au point de vue linguistique, de véritables criminels. »

A moins qu'ils ne s'amendent, on sévit contre les criminels. Montaigne l'avait compris, qu'il y devrait avoir « quelque coercion des lois contre les écrivains ineptes et inutiles, comme il y en a contre les vagabonds et fainéants ». Ça vous embête que Montaigne l'humaniste ait lâché une phrase aussi roide, aussi peu libérale. Ça vous embête d'autant plus que les neuf dixièmes de nos hommes publics, journalistes et radioteurs, sociologues, publicitaires et philosophes seraient aujourd'hui passibles de cette « coercion des lois ». La part en moi de l'anarchiste veut leur épargner ce déboire ; c'est pourquoi je les invite, tous tant qu'ils sont — le temps presse — à s'amender spontanément, et dare-dare.

Quelques signes favorables, que j'accueille comme on fit dans l'arche la colombe, ah ! s'ils pouvaient annoncer le renouveau ! Outre ceux qu'incidemment j'ai rapportés, en voici d'autres, pour conclure :

1) Alors que la maison Larousse, en vendant à

plus de vingt-cinq millions son dictionnaire sabiral, contribue plus que personne en France, sinon
Elle (et ses séquelles) à nous américaniser bon gré
mal gré, et coûte que nous coûte, elle s'est
associée à la maison Hachette pour publier un
périodique qui se propose de favoriser la diffusion du français dans le monde ; mieux, elle
publie toute seule une revue que dirige M. Guillermou (*Vie et Langage*), dont tous les postulats,
tous les articles contrarient heureusement les
tendances du dictionnaire. Alors, que diable, un
peu de *consistance* (comme diraient nos anglolâ-
tres, un peu de *consistency*). Un peu de suite dans
les idées ! Puisque vous financez *Vie et Langage*,
pourquoi ne pas y conformer votre fameux dictionnaire ?

2) Le comité de rédaction des *Cahiers de la
publicité* semble désireux de réagir contre le
jargon d'une profession qui pourrit la France
entière. Certes, il ferait bien de corriger d'abord
son bulletin, et d'y interdire « le media planning,
supports et cadence optima », exemple achevé de
babélien sabiral ; mais cela, c'est du passé. Pen-
sons à l'avenir. Il suffirait d'un publicitaire intelligent qui persuaderait quelques-uns de ses plus
puissants clients qu'on ne saurait lutter contre la
concurrence américaine en plagiant le système
qui se propose de nous ruiner. Si vous prétendez
servir le Marché commun ou l'économie française, comprenez donc qu'il vous faut créer un
style français de la réclame. Dans son *Vade-
mecum du rédacteur publicitaire*, M. Linze, qui
sabire tant qu'il peut, consigne néanmoins deux
façons de vendre : *à la française*, en cherchant à

susciter la sympathie; *à l'américaine,* en prê-
chant la qualité du produit. Cette distinction est
aujourd'hui spécieuse, parce que voilà belle
lurette que nos publicitaires ne jurent que par les
thèmes et les clichés du *marketing* atlantique.

Nos produits sont pourtant capables de séduire
« à la française » les marchés étrangers. D'Angleterre, j'en recevais ces jours-ci la plaisante confirmation. Le *Sunday Mirror* du 11 août 1963 publia
ce placard : « *Le tee-shirt à la Française* is THE
summer buy in Paris — selling at the rate of fifty
a morning in some shops. » *La T. ou Tee-shirt à la
française* serait donc cet été le clou des ventes à
Paris; on en débiterait jusqu'à cinquante par
matinée dans certaines boutiques. Pour
conclure : « Fabriquée en doux jersey de coton
par Chez Choses, à Saint-Tropez, les jeunes Françaises l'emploient à toutes fins : pour la plage,
pour la nuit, et en guise de tunique, avec un
pantalon. L'an prochain, nous l'espérons, on la
trouvera dans nos boutiques. Si oui, ce sera, n'en
doutez point, un succès sensass' et formid'. »
Pour vendre aux Anglaises des *Tee-Shirts,* on les
déguise donc « à la française ». Et nos publicitaires, nos fabricants ne comprendraient point, je
ne dis pas leur devoir, dont ils se fichent, mais
leur intérêt, qui ne peut les laisser insensibles ?
Allons donc ! Ils sauront bientôt que pour vendre
au Japon, en Amérique du Sud, des produits de
marque et qualité françaises, il est idiot de leur
donner des noms pseudo-anglais. Autant avouer :
les Américains excellent à ce point en toutes
choses que nous ne pouvons que les imiter et vous
offrir nos sous-produits de la supermarque USA.

3) En s'adressant cette année au directeur
général d'Air France pour obtenir que, dans nos
aéroports, l'expression sabirale *welcome service*
soit remplacée par *service d'accueil*, un député
français démontra que, parmi les représentants
du peuple ou censés tels, il en est un au moins
pour accepter l'idée que, la langue étant notre
patrimoine commun, nul individu n'a le droit
d'y introduire au petit bonheur du yanqui, au
grand malheur. (A quand la francisation d'Air
France ?)

Si toutefois ces hirondelles n'annonçaient
point un renouveau, si la presse, l'armée, la
publicité, la radio, la télé continuaient à sabirer,
nous devrions en appeler à l'État. Alors que nous
devons souvent nous plaindre des interventions
indiscrètes, inutiles et nuisibles des pouvoirs
dans l'ordre de l'information, de la culture, de
l'enseignement (cette idée, par exemple, de
confier à des culottes de peau l'éducation de
notre jeunesse : et si moi je demandais un poste
d'amiral, comment me recevrait-on, rue
Royale ?), nous exigerons que l'État intervienne,
aussi discrètement mais aussi fortement qu'il le
faut, dans les domaines de son ressort. M. Alfred
Sauvy, que je ne crois pas beaucoup plus fachiste
que moi, mais qui connaît comme moi la question, écrivait cette année dans la *Revue de Paris* :
« Quatre ministères sont en cause : Éducation
nationale, Affaires culturelles, Affaires étrangères
et Information. *Tous les quatre sont profondément
défaillants.* Des initiatives individuelles méri-
tantes, mais aucune vue d'ensemble, aucune
volonté. De nombreux entretiens m'ont montré

du reste le peu d'intérêt que soulève la question. »

Je nuancerai son point de vue. Du temps que M. Lucien Paye était ministre de l'Éducation nationale, il m'accorda une audience à propos du sabir ; si le plan qu'il avait ébauché avec moi s'était réalisé, le ministère aurait agi. Ce n'est point en l'espèce le ministre qui me lâcha. Un ministre qu'omet M. Sauvy, celui de l'Industrie, aurait son rôle à jouer, lui aussi. Quand il occupait ce poste, M. Jeanneney me convoqua, me marqua l'intérêt qu'il portait à notre langue et à mon entreprise. Deux ministres au moins, par conséquent, sous le régime gaulliste, m'ont écouté. Dommage qu'ils aient trop tôt changé d'affectation, et que la stabilité de la Cinquième s'accompagne d'une aussi constante valse interministérielle qu'aux pires moments des cabinets qui nous donnaient le tournis.

Au pis, le pouvoir se dérobe ? Nous serons têtus, obstinés. Nous importunerons — s'il le faut — tout le monde, et le Premier Ministre, et le Président de la République. Je ne vois pas l'intérêt d'une force de frappe qui n'aurait à protéger qu'une colonie de Wall Street : les fusées Polaris suffiront. Et puis il y a Malraux, qui déclarait à Lima, en septembre 1959, que la France « ne pouvait admettre une colonisation de l'esprit par les États-Unis et l'Union Soviétique », Malraux qui écrivit quelques livres puissants, et à qui sans doute il ne déplairait pas qu'on le lût quand il sera, comme nous tous, un mort. Non, je ne croirai jamais qu'il conteste, celui-là, que l'intégrité de la langue importe au moins autant à la

condition humaine et à *La Condition humaine*
que le ravalement de la Madeleine.

Voici, en bref, ce qu'il faut obtenir du pouvoir
(au cas, je le répète, où, *dans six mois*, la presse, la
radio, la télé, les publicitaires se déroberaient
encore à leur devoir) :

1° Que la Radio et la Télé, que contrôle si
scrupuleusement le ministère de l'Information,
et qui sont officiellement au service de la nation,
soient invitées — je m'entends — à parler français ; sitôt les speakers et speakerines redevenus
annonceurs, annonceuses, ils recouvreront, vous
verrez, le goût de leur langue ; et les rédacteurs
du même coup. Au cas où ça ne suffirait pas, on
dressera une liste, constamment tenue à jour, des
mots et tours interdits ; interdits sous peine
d'amendes que paierait la *Radiotivi franglaise*
(amendes légères, d'abord, mais à tarif progres-
sif). Quand on considère avec quelle dureté le
citoyen se voit pénalisé, qui viole un règlement
de zone bleue (lors même qu'il peut prouver par
témoignage sa bonne foi, et n'avoir pas stationné
plus d'un quart d'heure), on admire la mansuétude des Grands à l'égard de ceux qui, par
caprice, négligence ou pose, corrompent l'esprit
public.

2° Que le ministère de l'Éducation nationale et
celui de la Culture, je dis bien ces deux-là, et non
point celui de l'Information, fassent une
démarche conjointe auprès de tous les journaux
français — et notamment des illustrés à l'usage
de la jeunesse — pour obtenir que la presse
française mérite enfin son nom, et proscrive elle
aussi tous les mots, tous les tours anglo-saxons

interdits à la radio ainsi qu'à la télé. Les contrevenants étant mis à l'amende, eux aussi, au prorata des infractions qu'ils commettraient.

3° Que le ministre de l'Industrie obtienne que les noms de produits français, que les *marques déposées* en France soient désormais libellés en français, afin de nous épargner le ridicule d'*ami-cat* et de *snack-dog* (comme si les chats et les chiens fussent eux aussi, après le *Bourbon*, la *coca-cola*, le *chewing-gum*, des sous-produits de l'industrie yanquie). Ce faisant, nous imiterions les Canadiens français, qui ne s'en trouvent pas plus mal.

Un impôt substantiel prélevé sur les marchands qui ont besoin de l'*y magic*, de l'apostrophe, du *k magic* et de tous les mots *magic* comme *standing*, *shopping*, *self-service*, serait du meilleur effet. Quand j'étais gosse, ma mère payait le fisc pour ses « portes et fenêtres » ; pourquoi ne pas taxer toutes les « enseignes sabirales » ? Les marchands déposent leurs marques (et ce sont généralement des ordures langagières) ; ils comprendront que nous autres, enseignants et écrivains de France, nous exigions le respect de toutes *nos marques déposées* (*nos mots*, déposés dans tous les dictionnaires, nos *tours de syntaxe* déposés dans les grammaires qui font autorité).

4° Que le ministre de la Guerre (ou de quelque nom qu'il lui plaise de camoufler la réalité de ses occupations) poursuive la campagne qu'il a timidement amorcée pour suggérer que l'armée française parle de nouveau français. Sinon, il encouragera l'objection de conscience. Quelque heureux que je sois de vivre, je crèverais sans trop

rechigner si, en tombant, j'avais l'espoir de
contribuer à léguer aux survivants le droit de
parler leur langue ; mais, si tout ce que je puis
attendre, c'est une épitaphe en sabir, un « captain Étiemble » (or *captain* se répand), qu'on ne
compte pas trop sur moi.

5° Que le ministère des Affaires étrangères, qui
a tant fait, depuis 1945, pour restaurer la situation du français dans le monde — ce dont j'ai pu
m'assurer en Turquie et en Grèce, en Argentine et
au Pérou, au Mexique et en Union Soviétique,
ailleurs encore, — obtienne des gouvernements
étrangers que les placards de publicité proposés
à la presse française soient rédigés soit en français, soit dans la langue originale, mais non point
en sabir. Auquel cas, les journaux français
seraient autorisés ou contraints à corriger les
solécismes, les barbarismes, les tours vicieux.
Est-il tolérable que, dans un seul placard de
France-Soir, le 20 février 1960, nos concitoyens
lisent ce charabia : « Pour ceux qui désirent avoir
une vraie joie et amusement... Là de jolies
femmes danset (*sic*)... avec leurs costumes tropi-
caux pleins de coulers (*sic*)... Reposez à (pour
reposez-vous)... Une merveilleuse couverte de gar-
denias... etc. » Il pourrait aussi demander que les
emballages de produits importés soient *tous*,
sans exception, rédigés en français.

6° Que le ministère de la Culture, celui de
l'Éducation nationale et celui de l'Industrie agissent en commun auprès des éditeurs, des agences
de nouvelles, de tous ceux qui emploient des
traducteurs, afin que ceux-ci, pourvu que leur
compétence soit confirmée par un organisme

sérieux (titre universitaire spécialisé ; garantie syndicale), reçoivent une rémunération digne de ce beau métier malaisé. « Le traducteur est méconnu, écrivait déjà Valery Larbaud ; il est assis à la dernière place ; il ne vit pour ainsi dire que d'aumônes ; il accepte de remplir les plus infimes fonctions, les rôles les plus effacés. » Traducteur d'occasion en Amérique, en France, et dans plusieurs organisations internationales, comment ne souscrirais-je point à ces pudiques doléances ? Larbaud a pu traduire, lui, et à loisir, ceux des écrivains qu'il aimait : luxe de riche, que nous ne pouvons plus nous permettre puisque, selon le mot d'Edmond Cary, un spécialiste, ce siècle n'est qu'une « immense machine à traduire ». En traduisant mal, vous desservez la langue de départ et ruinez celle de l'arrivée. Or, lisez la plupart des traductions...

Autant de mesures nécessaires, mais insuffisantes. Il faudrait surtout que, des classes maternelles à l'enseignement supérieur, on formât nos enfants à connaître, aimer et respecter le français. On leur bourre la cervelle de notions idiotes ou fausses qu'ils doivent oublier quand ils se spécialisent dans une discipline. Plutôt leur faire apprendre, et *par cœur*, la grammaire, avec beaucoup de poèmes, de belle et forte prose. Actuellement occupées à ruiner notre langue, il faudrait que la radio et la télévision soient employées à la consolider. Si de temps en temps, et non pas seulement pour les émissions culturelles, ces deux institutions diffusaient une langue sûre ; si elles accordaient fût-ce une demi-heure ou une heure par semaine à des émissions normatives, mais amusantes, concernant la langue française, et le sabir, alors on pourrait une fois de plus vérifier que la pire des choses peut devenir la meilleure. Capable de tuer notre langue, la télé, elle seule, dans l'état présent des mœurs, peut la sauver. C'est dire qu'elle doit le faire.

On a senti, je veux le croire, que je n'obéis à aucun chauvinisme politique, à aucun « malthusianisme » langagier. Je veux seulement que le français *redevienne* une langue vivante, c'est-à-dire capable d'*assimiler*. L'herbe devient gazelle, qui devient homme, tigre ou lion. Comme toutes les langues, le français a vécu d'emprunts, je le sais à peu près aussi bien que les *fans* du sabir ; peut-être un peu mieux, parce que je sais, en outre, que le français n'existe que dans la mesure où d'un *kruisken* il sait trousser un joli *troussequin*, et de *Buckingham* un gracieux *bouquinquant*. D'un *çaqr*, un sacre, d'un *Schnapphahn* un chenapan, etc. Dès l'instant que ce que vous appelez le français tolère de trois à cinq mille mots anglais tels quels, sans parler des expressions calquées sur l'américain, il ne s'agit plus du français. Quand vous me refusez *récriture* pour exiger *rewriting*, quand vous snobez le *coquetèle* et lui préférez les *cocktails*, quand à mon *groupier* vous substituez *groupman*, à mon *vivoir* votre *living-room*, à mon *annonceuse speakerine*, à mon *rase-vagues* (ou *rase-rouleaux*) du *surf-riding*, à la *plaisance yachting*, quand vous acceptez qu'une voiture *de grand standing* se vende plus cher qu'une voiture *de luxe*, qui donc, je vous prie, appauvrit le français ? Qui donc le tue ?

Et quand à la grammaire vous opposez l'histoire, au dirigisme le libre-échange, où voulez-vous en venir ? Au libre-échange du lion et du mouton ? Merci.

Ou bien nous « régenterons » le français, ce que deux ou trois personnes m'accusent de vouloir faire — et elles ont bigrement raison ; ou bien, c'est clair, il n'y aura plus de français ; rien que du sabir. Sans les régents qui, au xvie, nous épargnèrent l'italianisation ; au xviie, nous sauvèrent du pédantisme hellénisant, et depuis lors ont réussi, sous les brocards et l'insulte, à canaliser le cours naturellement irrégulier de la langue, où en serions-nous ? Le français n'est pas un don gratuit du libre-échange et du laisser-aller. Il dut constamment se défendre contre la corruption, et surtout depuis que chacun, sous le prétexte fallacieux qu'il sait lire, s'arroge sur le patrimoine ancestral tous les droits, y compris celui de le dilapider.

A qui donc conférer le droit de « régenter » ? Voilà plus de trois siècles, on créa une compagnie à qui le gouvernement d'alors confia ce soin glorieux : l'Académie française. Est-ce ma faute si, indigne de son rôle, une majorité ignorante ou gâteuse paralyse le petit nombre de ceux qui pourraient et voudraient bien faire ? Devant cette carence, Gourmont rêva d'une autre Académie, celle de la *beauté verbale*, qui se chargerait de naturaliser les emprunts nécessaires et de proscrire les pilleries. Que son idée fût opportune, j'en veux pour garantie la naissance, depuis lors, de l'Office du Vocabulaire français, et de ces deux commissions dont j'ai parlé, qui contrôlent le vocabulaire des sciences et celui des techniques.

Il faut les encourager, en créer d'autres, en coordonner les activités, et leur associer quelques écrivains, linguistes, humanistes, grammairiens qui, à partir de ces travaux préliminaires, trancheront en dernier ressort et dont les décisions orienteront l'usage. (Si l'on s'y refuse, que l'on dise officiellement : « Tout le monde en France a le droit de créer des mots, de changer le sens des mots, à l'exception des enseignants et des écrivains. ») Cette commission de « régents », je n'aspire nullement à la « régenter ». A supposer qu'on la créât telle que je la souhaite, je m'engage à ne jamais en faire partie. Je ne brigue ici aucun poste, aucune décoration. Après six semaines de dur travail, j'ai achevé ce que je me proposais d'écrire. Demain, j'aurai le temps de sarcler mes rosiers : ils ont pâti du sabir. Quand je vous dis qu'il pourrit tout !

Si j'échoue à obtenir, par ce petit ouvrage, ce pour quoi depuis des années je m'exerce : une réaction spontanée mais persévérante de l'opinion ; à défaut, une action énergique et durable des pouvoirs publics, j'irai bientôt, en compagnie d'Audiberti, solder sur l'esplanade des Invalides mes manuscrits « irréels et crépusculaires » ; après quoi, « nous nous rassemblerons à cinq ou six en quelque bistrot désuet afin de nous gargariser des lointaines années où *bamboo* s'écrivait bambou ».

Alors, parlons anglais.
Parlons anglais et n'en parlons plus [1].

1. Audiberti, *Profitez des vacances, parlez français*, dans *Arts*, août 1963.

Le *timing* et le *standing* l'exigent ; en outre, c'est *si* facile. *It's so easy !* De plus, c'est plus sûr. *It's safer.* Et puis, ça paie. *It pays.* — O.K. ? — ?!?!?!?! — B B B B A A A A A A A N N N N N N G G G G G G G ! — !?!?!?! — K.O. !

Conclusion

Après avoir étudié dans plusieurs langues la formation au xxe siècle de ce que j'appelai le babélien, j'écrivis sur cette variété nationale qu'est le franglais un petit ouvrage qui fit apparemment assez grand bruit : jusqu'à Pékin, où l'on se fendit d'un long article élogieux ; jusqu'aux États-Unis, où je fus accablé de sarcasmes, d'injures, honoré de bandes illustrées qui me vouaient aux gémonies, et du coup me donnaient raison (voir quatrième partie, chapitre premier) ; jusqu'à *La Tête de l'Art*, où Jacques Fabbri monta quelques saynètes, et non point *sketches*, inspirées de mon brûlot. A mes trousses, tous les laquais français de l'Ambassade US, comme ils disent franglaisement : tous les anciens nazis et collabos : *Rivarol, Aspects de la France, Écrits de Paris* insinuèrent ou professèrent que je voulais parler francoco ; un autre de ces messieurs, que je contribuai à mettre à sa place lors de la libération, me favorisa tout récemment encore d'un chapitre entier dans un livre sur les *linguicides* (charabia hexagonal pour : les *tue-langues*, sur *tue-mouches*) ; j'y deviens *René-la-*

Haine, sur *Roger-la-Honte*. M. Grandjouan n'était pas si faraud, en 1944, entre Fort-de-France et Casablanca, quand il m'offrit tout si j'acceptais de me taire sur ses activités antillaises sous l'amiral Robert. Bref, ceux qui voulaient nous livrer aux nazis ne me pardonnaient pas, au nom de leur nationalisme, de refuser l'*American way of life*, la colonisation yankie. Contre moi, j'eus également les linguistes de la nouvelle vague, qui entérinent avec une délectation masochiste tout ce que les illettrés, les promoteurs, les publicitaires, et les étrangers qui vendent le ou la Cocacola imposent à la langue française, mais qui prennent des airs offensés, au nom de la science (de quoi rire, non ?), quand un enseignant, un écrivain, se permet, lui, d'agir sur sa langue pour corriger les vices de forme dont elle pâtit. Chauvin, puriste, et autres gentillesses, me furent administrées par ceux qui refusent l'*anone*, veulent manger du *chirimoya*, « tellement plus savoureux » n'est-ce pas ?, en espagnol. Que ces messieurs se rassurent : je ne m'en porte pas plus mal. Mieux plutôt, car il est des sympathies qui me consterneraient.

Mais il est des questions qui m'honorent ; celle-ci, par exemple, que posait Alain Guillermou, dans *Carrefour*, le 12 avril 1972 : « Que serait le français aujourd'hui si Étiemble n'avait pas lancé son cri d'alarme ? » Eh bien, je tâcherai d'y répondre, sans forfanterie, ni fausse humilité.

Dans l'histoire de ma langue, si elle se prolonge, du moins suis-je assuré d'une modeste place, à côté d'Henri Estienne, et de sa *Précellence du langage françois*, où je relis avec joie : « Ce mesme auteur (j'enten Bembo) use d'une façon de parler italienne-françoise fort belle, mais laquelle maints italiens ne pourraient pas entendre. » Ou encore, à côté d'Étienne Pasquier, qu'on lira en appendice. Le hasard, ou le destin, fait assez bien les choses puisque *L'Encyclopédie du bon français dans l'usage contemporain* a inscrit mon nom juste après celui des Estienne au lexique des grammairiens cités.

C'est qu'en effet j'ai donné à mes compatriotes une conscience aiguë du franglais. La notion est désormais entrée dans les esprits, dans les mœurs (carte de nouvel an, carte postale « non au franglais », etc.) ; le mot est intégré dans la langue, où il provigne en *franglaiser, franglaisant, framéricain* ; au point que le *Petit Larousse*, qui ne m'a guère à la bonne parce que je lui fais la guerre, consigne le concept ; enfin, voici que le sens prend du large dans *Paris-Jour* (18 mai 1971) et qu'un gros titre parle de « Caroline le bébé franglais ».

Depuis dix ans, les coupures de presse me tombent par centaines qui prouvent qu'on n'emploie plus le franglais sans penser à moi : « M. Étiemble tremble [...] Pigalle haut lieu de la langue verte, sombre dans le franglais. » (*France-Soir*, 29-XII-1971) ; « Son nom a de quoi faire frémir M. Étiemble : " Polywriters ". » (*Nouvelles Littéraires*, 3-XII-1971) ; « SUSPENSE : appartient au franglais dont les progrès empêchent Étiemble de dormir. » (*L'Information du spectacle*, mars 1972). En sens contraire : « Étiemble a bien raison de protester contre l'emploi de l'expression *strip-teaseuse*, alors que nous possé-

dons le mot d'effeuillage » (*Le Courrier de l'Ouest*,
14-III-1972) ; « J'emploie à dessein ces expressions [*Show business, up to date*] pour bien
montrer qu'Étiemble avait raison quand il
condamnait le franglais. » (*Paris-Jour*, 7-IV-
1971) ; « On assiste actuellement à une recrudescence de cette anglicisation qui [...] aboutit en
fait au " franglais ", dont Étiemble s'est si joli-
ment moqué. » (*Normandie-Matin*, 23-II-1971) ;
« Alerte au franglais, Inutile franglais » dans le
Nouvel Observateur de juillet 1972. Ou encore
dans *Le Comtois, L'Est Républicain* et *La Dépêche
du Doubs* du 13 janvier 1972, ce titre alliciant :
LA VICTOIRE D'ÉTIEMBLE : « C'est la mort du
"design ". Et pourquoi pas bientôt du "juke-
boxe " ? Un décret vient de paraître au *Journal
Officiel* instituant auprès des administrations
centrales de l'État des commissions de termino-
logie [...] Le professeur Étiemble triomphe. »
   Le « professeur Étiemble » ne triomphe pas du
tout. Tout triomphalisme lui est suspect. Et puis
s'il est vrai que la *plaisance* a coulé l'affreux et
imprononçable *yachting*, si tel grand magasin
pittoresque propose à ses lecteurs, sur plusieurs
pages, mon *vivoir* franco-canadien au lieu de leur
hideux *living-room*, le franglais continue : le *Corriere della sera* s'en réjouit, par esprit atlantique ;
à l'en croire (26-I-1972), mon bouquin n'eut
« aucun effet », parce que les Français, ils en
veulent à gogo du bon franglais (disons : à gaga) ;
mais le *Corriere* doit avouer un peu plus loin que
j'ai quand même fait pénétrer mon idée « dans la
conscience des gouvernants ». Étant donné ce
que j'écrivais dans ma cinquième partie : « Que

faire ? », serait-ce donc si peu de chose ? Moi qui un jour disais au général de Gaulle que le franglais est une affaire d'État, et non point, comme il pensait, d'Académie française, d'intendance, dois-je considérer que j'ai œuvré en vain puisque, de Gaulle étant président de la République et Pompidou premier ministre, un *Haut comité* se constitua, sous la présidence de celui-ci, pour traiter justement des questions langagières (vous sentez l'ambiguïté un peu douloureuse de ce « justement », car le Comité en question s'intéresse davantage à l'expansion qu'à l'évolution du français). C'était en 1966. Pompidou m'y nomma tout de go, ce qui m'imposa de le prier de lire la page 345 de la première édition : « A supposer qu'on la créât telle que je la souhaite (cette commission) de régents, je m'engage à ne jamais en faire partie. » Je ne me cherchais ni fromage, ni honneur, dans cette affaire de *Parlez-vous franglais ?* L'État m'avait donc en ce sens écouté. L'année suivante, naquit le *Conseil international de la langue française*, qui comprend des Belges, des Suisses, des Canadiens, des représentants de l'Afrique, du Proche-Orient, de l'ancienne Indochine, et même des Français. Son président actuel, M. Joseph Hanse, est Belge. Voilà qui me plaît d'autant que ledit Conseil se propose, en première urgence, comme l'écrit M. Hanse luimême, de lutter contre « l'invasion massive et anarchique de termes anglais et de tours anglais dans notre langue ». Ne s'agissant pas d'un organisme placé sous la tutelle du Premier Ministre, j'acceptai d'être nommé conseiller pour la France, et j'ai souvent regretté depuis lors que

mes charges professionnelles et quelques années
de mauvaise santé m'interdisent de participer
aux travaux avec l'assiduité qu'à mon sens ils
méritent. Si la langue française demain se ressai-
sit et s'enrichit sans se corrompre, on le devra
pour une grande part à ce *Conseil international*,
dont tout chauvinisme est exclu. Ses biennales
font du bon travail. Sa *Banque de mots*, qui paraît
périodiquement, deviendra indispensable en ter-
minologie française et sera dépouillée, je le souhaite, par les machines électroniques qui préparent le *Trésor de la langue française*, dont les
premiers volumes viennent de paraître (et qui
prouveront aux ignares franglaisants que tant
s'en faut que le français soit indigent).

Non moins précieux, les dossiers publiés par le
Comité d'étude des termes techniques, si heureusement animé, orienté par MM. Agron et Combet,
car il se propose (notamment) de revenir aux
mots-ancêtres, de « faire revivre, comme le
recommandait Remy de Gourmont, des mots de
bonne souche française, empruntés au langage
des métiers et tombés en désuétude » ; quant aux
mots nouveaux, utiles ou indispensables, le
Comité demande qu'ils soient « rendus prononçables par le Français moyen qui ne parle pas
couramment la langue dont le mot est tiré ; qu'ils
puissent y faire souche ». De quoi irriter nos
« linguistes », qui acceptent avec émerveillement
le *Jargon des sciences* qu'à son tour j'attaquai en
1966 ; qui préfèrent le *saluqi* au *salougui* et les
racines (??) du genre *athrypt, dyschyl, kyschtym,
xystr*, à tout bon mot du fonds français ; qui, au
nom de la brièveté du franglais, préfèrent *remo-*

val of sodcuttings à étrépage, *clearing land by burning* à essartage, *barren ground* à rièze, *earth pillar* à nonne, et *heavy loam* à terrefort. Eh bien, moi, je parle français et je vous dis merde, comme disait la carte postale sur le franglais.

Saluons donc ici le groupe *Clair Dire*, que dirigent les professeurs Lamy et Sournia, secondés par d'autres médecins. Leur *Table d'anglicismes médicaux* et ses suppléments, qui sont généreusement diffusés, devraient rendre à nos praticiens le goût de s'exprimer en leur langue, qui peut tout dire et le dire bien. Également recommandables, le *Vocabulaire anglais-français de la presse* par Max et Geneviève Rolland, tel *Glossaire des termes médico-hospitaliers*, tel modeste lexique du langage pétrolier et cent articles comme ceux de M. Robine : *Sully et le ménagement ou comment traduire les économistes* ; de J. Pouquet, *Termes techniques et pseudo-scientifiques, quelques exemplaires empruntés à la géographie* ; de J. Jaquet, sur la défense du français en matière de langage vétérinaire et animalier. Etc. De quoi vérifier que, selon le mot de Valery Larbaud, les anglomanes ne savent pas un mot d'anglais.

L'Association des universités partiellement ou entièrement de langue française (en sigle : A.U.P.E.L.F.) elle aussi fait du bon travail. Elle existait avant *Parlez-vous franglais ?* et je ne saurais me flatter d'y avoir été pour quelque chose. Il faut néanmoins la compter à l'actif du bilan. Avec la part de plus en plus grande que prennent les Canadiens français à la défense de leur raison d'être : leur langue maternelle. En

1969, ils ont enfin obtenu que le français devienne avec l'anglais langue officielle « pour tout ce qui relève du Parlement et du Gouvernement ». Tel bon apôtre s'indigna, qui publiait le 15 juillet 1969 : *Why are they forcing French down our throats* (édulcoré en *Pourquoi veut-on nous forcer à parler français ?* dans la version officielle). Ne trouvez-vous pas piquant que ceux qui, au nom du droit de la force, veulent ingurgiter de force l'anglais aux Canadiens français (c'est cela, *forcing English down our throats*), refusent qu'un État tel que le Canada dispose de deux langues officielles : la Suisse n'existerait pas, comme nation, si elle n'avait eu la sagesse que préconisa M. Trudeau, et qu'après lui on abandonne.

Que n'imitons-nous le Gouvernement du Québec, qui veille au salut de sa langue, publie des *Vocabulaires de la radio et de la télévision*, ou encore *du téléphone*, en indiquant le terme anglais, le mot français, les formes fautives, qui sont presque toujours franglaisantes ? « Les Français avec leur cinquante millions d'habitants parlent de plus en plus le franglais alors que les Canadiens français, avec leurs 3,5 % de la population de l'Amérique du Nord, tiennent à parler un français épuré de tout anglicisme. » (Éditorial de *Commerce*, novembre 1971.) Par malheur l'éditorialiste en question propose comme remède un « marketing » de la langue française ! (J'ai pourtant écrit sur ce mot tout un article dans *Direction*, où je tins quelque temps la rubrique du langage, afin de lutter contre le franglais des affaires...)

Si donc je n'oublie pas l'actif du bilan, qui

l'emporte actuellement sur le passif, je me garde
d'oublier ceux qui persévèrent diaboliquement :
ces promoteurs qui, pressentent-ils la faillite, se
mettent à bourrer d'anglais leurs placards de
publicité, où ce ne sont que *living-rooms*, *roofs*,
dressing-rooms, *drug-stores*, *standing*, et autres
ignominies langagières ; ce *Petit Larousse* qui, en
1972, accepte tels quels « battle-dress » (tenue de
combat, voyons ! ce n'est pas martial), ou *discount*, parce que vouloir du rabais, une remise, ça
vous classe parmi les pingres, tandis que du
dissecaounte, ça c'est chouette : c'est *in* ; ces
publicitaires qui vantent le *mascara autolashique*
(le gréco-franglais, ils adorent, les chouchous !)
avec un *autolashique* dont je comprends assez
bien la genèse pour savoir que ça ne veut rien
dire (*auto* + *lash* au sens de *eyelash*) et dont je sais
aussi que ça ne les aidera guère à comprendre le
« *backlash* conservateur » du *Monde* (31 - V -
1972) — argot américain qui désigne le vent et la
pluie qui succèdent aux tornades ; ces marchands
qui osent prétendre qu'ils doivent employer le
franglais pour *cold-cream* parce que ce jargon-là
constituerait une « définition » de leur produit
(comme si *crème froide* définissait cette recette !),
et ceux qui vous jurent sur les cendres de leurs
aïeux les Gaulois qu'on ne saurait traduire *hard-
ware* et *software*, alors que la *casserole* et la
cervelle feraient bellement l'affaire, et ceux, à tous
les échelons en France, y compris aux plus élevés,
qui tolèrent que des margoulins d'outre-Atlantique décident un jour que désormais les Français
n'auront plus le droit de parler d'esthétique
industrielle, que le seul mot tolérable en France

sera désormais *design* (et démerdez-vous pour le prononcer, vils esclaves ! : *désigne, désigue, désai-negue, dissaïnneguene,* etc.) Quitte à vous expli-quer que l'Institut d'esthétique industrielle fut créé voilà vingt ans par des... *designers* (oh le pieux anachronisme, exigé par l'argent-roi). Je n'oublie pas enfin, parce que c'est en un sens le plus grave, les défaillances de ceux qui se sont promis de tout faire pour sauver leur langue et qui succombent : *série shopping* Nº 63, au verso d'une carte postale « non au franglais » ; *Matulu,* qui cacographie *sweet-shirt* la ou le *sweat-shirt* et qui, pourtant, décerne chaque mois un judicieux *Oscar du charabia* ; et surtout, surtout, le *Conseil international de la langue française,* qui accepte d'employer des enveloppes au dos desquelles, horrifié, je lis : « Fermeture "spécial-quick" (*sic*) ». Etc.

Mais enfin, tout pesé, je crois pouvoir dire, après dix ans d'une enquête continue, que le franglais en a pris un bon coup. Les Anglais, eux du moins, m'ont su gré de défendre leur langue — en même temps que la mienne et pour les mêmes raisons : parce que, tout indigne que je sois de la parler, je l'admire et je l'aime. Ils m'ont invité à traiter du franglais dans quelques-unes de leurs universités et nous avons bien ri ensemble. En France même, tant s'en faut que les nazis, promo-teurs et publicitaires, constituent la majorité. Et comment douter du succès de ce que certains appelèrent ma « croisade » (alors qu'il s'agirait plutôt de « légitime défense ») quand je vois les journaux les plus délibérément franglaisants de 45 à 65, *Elle* et *France-Soir,* se rallier enfin à ma cause ? Non contente de publier en avril 1971 un article qui me présente (à tort mais enfin, avec bonne volonté) comme l'inventeur d'un « néologisme justicier », *Elle* consacre un article de J. Demornex à blaguer notre vocabulaire érotique : « le franglais c'est very sexy » (octobre 1971) et tout un dossier du mois, le N° 45, à l'éloge d'un *nouveau savoir-parler* qui condamne, outre l'affectation, les jargons techniques, le langage administratif, et le franglais, pour conclure : « jusqu'où ira cette anglicisation ? Jusqu'à la mort du français, croient les pessimistes. » Les pessimistes ont tort, aujourd'hui. Je souscrirais plutôt aux conclusions de P. Guiraud, dans *Les mots étrangers*, au chapitre *Parlons-nous franglais ?* L'ouvrage parut en 1965. Guiraud est un des rares linguistes qui ne se désintéressent pas du présent, de l'avenir de leur langue : « Et si ma position, conclut-il, a pu sembler jusqu'ici un peu en retrait, je dois dire que je rejoins M. Étiemble et que je partage entièrement ses craintes et son indignation [...] On ne saurait trop appuyer M. Étiemble dans sa campagne contre la presse enfantine ; en particulier contre les bandes dessinées [...] Et que dire de la publicité, de l'immonde publicité [...] Il serait mortel, sans doute, de nous cloîtrer dans les barrières d'un chauvinisme stérile, mais le danger est grand de nous enliser entièrement dans une imitation passive. » Il comprend fort bien que cette histoire apparemment langagière met en cause et en péril toute notre culture ; qu'elle ne saurait être résolue de façon adéquate sans qu'on ait défini le rôle de la radio et de la télé nationales. Or voici que le

26 juillet 1972 *France-soir*, qui fut longtemps le *supermarket* de la pacotille franglaise, offre à Jean Dutourd quatre colonnes pour faire *Feu sur le franglais ! Feu sur l'hexagonal !* et pour demander, véhémentement, comme il convient en l'espèce, que M. Conte fasse son devoir, interdise les « solécismes, barbarismes, bafouillages, monstruosités linguistiques, jargon franglais ou hexagonal » qui polluent, souillent, pourrissent notre langue. A la bonne heure ! Savoir s'il sera entendu.

S'il l'est, il faudra bien que nos dictionnaires, eux aussi, parlent français, ce qui n'est hélas pas encore le cas. M. Henri Mitterrand a calculé que parmi les 1 000 mots les plus fréquents de notre langue un seul est étranger : *speaker*, et que la proportion n'est que de 5 % pour les 50 000 mots du *Petit Larousse*. J'ai donc décidé de diriger un Mémoire de maîtrise sur *Le franglais dans le Petit Robert* puisque ce dictionnaire est en passe de remplacer (qui s'en plaindra ?) le *Petit Larousse* chez nos étudiants de lettres. M. Jean Louis Pierre, l'auteur de ce travail, dénombra près de 800 mots franglais au *Petit Robert*, sans compter plus de 350 renvois à du franglais à partir de mots français. Soit environ 2 % de mots calqués récemment de l'anglais. En respectant la graphie anglaise, et fournissant la transcription phonétique de la prononciation anglaise, les auteurs du *Petit Robert* interdisent l'assimilation graphique et sonore de ceux de ces termes, comme *jeep*, qui sont en effet utiles. Certes on pourrait dire « une tout terrain » mais puisqu'on ne le dit pas, qu'on écrive *jipe*, bon dieu ! sur *pipe*, et nul n'aurait à y redire. Car enfin, on ne nous fera pas le coup de l'étymologie, avec cette *jipe*, dérivée de *G.P.* pour *general purpose* (en français : « à toutes fins »)! Eh bien, on veut que les Français écrivent *jeep* et prononcent *djip*. Idem pour huit cents mots anglais. Voilà qui est inadmissible. Comme l'écrit M. Pierre dans ses pages de conclusion : « Vive le mildiou et le poudingue, la redingote, le bouledogue et les tabous ; non au boomerang, au blue-jean. » C'est tout ce que nous exigeons d'un dictionnaire de langue française ; mais cela, nous sommes en droit de l'exiger. Et qu'on ne nous jette pas au nez le purisme, le chauvinisme ! Ça ne prend pas. Que ceux qui nous traitent de chauvins et de puristes, commencent d'abord par étudier, comme moi, une quinzaine de langues étrangères, dont le chinois et le russe, après le grec et le latin. Il est trop facile d'accuser de purisme celui qui entend être compris quand il parle ; et de chauvinisme ceux qui refusent d'être colonisés langagièrement, parce qu'ils savent qu'ils le seront ensuite politiquement, sans même s'en apercevoir : sous anesthésie générale !

Qu'attendez-vous, me dira-t-on, pour publier enfin votre *Dictionnaire philosophique et critique du franglais*, dont vous annonciez la sortie dès 1964 ? Parbleu ! J'attends que la République m'accorde une année sabbatique, où je puisse me centrer, me concentrer sur cet énorme matériau, auquel je ne cesse de travailler depuis dix ans, et qui chaque jour hélas s'enrichit. Mais je dois gagner ma vie : préparer mes cours, diriger une centaine de thèses. Et même, à l'occasion, prendre un peu de sommeil. Avec un an de travail et une « collaboratrice technique » du C.N.R.S., je produirais sans fatigue démesurée ce dictionnaire. Le travail en miettes qu'on nous impose m'a jusqu'ici empêché de rédiger un dictionnaire dont j'entends qu'il soit *philosophique* et *critique*. L'article *twist*, par exemple, que j'ai publié, compte trente pages avec tous les termes qui en ont dérivé. Il y en aura des dizaines de la même importance ou peu s'en faut, sans compter les dizaines de milliers de références au franglais courant : nous sommes loin des 800 mots franglais dans le *Petit Robert* !

Même jetées en vrac, mes fiches seraient de salut public, je le sais. Si donc je meurs avant d'avoir tout rédigé selon mon vœu, j'en permettrai l'impression en forme banale de dictionnaire franglais-français ; il perdra beaucoup du poids que lui donnerait l'interprétation philosophique et critique que fournissent les grands articles. Mais la République, si prodigue d'argent pour les abattoirs de la Villette, ou pour effacer les graffiti des gauchistes sur les murs de nos universités, ne m'a jamais proposé un centime pour hâter la sortie de ce dictionnaire. Or, je n'aime pas quémander.

Au moment où l'Angleterre entre dans le marché commun et où il va falloir décider des langues de travail de cette Europe en lente et douloureuse gésine (trop liée du reste à l'argent pour mon goût, mais enfin mieux vaut une confédération que des nations indépendantes qui se saignent à mort), ce dictionnaire serait bigrement opportun. Car on voit déjà s'agiter tous ceux qui ne veulent pas que l'Europe future accorde au français sa juste place. Déjà, le Conseil œcuménique des Églises envisage d'abandonner notre langue au profit de l'anglais, renouvelant ainsi la vieille alliance avec Mammon de ceux qui jurent par Dieu : car l'américain, c'est avant tout, de nos jours, la langue de l'argent-roi, celle du capitalisme conquérant et colonisateur. D'autre part, dans les couloirs de l'O.N.U., de belles âmes traitent de « latin d'église » le français des nombreuses délégations qui emploient notre idiome, mais se pâment devant l'anglais si agréablement « débraillé » des autres « États membres ». Chacun sait que Rabelais n'est pas débraillé, et que Céline, ça rime avec Racine. Le *New York Herald Tribune*, dont la France, que je sache, autorise une édition parisienne et qui m'avait d'abord bien traité (sans me comprendre), eut la grossièreté d'écrire que mes tentatives pour défendre la langue française « peuvent être considérées avec mépris », et que tout ce que je demande c'est que les Français écrivent comme du temps de Mme de Sévigné ! Ces gens sont francs. Ils ne nous cachent pas leurs intentions prochaines : parlez franglais, ou disparaissez comme nation. Ce qui revient à dire : disparaissez comme nation et comme culture ; ou disparaissez comme culture et comme nation. Très peu pour moi.

Plus habiles, les gens de *Sélection du Reader's Digest* confient à M. Maurice Werther, de l'O.R.T.F., le soin d'annoncer à nos compatriotes que *la langue française se porte bien*, et ils se gardent élégamment de le qualifier de *speaker*. De *commentateur*, plutôt. Pour nous chatouiller le cocorico, on va jusqu'à nous compter 200 millions, nous autres francophones, ce qui ne m'émeut nullement, parce que le cocorico n'est pas mon genre, et de plus parce que c'est faux. On ajoute que le français reste « une langue " dans le vent " et conservera peut-être sa place de langue de travail de l'Europe. » (Peut-être, notez l'adverbe, s.v.p.) De quoi je me soucie peu, pourvu qu'on n'écrive pas *Wall Street anticipe la hausse* à cause de l'américain *to anticipate*, on *ignore nos demandes* (*Le Figaro*, 29-XII-1972) pour *repousse nos exigences* (*ignore our demands*). Moi, je n'ai pas envie, pas du tout, que les gosses de nos écoles, quand ils voient la publicité pour les PILES WONDER, traduisent du tac au tac : *Hémorroïdes mirobolantes.* Si le gouvernement ne fait pas son devoir, c'est bientôt, c'est demain, ce qui nous pendrait... au nez. Ne me parlez pas des « faux amis » !

Lorsqu'en 1973 je crus pouvoir écrire que
Parlez-vous franglais? avait obtenu quelques
résultats heureux, Pompidou présidait encore la
République. Au soir de l'élection de 1974, dès que
j'entendis son successeur balbutier quelques
mots d'action de grâces en anglais, je compris
que le « chef de l'État » faisait allégeance à
Washington. Que n'imitait-il Paul VI ânonnant la
même phrase en un certain nombre de langues ?
Mais non, une langue seulement est désormais
digne du « trialogue ». Étonnez-vous si, depuis
lors, pub, radio, télé violent impudemment,
impunément la loi du 1er décembre 1975, qui
devait nous protéger contre le pourrissement, le
dépérissement. En février 1977, j'écrivis donc au
Premier Magistrat pour le prier d'agir. Point de
réponse.

Encouragés par notre lâcheté, les colonisateurs
et leurs complices repassent à l'offensive.
27 octobre 1978 : *le Times* déclare que le franglais
deviendra « langue commune de l'Europe unie ».
Insulte, doublée de mensonge : 16 juillet 1979,
Isabelle Vichniac observe dans *Le Monde* que les

fonctionnaires internationaux de langue française acceptent de travailler sur documents rédigés en anglais. C'est en vain que, le 18 mai 1978,
Philippe de Saint-Robert avait demandé, dans le
même quotidien, que l'on traitât cette affaire
selon sa gravité, qui est d'ordre politique. C'est si
vrai que le *Reader's Digest*, plus fûté, crie *Halte au
franglais !* (octobre 77) et somme nos hommes
publics de prendre « les mesures d'autorité » qui
s'imposent. Je t'en fiche ! La *réhabilitation* de nos
quartiers se poursuit allègrement, cependant que
l'on *jogge*, et que nos ascenseurs deviennent *hors
service* (*out of service*) : ils n'auront plus jamais de
panne ! Nos écoliers portent des *training* (sans *s*,
s.v.p.) : c'est écrit dessus. Et dans les avions
d'Air-France, ils deviennent des CH (des *children*). Leur offre-t-on une trousse fabriquée en
Italie, il leur faudra remplir la fiche que voici :
Personal Card, Christian name, Surname, etc.,
jusqu'à *Blood group*. Leurs cartables donnent des
mesures en *inches*, et ça, quand l'Angleterre se
rallie, de mauvais gré, mais se rallie, au système
métrique. Le *Larousse* 79, toujours à la pointe du
progrès, accueille sans les franciser : *brushing,
off, one-man-show, open, overdose, reprint, thriller,
trial.* Je tiens à son service mille autres aussi bons
mots. Servitude volontaire d'autant plus enthou-
siaste que les collabos connaissent moins
l'anglais. Les *Tour operators* nous prodiguent
leurs mauvais tours et nous préparent insidieusement à devenir ces Crétois de 1979 qui, leur
commandez-vous γάλα κρύο (lait froid) ou ῞ενα
μέτριο (café turc ; non, grec ! grec pas trop sucré),
feignent de ne pas vous comprendre, et gribouil-

lent sur leur fiche *milk.* ou *milk, greek coffe* ou *cofee*. Tels sont les effets du « trialogue » en franglais ! Les Suisses romands s'inquiètent, et les Canadiens français, qui veulent se protéger contre un sabir dégradé, dégradant ; mais nous, cocoricoteurs plus que jamais, nous en serons bientôt réduits à *cock-a doodle-dooer*.

Reste le Professeur Sournia, son *Comité d'étude des termes médicaux français*. Reste qu'après avoir entendu mon coup de gueule contre le « *command car* fabriqué en France » dont se gargarisait Léon Zitrone lors d'une « parade » du 14 juillet (et fi du *défilé !*), ce haut Parleur l'année suivante nomma décemment la « voiture de commandement » où officiait Giscard d'Estaing. C'est peu, en cinq ans, pour compenser tant d'abandons, de connivences, de trahisons.

Car enfin, il existe des industriels français qui veulent imposer l'anglais à leur personnel. Car enfin, certains bisenesemènes d'outre-Atlantique estiment inadmissible qu'en leur auguste présence on s'exprime en français.

Henri Gobard, qui n'est pas un jobard, a pourtant publié, en 1976, *L'Aliénation linguistique* ; il a pourtant montré, dans *La Guerre culturelle* (1979), que l'économique, désormais, dévore le culturel, et que parler franglais, c'est se préparer, en France même, le statut qui est aujourd'hui celui des Chicanos ou des nègres de Harlem. Sous un gouvernement qui, maître des « medias » ou « media », autre horreur franglaise, accepte qu'ils violent chaque jour des milliers de fois la loi de décembre 1975, et qui, renonçant à l'instruction publique, choisit une « éducation »

(mot franglais pour *instruction*) soi-disant
« nationale » qui ne se propose que de fabriquer
des O.S. incapables d'écrire leur langue, des
bacheliers inaptes à déchiffrer leur littérature
(elle donnerait à penser, pensez donc ! et donc feu
sur les professeurs de lettres ou de philosophie !),
quel naïf oserait espérer qu'on mettra un jour à la
raison l'immonde pub pour *Playskool* et autres
saloperies langagières ?

Vivent donc les Écossais ! Ayant reçu jadis nos
« petites gautelles » ils nous les renvoient, angli-
cisées en « petti-coat tails ». Rendons-leur la
pareille, que diable ! S'il nous faut absolument
des *jeeps*, plutôt que des *tout-terrain*, va pour *jipe*,
à l'écossaise des *petticoat tails*.

Pour que vive le franglais, sachons-le, il faut
que crève la France : ce peu qui nous en reste.

P.-S. Je viens de lire *A Deluge that was only a
Shower* (Un déluge qui n'était qu'une douche), de
M. David Banks, qui s'était fait remarquer par un
article du *Monde* contre ceux des Français assez
chauvins pour vouloir parler leur langue. Préle-
vant ses statistiques sur *Le Monde* seul, il fausse
délibérément le jeu et démontre *a contrario* que
le « nationalisme regrettable », c'est le sien, et
celui des anglophones. *Wogs begin at Calais*, c'est
connu : *les bicots ça commence à Calais.*

P.-S. (2) : *La Colonisation douce*, de Dominique
Noguez, sort en 1991, avec en sous-titre *Feu la
langue française ?* aux Éditions du Rocher. Lisez
bien, vite et bien, ces *Carnets 1978-1990.*

Appendices

1) Étienne Pasquier :
Quelle est la vraie naïveté de notre langue.

2) Henri Estienne :
Contre l'italianisation du français.

3) Cadalso :
Contre la francisation de l'espagnol.

4) George Moore :
Contre la francisation de l'anglais.

5) Frère Untel :
Contre l'anglicisation du canadien-français.

1) *Quelle est la vraie naïveté de notre langue*

Quoi donc! Est-il impossible de trouver entre nous la pureté de notre langue, vu qu'elle ne fait sa demeure ni en la cour du roi ni au palais! Vous entendrez, s'il vous plaît, quelle est mon opinion. Je suis d'avis que cette pureté n'est restreinte en un certain lieu ou pays, ains éparse par toute la France. Non que je véuille dire qu'au langage picard, normand, gascon, provençal, poitevin, angevin ou tels autres, séjourne la pureté dont nous discourons. Mais tout ainsi que l'abeille volette sur unes et autres fleurs, dont elle forme son miel, aussi veux-je que ceux qui auront quelque assurance de leur esprit se donnent loi de fureter par toutes les autres langues de notre France, et rapportent à notre vulgaire tout ce qu'ils trouveront digne d'y être approprié...

Un jour, devisant avec les veneurs du roi, et les sondant de tous côtés, sur toutes les particularités de la vénerie, entre autres choses l'un d'eux me dit qu'ils connaissaient la grandeur d'un cerf par les voies, sans l'avoir vu: ah! (dis-je alors) voilà en votre langue ce que le latin voudrait dire *ab unguibus leonem*, et de fait il m'advint d'en

user par exprès au premier livre de mes
Recherches, au lieu qu'un écolier, revenant
émoulu des écoles, eût dit : reconnaître le lion
par les ongles.

Une autre fois, devisant avec un mien vigneron,
que je voyais prompt et dru à la besogne, je lui
dis, en me riant, qu'il serait fort bon à tirer la
rame : à quoi il me répondit promptement que ce
serait très mal fait, parce que les galères étaient
dédiées pour les fainéants et vauriens, et non
pour lui, qui était franc au trait. Recherchez telle
métaphore qu'il vous plaira, vous n'en trouverez
nulle si hardie pour exprimer ce qu'il voulait
dire ; laquelle est tirée des bons chevaux qui sont
au harnais : dont je ne me fusse jamais avisé,
pour n'avoir été charretier ; un pitaud de village
me l'apprit. — Achetant un cheval d'un maqui-
gnon et lui disant qu'il me le faisait trop haut :
« Défendez-vous du prix », me fit-il ; je marquai
dès lors cette chasse, qui valait mieux, ce me
semblait, que le cheval que je voulais acheter. —
Quand nous lisons quelquefois : reprendre nos
anciens arrhements, pour dire que nous retour-
nions à notre premier propos, de qui le tenons-
nous que de la pratique ? — Quand sur un même
sujet nous disons : retourner sur nos brisées ou
sur nos routes, qu'est-ce autre chose que métaphores tirées de la vénerie ? Il y en a dix mille
autres sortes dont pouvons nous rendre riche en
notre langue, par la dépouille de toutes autres
professions, sans toutefois les appauvrir : qui est
un larcin fort louable, et dont on n'eût jamais été
repris dedans la ville de Sparte. Qui suivra cette
voie, il atteindra, à mon jugement, à la perfection

de notre langue, laquelle bien mise en usage est pleine de mots capables de tous sujets : et n'y a rien qui nous perde tant en cela, sinon que la plupart de nous, nourris dès notre jeunesse au grec et latin, ayant quelque assurance de notre suffisance, si nous ne trouvons mot à point, faisons d'une parole bonne latine une très mauvaise, en français : ne nous avisant pas que cette pauvreté ne provient de la disette de notre langage, ains de nous-mêmes et de notre paresse.

Étienne Pasquier,
Quelle est la vraie naïveté
de notre langue.

2) *Contre l'italianisation du français*

De quel français donc entends-je parler ? Du pur et simple, n'ayant rien de fard ni d'affectation, lequel M. le courtisan n'a point encore changé à sa guise, et qui ne tient plus d'emprunt des langues modernes. — Comment donc ? ne sera-t-il loisible d'emprunter d'un autre langage les mots dont le nôtre se trouvera avoir faute ? — Je ne dis pas le contraire ; mais s'il faut venir aux emprunts, pourquoi ne ferons-nous plutôt cet honneur aux deux langues anciennes, la grecque et la latine (desquelles nous tenons déjà la plus grande part de notre parler), qu'aux modernes, qui sont, sauf leur honneur, inférieures à la nôtre ? Que si ce n'était pour un égard, à savoir : d'entretenir la réputation de notre langue, je

serais bien d'avis que nous rendissions la pareille
à MM. les Italiens, courant aussi avant sur leur
langage comme ils ont couru sur le nôtre ; sinon
que, par amiable composition, ils s'offrissent à
nous prêter autant de dizaines de leurs mots
comme ils en ont emprunté de centaines des
nôtres. Et toutefois, quand ils les nous auraient
prêtés, qu'en ferions-nous ? Il est certain que,
quand nous nous en servirions, ce ne serait point
par nécessité, mais par curiosité : laquelle puis
après condamnerions nous-mêmes les premiers,
avec un remords de conscience d'avoir dépouillé
notre langue de son honneur pour en vêtir une
étrangère. Ce ne serait point, dis-je, par nécessité
vu que, Dieu merci, notre langue est tant riche,
qu'encore qu'elle perde beaucoup de ses mots,
elle ne s'en aperçoit point et ne laisse de demeu-
rer bien garnie, d'autant qu'elle en a grand
nombre qu'elle n'en peut savoir le compte, et
qu'il lui en reste non seulement assez, mais plus
qu'il ne lui en faut.

Ce nonobstant, posons le cas qu'elle se trouvât
en avoir faute en quelque endroit : avant que d'en
venir là (je dis d'emprunter des langues
modernes), pourquoi ne ferions-nous plutôt feuil-
leter nos romans et dérouiller force beaux mots
tant simples que composés, qui ont pris rouille
pour avoir été si longtemps hors d'usage ; non pas
pour se servir de tous sans discrétion, mais
de ceux pour le moins qui seraient le plus
conformes au langage d'aujourd'hui. Mais il nous
en prend comme aux mauvais ménagers, qui,
pour avoir plus tôt fait, empruntent de leurs
voisins ce qu'ils trouveraient chez eux s'ils vou-

laient prendre la peine de le chercher. Et encore
faisons-nous bien pis quand nous laissons, sans
savoir pourquoi, les mots qui sont de notre cru et
que nous avons en main, pour nous servir de ceux
que nous avons ramassés d'ailleurs. Je m'en
rapporte à *manquer* et à son fils *manquement*, à
bâter et à sa fille *bâtance*, et à ces autres beaux
mots : *à l'improviste, la première volte, grosse
intrade, un grand escorne.* Car qui nous meut à
dire *manquer* et *manquement* plutôt que *défaillir*
et *défaut* ? *bâter* et *bâtance* plutôt que *suffire* et
suffisance ? Pourquoi trouvons-nous plus beau *à
l'improviste* que *au dépourvu* ? *la première volte*
que *la première fois* ? *grosse intrade* que *gros
revenu* ? Qui fait que nous prenons plaisir à dire :
il a reçu un grand escorne qu'à dire *il a reçu une
grande honte*, ou *diffame*, ou *ignominie*, ou *vitu-
père* ou *opprobre* ? J'alléguerais bien la raison si je
pensais qu'il n'y eût que ceux de mon pays qui la
dussent lire, étant ici écrite ; mais je la tairai de
peur d'escorner ou escorniser ma nation envers
les étrangers...

Henri Estienne.
*Traité de la conformité
du langage français...*

3) *Contre la francisation de l'espagnol*

En España, como en todas partes, el lenguaje
se muda al mismo paso que las costumbres ; y es
que, como las voces son invenciones para repre-

sentar las ideas, es preciso que se inventen palabras para explicar la impresión que hacen las
costumbres nuevamente introducidas. Un español de este siglo gasta cada minuto de las veinti-
cuatro horas en cosas totalmente distintas de
aquellas en que su bisabuelo consumía el
tiempo; éste, por consiguiente, no dice una pala-
bra de las que al otro se le ofrecían. — Si me dan
hoy a leer — decía Nuño — un papel escrito por
un galán del tiempo de Enrique el Enfermo
refiriendo a su dama la pena en que se halla
ausente de ella, no entendería una sola cláusula
por más que estuviese escrito de letra excelente,
moderna, aunque fuese de la mejor de las Escue-
las Pías. Pero en recompensa, qué chasco llevaría
uno de mis tatarabuelos si hallase, como me
sucedío pocos días ha, un papel de mi hermana a
una amiga suya que vive en Burgos? Moro mio,
te lo leeré, [lo has de oir] y como lo entiendas,
tenme por hombre extravagante.
   Yo mismo, que soy español por todos cuatro
costados, y que si no me debo preciar de saber
[el] idioma de mi patria a lo menos puedo
asegurar que lo estudio con cuidado, yo mismo
no entendi la mitad de lo que contenía. En vano
me quedé con copia de dicho papel; llevado de
curiosidad me dí prisa a extractarlo, y apuntando
las voces y frases más notables, llevé mi nuevo
diccionario de puerta en puerta, suplicando a
todos mis amigos [que] arrimasen el hombro al
gran negocio de explicarmelo. [Ne bastó mi ansia
ni su deseo de favorecerme.] Todos ellos se
hallaron tan suspensos como yo por más tiempo
que gastaron en revolver calepinos y dicciona-

rios. Solo un sobrino que tengo de edad de veinte años, muchacho que tiene habilidad de trinchar una liebre, bailar un minuet y destapar una botella con más aire que cuantos hombres han nacido de mujeres, me supo explicar algunas voces; con todos, su fecha era de este mismo año.

Tanto me movieron estas razones a deseo de leer la carta, que se la pedí a Nuño. Sacóla de su cartera, y poniéndose los anteojos, me dijo: Amigo,? qué sé yo si leyéndotela te revelaré flaquezas de mi hermana y secretos de mi familia? Quédame el consuelo de que no lo entenderás. Dice así: « Hoy no ha sido día en mi apartemento hasta medio día y medio. Tomé dos tazas de té; púseme un deshabillé y bonete de noche; hice un tour en mi jardín; leí cerca de ocho versos del segundo acto de la Zaira. Vino Mr. Labanda: empecé mi toeleta; no estuvo el abate. Mandé pagar mi modista. Pasé a la sala de compañia; me sequé toda sola. Entró un poco de mundo; jugué una partida de mediator; tiré las cartas. Jugué al piquete. El maitre d'hotel avisó. Mi nuevo jefe de cocina es divino; él viene de arrivar de París. La crapaudina, mi plato favorito, estaba deliciosa. Tomé café y licor. Otra partida de quince; perdí mi todo. Fuí al espactáculo; la pieza que han dado es execrable; la pequeña pieza que han anunciado para el lunes que viene es muy galante; pero los actores son pitoyables; los vestidos, horribles; las decoraciones, tristes. La Mayorita cantó una cavatina pasablemente bien. El actor que hace los criados es un poquito extremado; sin eso sería pasable. El que hace los amorosos no jugaría mal; pero su

figura no es preveniente. Es menester tomar
paciencia, porque es preciso matar el tiempo.
Salí al tercer acto, y me volví de allí a casa. Tomé
de la limonada; entré en mi gabinete para
escribirte ésta, porque soy tu veritable amiga. Mi
hermano no abandona su humor de misántropo;
él siente todavía furiosamente el siglo pasado, yo
no le pondré jamás en estado de brillar; ahora
quiere irse a su provincia. Mi primo ha dejado a
la joven persona que él entretenía. Mi tío ha dado
en la devoción; ha sido en vano que yo he
pretendido harcerle entender la razón. Adiós, mi
querita amiga, hasta otra posta; y ceso, porque
me traen un dominó nuevo a ensayar. »

Acabó Nuño de leer, diciéndome : — ¿ Qué has
sacado en limpio de todo esto? Por mi parte te
aseguro que antes de humillarme a preguntar a
mis amigos el sentido de estas frases, me hubiera
sujetado a estudiarlas, aunque hubiesen sido
precisas cuatro horas [por la mañana y] por la
tarde durante cuatro meses. A quello *de medio día
y medio*, y que no había sido día hasta medio día,
me volvía loco, y todo se me iba en mirar el sol, a
ver qué nuevo fenómeno ofrecía aquel astro. Lo
del *deshabillé* también me apuró, y me dí por
vencido. Lo del *bonete de noche* o de día, no pude
comprender jamás qué uso tenga en la cabeza de
una mujer. *Hacer un tour*, puede ser una cosa
muy santa y muy buena; pero suspendo el juicio
hasta enterarme. Dice que leyó de la *Zaira* [hasta]
unos ocho versos; sea [muy] enhorabuena; pero
no sé qué es *Zaira*. Mr. de Labanda dice que vino :
bien venido sea; pero no le conozco. Empezó su
toelcta; esto yo lo entendí, gracias a mi sobrino,

que me lo explicó, no sin bastante trabajo, según mis cortas entendederas, burlándose de que su tío es hombre que no sabe lo que es *toeleta*. También me dijo lo que es *modista, piquete, maitre d'hotel* y otras palabras semejantes. Lo que no me supo explicar, de modo que yo acá me hiciese [bien] cargo de ello, fué aquello de que *el jefe de cocina es divino,* y lo de *matar el tiempo,* siendo asi que el tiempo es quién nos mata a todos; fué cosa que tampoco se me hizo fácil de entender, aunque mi intérprete habló mucho, y, sin duda, muy bien sobre este particular. Otro amigo, que sabe griego, o a lo menos dice que lo sabe, me explicó lo que era *Misnátropo,* cuyo sentido yo indagué con sumo cuidado, por ser cosa que me tocaba personalmente; y a la verdad que, una de dos : o mi amigo no me lo explicó cual es, o mi hermana no lo entendió, y siendo ambas cosas posibles, y no como quiera, sino sumamente posibles, me creo obligado a suspender por ahora el juicio hasta tener mejores informes. Lo restante me lo entendí tal cual, ingeniándome a mi modo y estudianto acá con paciencia, constancia y trabajo.

Ya se ve — prosiguió Nuño — cómo había de entender esta carta el conde Fernán Gonzalo, si en su tiempo no había *té,* ni *deshabillé,* ni *bonete de noche,* ni había *Zaira,* ni *Mr. Banda,* ni *toeletas* [ni *modistas*], ni los *cocineros eran divinos,* ni se conocían *crapaudinas,* ni *café,* ni más licores que el agua y el vino.

Aqui lo dejó Nuño. Pero yo te aseguno, Ben-Beley, que esta mudanza de modas es muy incómoda, hasta para el uso de las palabras, uno de los mayores beneficios con que [la] naturaleza nos dotó. Siendo tan frecuentes estas mutaciones, y tan arbitrarias, ningún español, por bien que hable su idioma este mes, puede decir : el mes que viene entenderé la lengua que me hablen mis vecinos, mis amigos, mis parientes y [*mis*] criados. Por todo lo cual, dice Nuño, mi parecer y dictamen, salvo *meliori*, es que en cada un año se fijen las costumbres para el siguiente, y, por consecuencia, se establezca el idioma que se ha de hablar durante los trescientos sesenta y cinco días. Pero como quiera que esta mudanza dimana en gran parte o en todo de los caprichos, invenciones o codicias de los sastres, zapateros, ayudas de cámara, modistas, reposteros, [cocineros], peluqueros y otros individuos igualmente útiles al vigor y gloria de los estados, convendrá que cierto número igual de cada gremio celebre varias juntas, en las cuales quede este punto evacuado ; y de resultas de estas respetables sesiones vendan los ciegos por las calles en los últimos meses de cada año, al mismo tiempo que el Kalendario, Almanack y Piscator, un papel que se intitule : *Vocabulario nuevo al uso de los que quieran entenderse y explicarse con la gente de moda, para el año de mil setecientos y tantos, y siguientes, aumentado, revisto y corregido por una Sociedad de varones insignes, con los retratos de los más principales.*

José de Cadalso, *Cartas Marruecas*,
1789-1793, Lettre XXXV.
(D'après l'édition Duviols.)

4) *Contre la francisation de l'anglais*

A little drawing, a little sculpture, a little piano, and above all a little French, for every boy and girl must have a chance of learning French ; and the result of the French lesson is that the middle classes will soon know as much French as the upper, which amounts to no more than a sufficiency of French words for the corruption or the English language. To many people it sounds refined, even cultured, to drop stereotyped French into stereotyped English phrases. To use *badinage* for *banter*, and to think that there is a shade of difference, or I suppose I should say, a *nuance* of meaning. Yes, Balderston, I am looking forward to reading in the newspapers a *précis* of a *résumé* of a *communique*. You see I omit the accent on the last *e*, and I wish you would tell me if the people who speak and write this jargon think that *résumé* is more refined than summary, abridgment, compendium. In society every woman is *très raffinée*. I once met an author who had written *small* and *petite*, and when I asked him why he did it, he said : *Petite* means dainty as well as small ; I said : No, it doesn't, but if you wanted to say *dainty*, why didn't you say dainty ? One of the most beautiful words in our language is *bodice*, but it had given way to *corsage*, and there is no author now living amongst us who would not prefer to write : the delicious *naïveté* of it, rather than : the delicious simplicity of it, or

the delicious innocency of it. None seems aware
that naïveté is a dead word in our language, yet
the wretches say they cannot express their ideas
unless they be permitted to use French, to which
I answer : do not worry about the ideas, think of
the words, and above all, try to distinguish
between the quick and the dead. Innocency and
simplicity have been in the language for more
than two hundred years, and are fragrant of it.
For the last four months we have *armistice*,
never *truce*, and it is hard to discover a modern
book in which the writer does not flaunt his
knowledge of the word *métier*. I say flaunt, for he
must know that he has three words to choose
from : trade, business, craft. Our language is
becoming leaner. Translate *Memoirs of my Dead
Life*, and you get *Mémoires de ma Vie Morte*. I have
a cousin in a convent at Lourdes, and thinking
she might have forgotten English in the twenty
years she had spent in France, I wrote to her in
French, and there came into my letter this
phrase : Nous sommes les deux rêveurs d'une
famille peu rêveuse, a phrase difficult to render
into English owing to that lack of grammar
which the unity of our Empire demands. Every-
thing has its price — Empire assuredly : it would
seem that we must furnish a language that can be
learnt easily by our dependencies, and we are
doing it, shall I say, by leaps and bounds. In
America you invent new words, and all that
comes out of our own imagination is welcome;
yet many who would not write *stunt*, take plea-
sure in that disgraceful word *camouflage*, turning
it recklessly into a verb, a thing unthinkable to a

Frenchman or to anybody who has acquired even
a small part ot the ear.

George Moore, *Avowals*, London,
Heinemann, 1924, pp. 285-286.
Reproduit avec l'aimable autorisation
des ayants droit de l'auteur.

5) *Contre l'anglicisation du canadien-français*

Quoi faire ? C'est toute la société canadienne-
française qui abandonne. C'est nos commerçants
qui affichent des raisons sociales anglaises. Et
voyez les panneaux-réclame tout le long de nos
routes. Nous sommes une race servile. Nous
avons eu les reins cassés, il y a deux siècles, et ça
paraît.

Signe : le Gouvernement, via divers organismes, patronne des cours du soir. Les cours les
plus courus sont les cours d'anglais. On ne sait
jamais assez d'anglais. Tout le monde veut
apprendre l'anglais. Il n'est évidemment pas
question d'organiser des cours de français. Entre
jouaux, le joual[1] suffit. Nous sommes une race
servile. Mais qu'est-ce que ça donne de voir ça ?
Voir clair et mourir. Beau sort. Avoir raison et
mourir.

1. Le *joual* (prononciation vulgaire, au Canada, de *cheval*)
désigne au Québec le langage relâché ; mieux : le créole
canadien (É.).

Signe : la comptabilité s'enseigne en anglais avec des manuels anglais, dans la catholique province du Québec, où le système d'enseignement est le meilleur au monde. L'essentiel c'est le ciel, ce n'est pas le français. On peut se sauver en joual. Dès lors...

Joseph Malègue dit quelque part (je sais où, mais je ne veux pas paraître pédant. On peut avoir du génie et être modeste) : « En un danger mortel au corps, les hommes tranchent tout lien, bouleversent vie, carrière, viennent au sanatorium deux ans, trois ans. Tout, disent-ils, plutôt que la mort. » N'en sommes-nous pas là ? Quoi faire ? Quand je pense (si toutefois je pense), je pense liberté ; quand je veux agir, c'est le dirigisme qui pointe l'oreille. Il n'est d'action que despotique. Pour nous guérir, il nous faudrait des mesures énergiques. La hache ! la hache ! c'est à la hache qu'il faut travailler :

a) contrôle absolu de la Radio et de la T.V. Défense d'écrire ou de parler joual sous peine de mort ;

b) destruction, en une seule nuit, par la police provinciale (la Pépée à Laurendeau), de toutes les enseignes commerciales anglaises ou jouales ;

c) autorisation, pour deux ans, de tuer à bout portant tout fonctionnaire, tout ministre, tout professeur, tout curé, qui parle joual.

On n'en est pas aux nuances. Mais cela ne serait pas encore agir au niveau de la civilisation. Ferons-nous l'économie d'une crise majeure ? Ferons-nous l'économie d'un péril mortel, qui nous réveillerait, mais à quel prix ?

DU MÊME AUTEUR

Aux Éditions Gallimard

L'ENFANT DE CHŒUR, nouv. éd., 1947, 1981. Éd. définitive, *Livre de poche*, 1971, nouv. éd., 1988.

PEAUX DE COULEUVRE, tomes I, II, III, 1948.

RIMBAUD, avec Yassu Gauclère, 3e éd. revue et augmentée, *Les Essais*, 1966.

SIX ESSAIS SUR TROIS TYRANNIES, 1951.

HYGIÈNE DES LETTRES, I, 1952, nouv. éd., 1979.

HYGIÈNE DES LETTRES, II : Littérature dégagée, 1955, nouv. éd., 1979.

HYGIÈNE DES LETTRES, III : Savoir et goût, 1958, nouv. éd., 1966.

HYGIÈNE DES LETTRES, IV : Poètes ou faiseurs ?, 1966.

HYGIÈNE DES LETTRES, V : C'est le bouquet !, 1967.

LE MYTHE DE RIMBAUD, 1952-1967.
  Tome I : Genèse du Mythe (nouv. éd., augmentée).
  Tome II : Structure du Mythe (3e éd., augmentée).
  Tome V : L'Année du Centenaire (nouv. éd., augmentée).

LE PÉCHÉ VRAIMENT CAPITAL, 1957.

L'ENNEMIE PUBLIQUE, spectacle en dix tableaux, 1957.

LE NOUVEAU SINGE PÈLERIN, 1958.

SUPERVIELLE, *Bibliothèque idéale*, 1960.

SUPERVIELLE, *Pour une bibliothèque idéale*, 1968.

BLASON D'UN CORPS, 1961, éd. définitive, *Folio*, 1975.

REY-MILLET, 1962.

COMPARAISON N'EST PAS RAISON *(La crise de la littérature comparée)*, 1963, nouv. éd., 1977.

CONNAISSONS-NOUS LA CHINE ? *coll. Idées*, 1964.

CONFUCIUS, *coll. Idées*, 1966.

CONFUCIUS de − 551 (?) à 1985, éd. augmentée, *coll. Folio Essais*, 1986.

LE SONNET DES VOYELLES, 1968.

RETOURS DU MONDE, 1969.

L'ÉCRITURE, *coll. Idées*, 1973.

MES CONTRE-POISONS, 1974.

ESSAIS DE LITTÉRATURE (VRAIMENT) GÉNÉRALE, 1974, 3e éd. revue et augmentée, 1975.

QUARANTE ANS DE MON MAOÏSME (1934-1974), 1976.

COLLOQUE SUR LA TRADUCTION POÉTIQUE, 1978.

TROIS FEMMES DE RACE, 1981.

QUELQUES ESSAIS DE LITTÉRATURE UNIVER-SELLE, 1982.

L'EUROPE CHINOISE, I, *Bibliothèque des Idées*, 1988.

L'EUROPE CHINOISE, II, *Bibliothèque des Idées*, 1989.

Traductions :

T.E. Lawrence : LETTRES, avec Yassu Gauclère, 1949.

T.E. Lawrence : LA MATRICE, 1955, et coll. « L'Imaginaire » n° 50.

T.E. Lawrence : LES TEXTES ESSENTIELS, 1965.

Chez divers éditeurs

CŒURS DOUBLES, spectacle en dix tableaux avec illustrations par Éric de Nemès, Alexandrie, Le Scarabée, 1948.

PROUST ET LA CRISE DE L'INTELLIGENCE, Alexandrie, Le Scarabée, 1945 (*épuisé*).

CINQ ÉTATS DES JEUNES FILLES EN FLEURS, Alexandrie, 1947, 200 ex. dont 100 H.C.

MADE IN U.S.A. (*écrits en anglais*), Alexandrie, 1948, H.C.

CONFUCIUS, 4e éd. revue, Club français du livre, 1968.

L'ORIENT PHILOSOPHIQUE, 3 tomes, C.D.U., 1957-1959.

LE BABÉLIEN, 3 tomes, C.D.U., 1960-1962.

LE MYTHE DE RIMBAUD EN POLOGNE, C.D.U., 1963.

LE MYTHE DE RIMBAUD EN RUSSIE TSARISTE, C.D.U., 1964.

L'ÉCRITURE, Delpire, 1961.

LE JARGON DES SCIENCES, Hermann, 1966.

LES JÉSUITES EN CHINE, Julliard-Gallimard, 1966.

JULES SUPERVIELLE-ÉTIEMBLE, *Correspondance*, 1936 à 1959, par Jeannine Étiemble, S.E.D.E.S., 1969.

YUN YU, l'érotique chinoise, Nagel, 1970.

L'ART D'ÉCRIRE, avec Jeannine Étiemble, Seghers, 1970.

LECTURE BARBARE DU *Kyôto* DE KAWABATA, in DEUX « LECTURES » DU *Kyôto*, avec J.-J. Origas, C.D.U., 1972.

COMMENT LIRE UN ROMAN JAPONAIS ? (le *Kyôto* de Kawabata), Eibel-Fanlac, 1980.

LE CŒUR ET LA CENDRE, 60 ANS DE POÉSIE, Les Deux Animaux, 1984.

RACISMES, Arléa, 1986.

L'ÉROTISME ET L'AMOUR, Arléa, 1987, nouv. éd. *Livre de Poche*, 1990.

LIGNES D'UNE VIE, I, NAISSANCE À LA LITTÉRA-
TURE, OU LE MEURTRE DU PÈRE, Arléa, 1987.

LIGNES D'UNE VIE, II, LE MEURTRE DU PETIT PÈRE,
NAISSANCE À LA POLITIQUE, Arléa, 1988.

OUVERTURE(S) SUR UN COMPARATISME PLANÉ-
TAIRE, Christian Bourgois, 1988.

ÉTIEMBLE-JEAN GRENIER, *Correspondance*, texte établi,
présenté et annoté par Jeannine Kohn-Étiemble, Romillé, éd. Folle
Avoine, 1988.

Traduction :

LA MARCHE DU FASCISME, de G.-A. Borgese, Montréal,
L'Arbre, 1943. Réimprimé, Paris, Desjonquères, 1986.

Œuvres dramatiques radiodiffusées :

CERCLE DE CRAIE ET JUGEMENTS DE SALOMON, Prix
Italia (Orient-Occident), 1962, pièce radiophonique ; rediffusée en
1984.

LE JAPON, spectacle en deux soirées radiophoniques ; réalisation de
Jean-Jacques Vierne (série : *Soirée internationale*), 1966.

DANS LA COLLECTION FOLIO/ESSAIS